中共广西区委党校（广西行政学院）出版资助项目

推进乡村全面振兴人才支撑体系建设研究

易文悝　何静　赵玮玮　著

中国言实出版社

图书在版编目(CIP)数据

推进乡村全面振兴人才支撑体系建设研究 / 易文悝，
何静，赵玮玮著. –– 北京：中国言实出版社，2024.7.
ISBN 978–7–5171–4901–9

Ⅰ. F320.3

中国国家版本馆CIP数据核字第2024N17P23号

推进乡村全面振兴人才支撑体系建设研究

责任编辑：史会美
责任校对：王建玲

出版发行：中国言实出版社

　　　　　地　　址：北京市朝阳区北苑路180号加利大厦5号楼105室
　　　　　邮　　编：100101
　　　　　编辑部：北京市海淀区花园北路35号院9号楼302室
　　　　　邮　　编：100083
　　　　　电　　话：010–64924853（总编室）　010–64924716（发行部）
　　　　　网　　址：www.zgyscbs.cn　电子邮箱：zgyscbs@263.net

经　　销：新华书店
印　　刷：北京虎彩文化传播有限公司
版　　次：2024年8月第1版　　2024年8月第1次印刷
规　　格：710毫米×1000毫米　　1/16　　17.75印张
字　　数：230千字

定　　价：68.00元
书　　号：ISBN 978–7–5171–4901–9

前　言

　　党的十九大报告明确提出要实施乡村振兴战略，这是党中央着眼于我国"三农"工作新的历史定位作出的重大决策部署，明确了新时代"三农"工作的新任务和新目标。党的二十大报告进一步强调，要坚持农业农村优先发展，对全面推进乡村振兴作出重要部署，提出要加快建设农业强国，明确了新时代新征程上推进农业农村现代化的重大任务，为我们新时代新征程走好乡村振兴之路指明了方向、提供了根本遵循。2023年中央农村工作会议强调，推进中国式现代化，必须坚持不懈夯实农业基础，推进乡村全面振兴。《中共中央　国务院关于学习运用"千村示范、万村整治"工程经验有力有效推进乡村全面振兴的意见》指出，要学习运用"千万工程"蕴含的发展理念、工作方法和推进机制，把推进乡村全面振兴作为新时代新征程"三农"工作的总抓手。从乡村振兴到全面推进乡村振兴，再到推进乡村全面振兴，彰显出新时代新征程上，党中央在工农城乡关系布局上的深远谋划。

　　推进乡村全面振兴，人才是最关键、最活跃、起决定性作用的因素。党的十八大以来，以习近平同志为核心的党中央高度重视人才振兴对乡村发展的支撑和引领作用，通过做好顶层设计、优化培养机制、强化保障支持，将人才聚起来、用起来、留下来，以人才带动城乡间市场、资金、信息、技术、管理和理念等方面密切联动、深度融合，广开门路"聚"才，不拘一格"用"才，多措并举"留"才，用好乡村振兴人才"引擎"，培养造就了一支懂农业、爱农村、爱农民的"三农"人才队伍，为推进乡村全面振兴，书写好"三农"发展新篇章奠定了坚实的基础。但是，我们也应清醒地认识到，现阶段，我国乡村人才，特别是高素质人才依然短缺，发展引路人、产业带头人、政策明白人等仍然难以适应乡村外向型经济发展与推进乡村全面振兴的现实需要；人才吸纳能力依然较低，受自然环境条件、历史人文传统等因素影响，乡村还存在优质资源匮乏、发展机会受限、持续发展空间不足等问题，一些乡村致富能手、技术骨干、管理人才等本土人才向城市流动，同时外来优秀人才又难以留在乡村；人才体制机制仍然不够健全，还存在乡村人才引进机制不规范、激励机制不到位、流动机制不灵活等问题。因此，探究推进乡村全面振兴人才支撑体系建设，让更多人才愿意来、留得住、干得好、能出彩，为加快推进农业农村现代化提供坚实人才支撑具有积极的现实意义和实践价值。

本书坚持理论创新与指导实践相结合，在理论层面上，以基础性概念为依托，围绕推进乡村全面振兴人才支撑体系建设内涵中所蕴含的核心理念、构成要素、人才类型、现实功能等，对推进乡村全面振兴人才支撑体系建设进行科学释义。同时，阐述了推进乡村全面振兴人才支撑体系建设必须坚持加强党对乡村人才工作的全面领导；全面培养、分类施策；多元主体、分工配合；广招英才、高效用才；完善机制、强化保障的基本原则，从理论层面构建起推进乡村全面振兴人才支撑体系建设的系统性研究框架。在实践层面上，从四个维度具体构建推进乡村全面振兴人才支撑体系的四梁八柱。第一，从培优育强支撑乡村全面振兴的各类人才入手，就如何加快培养农业生产经营人才、农村二三产业发展人才、乡村公共服务人才、乡村治理人才、农业农村科技人才提出具体举措。第二，从充分发挥多元主体在乡村人才培养中的作用切入，指出要完善高等教育人才培养体系、加快发展面向农村的职业教育、依托各级党校（行政学院）培养基层党组织干部队伍、充分发挥农业广播电视学校等培训机构作用、支持企业参与乡村人才培养，着力推动形成乡村人才培养的合力。第三，从体制机制层面，着力打通乡村人才发展梗阻，为推进乡村全面振兴人才支撑体系建设夯实制度基础。从抓好干部培养这个首要关键、激发人才培养内生动力、广聚各类人才源头活水、强化基层服务激励导向、推进县域人才统筹、支持技能人才发展、优化人才评价体系、强化人才服务保障功能着手，提出涵盖人才培养、人才使用、人才评价、人才服务的全方位对策建议。第四，在抓好落实的保障措施层面，提出要加强组织领导、强化政策保障、搭建乡村引才聚才平台、制定乡村人才专项规划、营造良好环境为推进乡村全面振兴人才支撑体系建设保驾护航，确保其有效运行。

本书坚持问题导向和目标导向相统一，力求问题分析客观全面，目标达成清晰可衡。在问题导向层面，指出了我国现阶段传统乡村经济结构还不够合理、劳动力市场还不够健全、技术应用效率相对较低、乡村社会保障体系还不够完善、城乡资源鸿沟还在一定范围内存在的现实问题，客观分析了推进乡村全面振兴人才支撑体系建设面临的人才资源结构配置不够合理、人才整体技能水平偏低、教育资源薄弱、人才流失普遍、管理体系欠完善的诸多挑战。在目标导向层面，致力于推动强化乡村人才振兴政策的系统集成，建立健全乡村人才培养、引进、管理、使用、流动、激励等一整套系统完备的政策体系，强化乡村人才振兴的政策保障；致力于推动形成乡村人才振兴的工作合力，将分散在不同部门、不同行业的乡村人才工作进行统筹探究，推动进一步形成完善组织领导、统筹协调、各负其责、合力推进的工作机制，以更大力度推进乡村人才振兴；致力于推动强化推进乡村全面振兴的人才支撑，通过加强乡村人力资本开发，促进各类人才投身乡村振兴，为推进乡村全面振兴、加快农业农村现代化建设提供强有力的人才支撑。

本书坚持以习近平新时代中国特色社会主义思想为指导，坚持马克思主义立场观点方法，立足我国"三农"领域的重大理论和现实问题，紧紧围绕国家对乡村人才振兴的战略部署，运用多学科交叉融合和系统多维的研究方法，对推进乡村全面振兴人才支撑体系建设进行系统阐释，竭尽作者的研究能力，对相关理论问题进行研机析理，对一些现实问题进行解疑释惑，以期为推进乡村全面振兴提供全方位、多层次、立体化的人才支撑体系贡献智慧、提供借鉴。

目 录

绪　论

一、选题的背景及意义

（一）选题背景

党的二十大报告指出："全面建设社会主义现代化国家，最艰巨最繁重的任务仍然在农村。"① 习近平总书记强调："人才是最宝贵的资源，是加快建设农业强国的基础性、战略性支撑。"② "必须建设一支政治过硬、本领过硬、作风过硬的乡村振兴干部队伍。"③ "通过多方面努力，着力打造一支沉得下、留得住、能管用的乡村人才队伍，强化全面推进乡村振兴、加快建设农业强国的

---

① 习近平. 高举中国特色社会主义伟大旗帜　为全面建设社会主义现代化国家而团结奋斗——在中国共产党第二十次全国代表大会上的报告（2022 年 10 月 16 日）[M].北京：人民出版社，2022：31.
② 习近平. 加快建设农业强国　推进农业农村现代化 [J]. 求是，2023（6）：4-17.
③ 习近平. 坚持把解决好"三农"问题作为全党工作重中之重　举全党全社会之力推动乡村振兴 [J]. 求是，2022（7）：4-17.

智力支持和人才支撑。"①《中共中央 国务院关于做好二〇二三年全面推进乡村振兴重点工作的意见》明确指出，要实施乡村振兴人才支持计划，组织引导教育、卫生、科技、文化、社会工作、精神文明建设等领域人才到基层一线服务，支持培养本土急需紧缺人才。2024年中央一号文件强调要"壮大乡村人才队伍。实施乡村振兴人才支持计划，加大乡村本土人才培养，有序引导城市各类专业技术人才下乡服务，全面提高农民综合素质"。②

党的十八大以来，在以习近平同志为核心的党中央坚强领导下，我国高度重视人才振兴对乡村发展的支撑和引领作用，牢固树立"人才是第一资源"理念，坚持和加强党对乡村人才工作的全面领导，坚持农业农村优先发展，坚持把人才振兴放在乡村振兴的首要位置，大力培养本土人才，畅通各类人才为农通道，强化各类平台支撑，探索"引、育、用、留、管"一体的乡村人才开发体系，健全完善人才服务乡村振兴的长效机制，出台一系列政策文件，投入一大批财政专项资金，全面培养造就一支懂农业、爱农村、爱农民的乡村人才队伍，为推进乡村全面振兴提供坚强有力的人才保障。但是，我们也应清醒地认识到，我国城乡发展不平衡的现状依然存在，农村地区经济社会发展水平相对落后，发展优势不强、发展平台不高，人才吸引力不足。优质人才外流、人才结构失衡、中青年人才欠缺等是我国乡村普遍存在的

---

① 习近平. 加快建设农业强国 推进农业农村现代化 [J]. 求是，2023（6）：4-17.
② 新华网. 中共中央 国务院关于学习运用"千村示范、万村整治"工程经验有力有效推进乡村全面振兴的意见 [EB/OL].（2024-01-01）[2024-02-17]. http://www.moa.gov.cn/ztzl/2024yhwj/zxgz_29632/202402/t20240204_6447014.htm.

问题，为推进乡村全面振兴，有必要快速解决这些问题。特别是在中国特色社会主义进入新时代后，国家发展对人才的需求更甚。坚持乡村人才振兴，培养一批懂农业、爱农村、爱农民的乡村人才，不仅是响应党中央决策部署的现实需要，也是做好基层工作的必然要求。因此，探究推进乡村全面振兴人才支撑体系建设成为现实而又必要的课题。

（二）研究意义

本研究以推进乡村全面振兴人才支撑体系建设为主要内容，简要概述了推进乡村全面振兴人才支撑体系建设的内涵释义，对推进乡村全面振兴人才支撑体系建设的现实诉求进行客观分析，在厘清推进乡村全面振兴人才支撑体系建设基本原则的基础上，对如何加强培养农业生产经营人才、农业二三产业发展人才、乡村公共服务人才、乡村治理人才、农业农村科技人才五类支撑乡村全面振兴的人才进行论述，并从充分发挥多元主体在乡村人才培养中的作用、建立健全体制机制、强化保障措施等方面，为推进乡村全面振兴提供全方位的人才支撑体系，具有重要的理论价值、学术价值和现实意义。

在理论价值方面：本研究着眼于党中央、国务院对推进乡村全面振兴的重大战略布局，围绕乡村人才支撑体系建设及其相关问题，阐释了推进乡村全面振兴人才支撑体系建设的重要意义，并对如何构建推进乡村全面振兴人才支撑体系提出具体的思路举措，为我国科学制定乡村人才培养政策和相关措施提供理论支撑。

在学术价值方面：本研究从推进乡村全面振兴与人才支撑之

间的关联入手，在对推进乡村全面振兴人才支撑体系建设基本概念、现实诉求、基本原则进行阐述的基础上，从理论和实践层面提出推进乡村全面振兴人才支撑体系建设的系统性研究框架，对于丰富和深化我国人才资源开发理论的研究视角与内容，特别是对完善乡村人才开发理论研究体系具有一定的学术意义。

在现实意义方面：本研究立足党中央、国务院在"三农"问题上的指示精神，以更快更好地推进农业农村现代化为着眼点，确定了推进乡村全面振兴人才支撑体系建设的研究主体。同时，对推进乡村全面振兴人才支撑体系建设进行研究，有助于统筹城乡资源，缓解城市和乡村在发展过程中存在的资源分配失衡问题，为解决城乡人才二元结构的现状提供可行途径，在强化乡村人才专业技能及综合素质的基础上，缩小城乡差距，促进人才资源的合理分配。此外，本研究较为系统地分析了推进乡村全面振兴人才支撑体系建设的现状与不足，对完善乡村人才队伍结构，全面贯彻落实人才强国战略具有一定的现实意义。

二、国内外研究动态

（一）国内研究动态

1. 关于乡村振兴战略的研究

近年来，国内学者围绕乡村振兴战略及其相关问题进行了大量的实践探究，且获得了一定的研究成果，主要包括乡村振兴战略的实质内涵、逻辑理路与实践进路等。

（1）关于乡村振兴战略实质内涵的研究

一是基于"产业兴旺、生态宜居、乡风文明、治理有效、生活富裕"二十字方针的"总要求"说。张建伟、图登克珠两位学者在他们的文章中指出："总要求"的五方面紧密联系、不可分割；实施乡村振兴战略，产业兴旺是重点，生态宜居是关键，乡风文明是保障，治理有效是基础，生活富裕是根本和目标。① 郭晓鸣等人对此持相同意见，并认为上述的五方面分别是乡村振兴的有力支撑、关键环节、坚实基础、基本保证及根本目的。② 朱泽表示，实施乡村振兴，产业兴旺是根本，生态宜居是要求，乡风文明是任务，治理有效是保障，生活富裕是目的。③

二是基于比较视域的"升级发展"说。有学者指出，乡村振兴战略的整体目标与新农村建设的总要求相适应，前者可视作后者的"升级发展"，二者的总要求也存在对应关系。蒋永穆表示，关于乡村振兴战略内涵的理解应着眼于七大根本性转变，即"城乡一体化发展"转变为"农业农村优先发展"、"农业现代化"转变为"农业农村现代化"、"生产发展"转变为"产业兴旺"、"村容整洁"转变为"生态宜居"、"乡村文明"转变为"乡风文明"、"管理民主"转变为"治理有效"、"生活宽裕"转变为"生活富裕"。④ 李建军、杨丽娟认为，乡村振兴战略比社会主义新农村建

① 张建伟，图登克珠. 乡村振兴战略的理论、内涵与路径研究 [J]. 农业经济，2020（7）：22-24.

② 郭晓鸣，张克俊，虞洪，等. 实施乡村振兴战略的系统认识与道路选择 [J]. 农村经济，2018（1）：11-20.

③ 朱泽. 大力实施乡村振兴战略 [J]. 中国党政干部论坛，2017（12）：32-36.

④ 蒋永穆. 基于社会主要矛盾变化的乡村振兴战略：内涵及路径 [J]. 社会科学辑刊，2018（2）：15-21.

设更具创新性，激活了现代农业创新和乡村发展的想象力。[1]在叶兴庆看来，从新农村建设到乡村振兴战略的升级，在促进农业农村经济全面繁荣发展、强化农村民生保障水准、健全乡村治理新体系、促进乡风文明等方面都提出了更高要求。[2]

三是基于宏观视野的"系统"说。部分学者基于乡村振兴战略的"总要求"，立足更为宏观的视角论述与乡村振兴息息相关的"三农"系列问题。李长学在总结历史经验与现实需求的基础上，提出了乡村振兴是一个涉及面甚广的长期性、系统性工程的观点。[3]徐美银表示，关于乡村振兴战略内涵的探究应当从农业、农村及农民三个维度入手，明确其最终目标是实现农业农村现代化、根本举措是坚持农业农村优先发展。[4]马义华与曾洪萍在他们所撰写的论文中表示乡村振兴战略具有独特的时代内涵，并分别从时间、空间及思维三个维度加以论述，指出历史与现实的统一是其时间维度，全新城乡关系的确立是其空间维度，而立足思维维度进行考量，则体现了中国特色社会主义现代化建设的必然要求。[5]

（2）关于乡村振兴战略逻辑理路的研究

一是关于乡村振兴战略理论逻辑的研究。国内学者以乡村振兴战略理论逻辑为主题进行的研究，因研究视角的不同所得出的

① 李建军，杨丽娟. 乡村振兴战略实施的"基础设施"和重要机制 [J]. 贵州社会科学，2019（9）：123-127.
② 叶兴庆. 新时代中国乡村振兴战略论纲 [J]. 改革，2018（1）：65-73.
③ 李长学. "乡村振兴"的本质内涵与逻辑成因 [J]. 社会科学家，2018（5）：36-41.
④ 徐美银. 乡村振兴战略的科学内涵、动力机制与实现路径研究 [J]. 农业经济，2019（12）：3-5.
⑤ 马义华，曾洪萍. 推进乡村振兴的科学内涵和战略重点 [J]. 农村经济，2018（6）：11-16.

结论也有所不同。首先，部分学者以理论发展规律为立足点展开论述。刘儒、刘江及王舒弘在他们的文章中指出，乡村振兴战略适应了马克思主义关于乡村发展与城乡关系的思想内涵。[①]杨谦和孔维明指出，乡村振兴战略在实施路径中反映了"三大规律"，即共产党执政规律、社会主义建设规律与人类社会发展规律。[②]其次，部分学者以经济发展规律为着眼点进行探究。学者陈冬仿、桂玉二人提出，乡村振兴战略的有效实施促进了农业生产力的提高，而创新市场关系是推进该战略的基本要求，生产力与生产关系的统一是其内在逻辑。[③]郭晓鸣等学者表示，乡村振兴战略涉及工业化、城镇化及城乡关系演变规律等内容，这也体现了其理论逻辑。[④]最后，部分学者在继承前人优秀研究成果的基础上，从立论基础的角度加以论述。叶敬忠、张明皓与豆书龙认为可以从五个方面对乡村振兴战略的立论基础进行概括，这五个方面涉及"乡村病"根治论、城市化中后期规律发展论、内生动力提高论、输入性危机应对论，以及综合因素作用论。[⑤]

　　二是关于乡村振兴战略价值逻辑的研究。笔者在查阅现有文献资料后发现，国内学者在探究乡村振兴战略价值逻辑及其相关

① 刘儒，刘江，王舒弘. 乡村振兴战略：历史脉络、理论逻辑、推进路径 [J]. 西北农林科技大学学报（社会科学版），2020（2）：1-9.

② 杨谦，孔维明. 习近平乡村振兴战略研究 [J]. 马克思主义理论学科研究，2018（4）：83-95.

③ 陈冬仿，桂玉. 乡村振兴战略的政治经济学逻辑解析 [J]. 学习论坛，2020（12）：41-45.

④ 郭晓鸣，张克俊，虞洪，等. 实施乡村振兴战略的系统认识与道路选择 [J]. 农村经济，2018（1）：11-20.

⑤ 叶敬忠，张明皓，豆书龙. 乡村振兴：谁在谈，谈什么？[J]. 中国农业大学学报（社会科学版），2018（3）：5-14.

问题时，大多将发展要求、城乡发展、人民中心作为研究切入点。其一，以发展要求为切入点进行的研究。何磊表示，乡村振兴战略的提出为我国缓解当代社会的主要矛盾提供了新的方向，与我国全面建设社会主义现代化国家的伟大愿景相契合。^①袁彪首先分析了乡村振兴战略的总体规划，充分认可了其现实意义与价值。在阐释其价值逻辑时认为全面建成小康社会离不开乡村振兴战略的推动作用。^②其二，围绕城乡发展而得出的研究成果。陈龙表示，乡村振兴战略不仅为我们突破城乡二元格局的局限性提供了新的途径，而且对于改善长期以来的乡村衰落局面也起到了重要的推动作用。^③丁忠兵对此表示，随着乡村振兴战略的有序展开，新的城乡互动关系逐步明了，对于指导农村改革具有较强的现实意义。^④其三，以人民中心为切入点进行的研究。王木森和唐鸣提出，乡村振兴战略不仅体现了中国共产党对广大人民群众的爱护与关怀，也体现了党的一切工作为了人民的时代宗旨。^⑤陈冬仿、桂玉表示，深挖乡村振兴战略的内涵后可以发现，该战略的提出以维护最广大人民的根本利益为目的，遵循的是以民为本的思想理念。^⑥

---

① 何磊. 新时代乡村振兴战略的主攻方向与实践要求——学习习近平关于乡村振兴战略重要论述 [J]. 中国延安干部学院学报，2019（3）：11-16.

② 袁彪. 基于精准扶贫视角下的乡村振兴发展路径探索 [J]. 农业经济，2018（7）：47-48.

③ 陈龙. 新时代中国特色乡村振兴战略探究 [J]. 西北农林科技大学学报（社会科学版），2018（3）：55-62.

④ 丁忠兵. 乡村振兴战略的时代性 [J]. 重庆社会科学，2018（4）：25-31.

⑤ 王木森，唐鸣. 马克思主义共享理论视角下的乡村振兴战略：逻辑与进路 [J]. 新疆师范大学学报（哲学社会科学版），2019（5）：119-130.

⑥ 陈冬仿，桂玉. 乡村振兴战略的政治经济学逻辑解析 [J]. 学习论坛，2020（12）：41-45.

三是关于乡村振兴战略现实逻辑的研究。笔者在查阅现有文献资料后发现，国内学者在探究乡村振兴战略现实逻辑时多从落实发展要求、满足现实需要、解决现实问题入手。首先，关于落实发展需求的相关研究。学者范建华指出，20 世纪 90 年代后，我国乡村陷入了较长一段时期的发展困境，而实施乡村振兴战略则是改善这一问题的重中之重。① 赵军认为，乡村振兴战略不仅迎合了"两个一百年"奋斗目标的要求，也是带领全体人民走向共同富裕的必经之路。② 其次，关于满足现实需要的相关研究。学者刘守英表示，基于乡村振兴战略的理解有必要结合城乡融合的理念，这为我们如何应对城乡发展不平衡的问题提供了思想指导。③ 邓雁玲、雷博和陈树文表示，该战略的推进有利于提高农民生活质量，满足民众对美好生活的现实需求。④ 最后，部分学者从解决现实问题的维度进行探讨。韩长赋提出，乡村振兴战略能够更好更快地改善农村发展不充分的现象，是解决我国社会主要矛盾的可行性路径。⑤

（3）关于乡村振兴战略实践进路的研究

一是关于"二十字方针"五方面的实践进路研究。其一，助

---

① 范建华. 乡村振兴战略的理论与实践 [J]. 思想战线，2018（3）：149-163.
② 赵军. 关于实施乡村振兴战略的几点思考 [J]. 中国生态农业学报（中英文），2019（2）：187-189.
③ 刘守英. 乡村现代化的战略 [J]. 经济理论与经济管理，2018（2）：15-17.
④ 邓雁玲，雷博，陈树文. 实施乡村振兴战略的逻辑理路分析 [J]. 经济问题，2020（1）：20-26.
⑤ 韩长赋. 大力实施乡村振兴战略 [J]. 紫光阁，2018（1）：11-12.

力产业兴旺方面，国内学者的研究成果主要集中于推进产业融合、壮大集体经济两个实践进路。刘威和肖开红表示，在我国农村地区推进产业融合，要逐步从初级过渡到高级，这一过程中要科学确定融合之路、合理把握政府定位、注重市场的导向作用、增强地区特色。①关于如何壮大集体经济的问题，马义华、曾洪萍认为国家及相关部门应当完善发展集体经济的支撑体系，设立农村集体产权交易平台，实现"政经分离"。②其二，关于助力生态宜居的研究，国内学者主要围绕乡村绿色发展、发展乡村旅游业来论述对应的实践进路。在绿色发展上，学者杨世伟立足宏观、中观与微观的视角分别给出了相关建议，宏观上，应加速落实规范性法规与政策，建立并完善生态补偿机制等；中观上，有必要在布局乡村绿色发展时做到具体问题具体分析，结合整体规划做好统筹安排；微观上，需积极践行绿色发展的理念，强化乡村绿色治理能力，不断完善对应的体系建设。③关于如何发展乡村旅游业的问题，蔡克信、杨红和马作珍莫在他们所撰写的论文中充分认可了乡村旅游业对促进乡村可持续发展的重要作用，并认为应当从促使政府主导作用充分发挥、加速乡村产业融合、保障农业基础地位、尊重农民主体性等几个方面发展乡

① 刘威，肖开红. 乡村振兴视域下农村三产融合模式演化路径——基于中鹤集团的案例 [J]. 农业经济与管理，2019（1）：5-14.
② 马义华，曾洪萍. 推进乡村振兴的科学内涵和战略重点 [J]. 农村经济，2018（6）：11-16.
③ 杨世伟. 绿色发展引领乡村振兴：内在意蕴、逻辑机理与实现路径 [J]. 华东理工大学学报（社会科学版），2020（4）：125-135.

村旅游业。① 其三，立足助力乡风文明的研究视角，学者们给出了繁荣公共文化的实践进路，主要涉及三方面内容。首先，结合时代新需求，重塑公共文化空间。张培奇与胡惠林认为可从三个不同的方面入手：第一，结合现实条件，做好文化设施与场所的空间布局；第二，在传承公共文化活动的同时适时增添创新性元素，提高活动活力；第三，健全对应的财政保障制度、完善对应的法规机构与考核标准。② 其次，建立并不断完善公共文化服务体系。范根平认为，新时代的乡村建设工作应确保公共文化服务供给，例如增设乡村书屋、打造文化长廊等。③ 最后，传播公共文化。关于如何传播公共文化的相关问题，学者徐延章给出了几点可行性建议，即契合公共文化传播用户、融合公共文化传播媒介等。④ 其四，基于助力治理有效的研究视角，国内学者给出了自治、法治、德治相融合与改革体制机制的实践进路。首先，在如何做好"三治结合"的问题上，刘儒、刘江和王舒弘在他们所撰写的论文中给出了三点建议：第一，引导村民自治，提高群众参与自治的意识与能力；第二，做好法治建设，对于发现的涉农问题及安全隐患要及时处理，力求消除不良影响；第三，强化乡

① 蔡克信，杨红，马作珍莫. 乡村旅游：实现乡村振兴战略的一种路径选择［J］. 农村经济，2018（9）：22-27.

② 张培奇，胡惠林. 论乡村振兴战略背景下乡村公共文化服务建设的空间转向［J］. 福建论坛（人文社会科学版），2018（10）：99-104.

③ 范根平. 乡村振兴的理论逻辑起点、价值意义及实现路径［J］. 长春师范大学学报，2020（3）：54-58.

④ 徐延章. 乡村振兴战略中公共文化传播策略［J］. 图书馆，2020（12）：8-13，26.

村德治水平，在区域内打造和谐的乡村风气。[1] 此外，在如何进行体制机制改革的问题上。曹桂茹和王新城指出，体制机制改革的关键在于创新，创新的范围应涉及乡村治理模式、人才引进方式、资源配备模式、信息交流途径等方面，以此来逐步建立起突出时代特征的农村治理协作机制。[2] 其五，以助力生活富裕为研究视角，国内学者给出了促进农民增收的实践进路。关于这一问题，谢天成、王大树给出的建议包括推动农业生产的优质发展、提高农民就业率、强化基层建设、坚持农村集体产权制度深化改革等几方面。[3] 张阳丽、王国敏和刘碧表示，随着乡村振兴战略的稳步实施，我国农民将逐步走向共同富裕，在这一过程中，不仅要探寻农民就业创业的多种可能，提高农民的可支配收入，也应当始终坚持教育优先的基本原则，健全农村人才培养机制。[4]

二是关于"人、地、钱"三要素的进路研究。第一，关于人才振兴实践进路的探究，国内学者结合不同类别人才的基本特征给出了对应的观点，这些人才主要涉及基层干部队伍、创新创业者、新型职业农民等三大类别，他们分别对应着乡村振兴战略的引路人、带头人、主力军的角色。第一类，基层干部队伍。聂继

---

① 刘儒，刘江，王舒弘. 乡村振兴战略：历史脉络、理论逻辑、推进路径 [J]. 西北农林科技大学学报（社会科学版），2020（2）：1-9.

② 曹桂茹，王新城. 基于乡村振兴战略的农村社会治理创新目标与路径研究 [J]. 农业经济，2020（6）：50-52.

③ 谢天成，王大树. 乡村振兴战略背景下促进农民持续增收路径研究 [J]. 新视野，2019（6）：41-46.

④ 张阳丽，王国敏，刘碧. 我国实施乡村振兴战略的理论阐释、矛盾剖析及突破路径 [J]. 天津师范大学学报（社会科学版），2020（3）：52-61.

红、吴春梅表示，我国各地方基层党组织要充分意识到党建工作的重要作用，在村党支部书记中任用优秀的人才，在设立人才激励机制的同时也应明确约束条件，使基层干部队伍能够在工作中逐步提高自身的组织领导力，助力乡村事业发展。[①] 第二类，创新创业者。学者们普遍认为大学生是创新创业的主要力量，郭雅敏指出，需合理设置激励机制，科学确定聘用模式，健全培训制度，提高大学生参与创业的积极性，为其创业提供必要的支撑与保障，使大学生在参与创业的过程中增强自我的效能感。[②] 第三类，新型职业农民。唐丽霞指出，针对相关的培育工作应当结合乡村发展对人才的实际需求，不仅需要合理设定培训内容，也需要促进培训主体的多元化发展，创新培训方式，做到培训的长效化。[③] 第二，以土地制度改革为研究视角，国内学者给出的实践进路涉及"三块地"，即耕地、宅基地与集体建设用地。针对如何进行土地改革的问题，曾福生和卓乐表示，合理配置土地要素一方面需要科学设定征收制度，另一方面，应当努力形成城乡统一的建设用地市场。[④] 笔者在查阅现有的文献资料后发现，关于土地改革的研究主要指向宅基地类别，且大多学者认同"三权分置"的治理理念。张勇表示，"三权分置"依赖于行之有效的政策制度，这里包括农

① 聂继红，吴春梅. 乡村振兴战略背景下的农村基层党组织带头人队伍建设 [J]. 江淮论坛，2018（5）：39-43.
② 郭雅敏. 乡村振兴背景下大学生农村创业现状及路径探析 [J]. 长春师范大学学报，2021（3）：69-73.
③ 唐丽霞. 新型职业农民培育要有新思路 [J]. 人民论坛，2021（9）：74-77.
④ 曾福生，卓乐. 实施乡村振兴战略的路径选择 [J]. 农业现代化研究，2018（5）：709-716.

村宅基地收回及储备库制度等。^①第三，关于拓展资金来源的实践进路，国内学者大多着眼于财政支农的途径。曾福生和卓乐指出，若想高效率拓展资金来源，一方面需要坚持必要的财政投入，建立起多元主体共同参与、覆盖面广的服务体系，另一方面，应借助有效方式吸引社会资本向"三农"流动。^②关于如何做好财政支农的问题，刘天琦和宋俊杰表示优化政策是关键，具体可从健全支农机制、创新支农资金预算绩效管理方式、提高资金投入占比、强化宏观治理等方面进行完善。^③

2. 关于乡村人才队伍建设的研究

现有文献资料关于乡村人才队伍建设的研究主要集中在人才队伍类型、现存困境与优化方法等方面。

（1）关于乡村人才队伍类型的研究

近年来，国内学者以乡村人才队伍建设为主题进行了大量的分析与探究，为本研究提供了丰富的理论基础。虽然建设人才队伍，对实施乡村振兴的重要性已成为学术界的普遍共识，但不同的学者因研究视角的不同对人才队伍的类型有着不同的观点。刘玉娟、丁威立足于乡村人才的基本特质，认为乡村基层干部、乡

---

① 张勇. 农村宅基地制度改革的内在逻辑、现实困境与路径选择——基于农民市民化与乡村振兴协同视角 [J]. 南京农业大学学报（社会科学版），2018（6）：118-127，161.

② 曾福生，卓乐. 实施乡村振兴战略的路径选择 [J]. 农业现代化研究，2018（5）：709-716.

③ 刘天琦，宋俊杰. 财政支农政策助推乡村振兴的路径、问题与对策 [J]. 经济纵横，2020（6）：55-60.

村贤能之士与致富能手是乡村人才的三大类别。① 王东辉、姚成姣、王璟针对人才类型的划分较为具体，他们从乡村发展的现状出发，认为乡村人才队伍建设的主体涉及七大类别，具体是基层党支部书记、农技特岗人才、农村教师、新型职业农民、农村医生、文化旅游及体育人才、社会治理法治化人才，囊括了可助推农业农村发展的各个部分。② 龚毓烨对此表示，从乡村发展的现实需求出发，应重点培养创新型人才、技能型人才及新型职业农民等。③

（2）关于乡村人才队伍建设存在困境的研究

一是人口结构失衡。人口结构失衡不仅影响了乡村人才培养工作，也为乡村发展带来了难题。刘雯论述了人才流失的具体表现，指出人才流失是我国农村普遍存在的问题，且综合能力强、受教育程度高的人才更容易流失，这是造成我国乡村人口结构失衡的根本原因，由此带来的后果是农业发展受限、农村经济衰退。④ 时旭梅以广元市利州区为例进行探究，认为农村现有劳动力大多是 36 至 45 岁的中年群体，他们往往未接受过高等教育，对先进农业知识的掌握有限，多集中于传统种植业、养殖业等，缺乏实践能力较强的复合型人才，人口结构失衡的现象较为明显。⑤ 罗俊波表示，在国家大力发展工业的过程中，中青年群体与高素

① 刘玉娟，丁威. 乡村振兴战略中乡村人才作用发挥探析［J］. 大连干部学刊，2018，34（8）：11-17.

② 王东辉，姚成姣，王璟. 论乡村振兴战略实施中农村基层人才队伍建设［J］. 长春工程学院学报（社会科学版），2022，23（1）：30-33.

③ 龚毓烨. 乡村振兴急需人才类型分析［J］. 求知，2019（4）：22-24.

④ 刘雯. 我国农村人才流失的原因及对策建议［J］. 人才资源开发，2015（10）：253.

⑤ 时旭梅. 乡村振兴战略背景下乡土人才队伍建设探析——以广元市利州区为例［J］. 延边党校学报，2019，35（6）：85-88.

质人才更热衷于到城市谋取就业机会，这使得城乡居民的年龄、知识更新速度、视野等方面的差异愈加突出。①

二是乡村发展环境滞后。全面建成小康社会至今，尽管乡村面貌发生了翻天覆地的变化，但城乡差距仍十分明显。何玉婷、王苑乂立足两个不同的维度对乡村发展环境进行论述，首先，发展"硬环境"的不利因素，结合现阶段实际情况来看，存在部分乡村道路不畅通、配套设施滞后的问题，诸如居民医疗、养老等公共服务与城市存在较大差距；其次，发展的"软环境"加剧了人才流失，具体表现为政策扶持弱、法律体系未能及时更新、思想观念与时代需求不相匹配等。在这两方面的共同影响下，乡村人才队伍建设工作面临着较大的阻碍。②高鸣表示，相较于经济水平较高的城市，我国乡村发展始终处于竞争劣势，乡村大环境对人才吸引力不足，进一步制约了人才队伍建设工作的展开。在部分地区，乡村教育、文化等公共服务资源与居民的实际需求相差甚远，再加上缺少就业机会，导致"人、地、钱"三要素不匹配，使得各类人才的作用在服务乡村发展时受到影响。③

三是乡村人才培养机制不健全。就现阶段实际情况来看，部分农村缺乏对人才培养的重视，人才培养机制落后，与农村发展的实际需求脱节。王晓东认为，建设乡村人才队伍需要突破的现实困境包括完善乡村在评定职称职级等方面的标准与制度，切实

---

① 罗俊波. 推动乡村振兴需补齐"人才短板"[J]. 人民论坛，2018（30）：72-73.
② 何玉婷，王苑乂. 乡村振兴战略背景下乡村人才队伍建设研究 [J]. 产业与科技论坛，2022，21（11）：230-231.
③ 高鸣. 加强乡村振兴人才队伍建设 [J]. 中国人才，2022（4）：70-71.

提高乡村人才建设的质量，突破人才培养的形式主体，不可只做表面功夫，而应当实事求是，借鉴其他地方的人才培养经验，逐步健全人才培养的制度保障。①詹文文立足不同的视角探究了农村培训项目的实施现状，即过分地注重培养速度、效率，而忽视了人才培养质量的重要性，培养方案的设定短期化，效果较差。②

四是乡村人才激励机制不完善。乡村人才激励机制的建立与完善不单单是政府的工作任务，也直接影响到每位人才的个人利益。马茜茜结合脱贫攻坚中的案例指出，在脱贫攻坚决胜阶段因工作量急剧增长而出现了乡村人才加班"常态化"的问题，但工作量的增加却未体现在最终的工资报酬上，长此以往，难免使乡村人才出现负面情绪。除此之外，因缺乏合理的晋升机制与奖励举措，乡村人才参与工作的积极性较差。③刘路军认为，虽然党中央立足国家发展的视角颁布了支持乡村人才发展的相关法律条文，但具体到各个地方却存在落实不到位的情况，这也是影响乡村人才队伍建设的不利因素。④

（3）关于乡村人才队伍建设优化路径的研究

一是积极引才。乡村人才队伍建设工作不仅应关注本土人才的培养，也应当借助有效手段积极引才。莫广刚表示，结合我国

① 王晓东. 论新时代乡村建设行动中的人才队伍建设 [J]. 山西农经，2022（17）：165−167，192.

② 詹文文. 农村实用人才队伍建设的问题与对策研究 [D]. 南昌：江西农业大学，2016.

③ 马茜茜. 乡村振兴战略背景下的乡村人才队伍建设研究 [J]. 山西农经，2022（15）：25−27.

④ 刘路军. 乡村振兴战略下乡村人才建设存在的问题及其对策探究 [J]. 南方农业，2019，13（Z1）：96−97.

乡村发展的实际情况进行分析，若仍使用以往的引才路径与方式，效果可想而知，对此，有必要通过"乡村人才流动机制"拓宽覆盖面，打破人才引进的限制，广泛接受各行各业的优质人才，鼓励大学生当村官。① 陆凤桃、黄智刚认为人才引进需做到长效化，人才引进制度的制定要贴合区域实际情况，要体现出针对性、目的性，从而确保人才引进的效率与质量；与此同时，应设立外来人才保障制度，科学设定晋升制度，提高人才的工作积极性，增强外来人员对乡村工作的热情。②

二是环境留才。乡村发展环境对于人才队伍建设具有重要影响。宋海山在收集与整理黑龙江省乡村人口流动资料的基础上表示，若想缩小与发达地区的差距，必须要借助有效方式推动当地的经济发展，改变人才大量流失的情况；为留住乡村人才，引进外来人才，要在确保人才基础的物质需求的同时，为其提供丰富的精神保障，使他们能够主动地成为助推乡村发展的主体力量；积极落实基础设施建设，实现乡村实力的全方位提升，降低人才流失率；注重教育的积极作用，以科学的宣教方式改变村民落后的发展观念，使人才自愿参与到乡村建设中，通过乡村建设不断充实自我、实现自我价值。③ 陈建武、张向前立足法律体制的视角进行分析，认为合理有效的法律保障能够为乡村人才创造适宜的政策环境，对于人才的公平竞争具有积极影响，对此可从人才市

---

① 莫广刚. 以乡村人才振兴促进乡村全面振兴 [J]. 农学学报，2019，9（12）：87-91.

② 陆凤桃，黄智刚. 乡村振兴背景下农村人才队伍建设的思考 [J]. 黑龙江人力资源和社会保障，2021（17）：102-104.

③ 宋海山. 乡村振兴战略下黑龙江省农业人才队伍建设问题研究 [J]. 河南农业，2019（29）：52-53.

场管理、知识产权等方面进行完善。[①]

三是分类育才。为了顺应瞬息万变的社会形式，更快更好地推进乡村人才队伍建设，应不断提高乡村本土人才的综合素质。李秋红、田世野立足农业发展现实需求的角度提出，人才综合素质的提高离不开科学合理的教育，有必要对新型职业农民进行长效的培育工作，传授他们现代化农业知识、高效率的生产技能等。当前，我国步入经济发展的稳步提升期，帮助农民树立现代化农业思想、提高其集体合作精神尤为重要。[②] 母亚茹、吴虹认为乡村人才的培育应当紧跟时代需求，相关的院校要构建现代化教学环境，积极引进优秀的师资资源，在传授学生理论知识的同时引导他们参与实践，通过实践积累经验，不断充实自身，以便为农村农业发展奠定坚实的人才基础；合理设定各类农民培训活动，及时更新相对应的培训内容。值得一提的是，虽然党与政府高度关注农村发展，但在各项政策的具体落实中仍存在诸多问题，有必要通过合理的分析进行优化。[③]

四是梯度用才。以乡村人才的个人知识水平与实践技能为依据，对人才进行科学配置，以求人才效用发挥的最大化。何玉婷、王苑乂在他们所撰写的文章中指出，人才评价机制与乡村人才发展呈显著的正相关，关于如何科学确定人才评价机制的问题，学者们认为可从两个方面入手，其一，提高人才的社会地位，利用

① 陈建武，张向前. 我国"十三五"期间科技人才创新驱动保障机制研究 [J]. 科技进步与对策，2015，32（10）：138-144.

② 李秋红，田世野. 农业人才供给侧改革与新农村建设 [J]. 理论与改革，2016（4）：176-179.

③ 母亚茹，吴虹. 乡村人才队伍建设思考 [J]. 合作经济与科技，2022（6）：78-79.

榜样作用扩大人才的知名度，或赋予其一定的政治权力；其二，合理设定职称评定的标准，当前我国乡村职称评定仍有诸多不合理之处，要将评定标准与乡村人才的选拔结合起来，适当放宽职称晋升标准，提高人才对乡村的归属感。[1]

（二）国外研究动态

关于推进乡村全面振兴人才支撑体系建设及相关问题，国外并未形成较为系统的研究成果，但国外学者对乡村建设与人才发展问题也给予了高度关注，并取得了一定成果。在乡村建设方面，平松守彦在任职大分县县知事时，主张通过"一村一品"助力日本乡村发展，并在其所撰写的论文中分别论述了"一村一品"运动的发展历程、基本特征与现实影响。[2]田代洋一明确表示，农业事关本国经济发展，指出要培育多样的乡村骨干来支持乡村农业发展，通过地域再生培养村落营农，需要加强营农间的相互联系，提高营农间的协作精神，以此来加速乡村事业发展。[3]法国的孟德拉斯立足本国乡村发展的实际情况，探究了农业劳动者在社会、经济、政治机制中的演变历程。该学者指出，农民的"农民"头衔是没有选择的，在他们有不当农民的机会后，一般都会选择卸下这一头衔，这也是他们生活的主要特征。对于那些选择离开农

---

① 何玉婷，王苑乂. 乡村振兴战略背景下乡村人才队伍建设研究 [J]. 产业与科技论坛，2022，21（11）：230-231.

② ［日］平松守彦著，王翊译. 一村一品运动 [M]. 石家庄：河北人民出版社，1985：2-7、117-124.

③ ［日］田代洋一著，杨秀平，王国华，刘庆彬译. 日本的形象与农业 [M]. 北京：中国农业出版社，2010：99-109.

村到城市寻求就业机会的农民而言，促使他们离开的原因并非是实现了自我能力的提升，而是农场未能够提供生活的新希望。从这一方面来看，若想从根本上解决农民收入低的问题，应当从农业发展本身入手，协调其内部结构，摆脱前资本主义的束缚。① 在人力与人才方面，美国经济学家舒尔茨以人力资本为研究对象，详细论述了其内涵与属性、内容与方式、作用与价值。该学者在其所撰写的《教育的经济价值》一书中提出了教育是人力资本一大投资的观点，他阐释了教育中所涉及的经济成分，在分析发展教育可获得一定经济价值的基础上表示，人通过自我投资可提高生产及消费能力，而学校教育是人力投资的一部分。② 一些学者还对科技人才政策问题进行了研究，如美国学者库克提出了"库克曲线"，卡兹提出了"组织寿命"的学说等。

　　学者们立足不同的研究视角，运用不同的研究方法论述了与乡村振兴相关的问题，对加强乡村人才队伍建设提出相关对策。但研究对象和内容过于笼统，研究方法不够系统，特别是能够将乡村人才置于推进乡村全面振兴背景之下，从整体上对推进乡村全面振兴人才支撑体系建设进行研究的特别稀少。可以说分散研究多整合研究少、政策研究多实操研究少、理论导向多问题导向少。

---

① ［法］孟德拉斯著，李培林译. 农民的终结［M］. 北京：社会科学文献出版社，2010：138-164.
② ［美］舒尔茨著，曹延亭译. 教育的经济价值［M］. 长春：吉林人民出版社，1982：5、8.

三、研究的主要内容

本研究以推进乡村全面振兴人才支撑体系建设为主题，在强调推进乡村全面振兴与人才支撑内在联系的基础上，围绕对应的路径进行探讨。第一章，对推进乡村全面振兴人才支撑体系建设进行科学释义。以乡村振兴、全面推进乡村振兴、推进乡村全面振兴、人才、人才支撑体系等基础性概念为依托，立足推进乡村全面振兴人才支撑体系建设内涵中所蕴含的核心理念、构成要素、人才类型、现实功能等展开论述。第二章，客观分析了推进乡村全面振兴人才支撑体系建设的现实诉求。阐述了人才在推进乡村全面振兴中发挥着不可替代的作用，但我国现阶段的传统乡村经济结构还不够合理、劳动力市场还不够健全，技术应用效率相对较低、乡村社会保障体系还不够完善，城乡资源鸿沟还在一定范围内存在，建立人才支撑体系，首先需要解决上述现存问题。除此之外，立足实际情况，简要概述了推进乡村全面振兴人才支撑体系建设在人才资源结构、整体技能水平、教育资源、人才流失、管理体系等方面面临的诸多挑战，以及国家高度重视乡村人力资源开发、乡村教育进入全面振兴发展新阶段、乡村人才体制机制进一步健全完善等诸多有利的机遇。第三章，阐释了推进乡村全面振兴人才支撑体系建设的基本原则，为后续章节的研究提供理论指导。这里所提到的基本原则涉及坚持加强党对乡村人才工作的全面领导；全面培养、分类施策；多元主体、分工配合；广招英才、高效用才；完善机制、强化保障等。第四章，从培优育强支撑乡村全面振兴的各类人才进行体系的建构。阐述了推进乡村全面振兴人才支撑体系建设的人才类型主要包括农业生产经营人才、农村二三产业发展人才、乡村公共服务人才、乡村治理人才、农业农村科技人才。支撑乡村全面振兴的各类人才协作共生，在各自的领域发挥着重要效用，一同为推进乡村全面振兴，实现农业农村的现代化目标发挥应有作用。第五章，主要探究了充分发挥多元主体在乡村人才培养中的作用。应当凝聚政府、社会、教育组织、企业等多方力量共同参与，为培养乡村人才贡献力量，突破乡村人才振兴推进中的困境。具体包括科学设定高等教育人才培养体系、加快发展面向农村的职业教育、依托各级党校（行政学院）培养基层党组织干部队伍、充分发挥农业广播电视学校等培训机构作用、支持企业参与乡村人才培养等思路举措。第六章，从体制机制方面对推进乡村全面振兴人才支撑体系的建设进行阐述。具体涉及：完善农村干部培养锻炼制度，健全乡村人才培养制度，结合实际情况构建各类人才定期服务乡村的机制，通过设立晋升制度引导优质人才流向基层一线，建立县域专业人才统筹应用机制，完善人才评价体系，强化人才保障力度。第七章，从保障措施方面对推进乡村全面振兴人才支撑体系进行建构。包括加强组织领导、强化政策保障、搭建乡村引才聚才平台、制定乡村人才专项规划、营造良好环境等。

四、创新之处

本研究在学术思想、学术观点、研究方法上具有一定的创新性。

学术思想方面：以基础性概念为依托，对推进乡村全面振兴人才支撑体系建设进行科学释义；客观分析了推进乡村全面振兴对人才支撑体系建设的现实诉求；阐释了推进乡村全面振兴人才支撑体系建设的基本原则。在此基础上，从培优育强支撑乡村全面振兴的各类人才，充分发挥多元主体在乡村人才培养中的作用，建立健全推进乡村全面振兴人才支撑体制机制，强化推进乡村全面振兴人才支撑保障措施等方面提出具体举措，对推进乡村全面振兴人才支撑体系进行建构并确保其有效运行。

学术观点方面：推进乡村全面振兴人才支撑体系建设蕴含以人为本、整体协调及问题导向的理念；提出了支撑乡村全面振兴的五大类主要人才类型，具体包括农业生产经营人才、农村二三产业发展人才、乡村公共服务人才、乡村治理人才、农业农村科技人才；推进乡村全面振兴人才支撑体系建设要充分发挥高等教育、职业教育、党校（行政学院）、农业广播电视学校、企业等的协同共育作用；建立健全农村干部培养锻炼、各类人才定期服务乡村、县域专业人才统筹使用、分级分类评价等体制机制；强化组织、政策、平台、规划、环境等保障措施。

研究方法方面：本研究立足多元研究视角，运用多学科知识，坚持以马克思主义根本立场观点为指导，通过跨学科的研究方法，综合运用经济学、管理学、教育学、人才学等诸多学科知识，对推进乡村全面振兴人才支撑体系建设进行系统阐释。

第一章
推进乡村全面振兴人才支撑体系建设的科学释义

一、推进乡村全面振兴人才支撑体系建设相关概念阐释

（一）乡村振兴战略

党的十九大报告明确提出要实施乡村振兴战略，这是党中央着眼于我国"三农"工作新的历史定位作出的重大决策部署，明确了新时代"三农"工作的新任务和新目标。乡村振兴战略把"三农"工作放在了更加突出的位置，强调了其优先发展的原则，同时对乡村振兴要达到的目标和具体要求进行了明确，确定了"产业兴旺、生态宜居、乡风文明、治理有效、生活富裕"的总体要求，力求农村全面发展，缩小城乡差距。乡村振兴战略是党中央结合实践作出的重大部署，新时代，实施乡村振兴战略需要我们共同努力，以《中共中央　国务院关于实施乡村振兴战略的

意见》为指导，坚持五级书记联抓联管，把其放在优先位置，形成多方联动合力才能达成目标。要不断增强政治意识，坚持党对"三农"工作的绝对领导，因地制宜做好顶层设计，确保政治方向不走偏。要以发展的眼光看问题，以新发展理念为指导，将其置于"五位一体"总体布局和"四个全面"战略布局的高度来统筹推进。要坚持两点论和重点论的统一，将农业农村工作置于优先发展地位，推动乡村振兴战略走深走实，统筹经济、政治、文化、社会、生态文明及党的建设伟大工程在农村开出绚丽之花。要坚持以人民为中心的发展思想，尊重农民在"三农"问题上的主体地位，积极推进农村的进一步发展，实现农民增收。要积极贯彻落实习近平总书记"两山"理论，让农村山清水秀，实现人与自然和谐共生，让农民真正成为众人向往的职业，让农村真正成为吸引众人的地方，不断提高农民的幸福指数和生活水平。

（二）全面推进乡村振兴

"全面推进乡村振兴"是对党的十九大报告中"实施乡村振兴战略"的进一步推进，彰显出新时代新征程在工农城乡关系布局上的深远谋划，是各地方党组织的行动指针。由"乡村振兴"的实施到全面推进，反映的是党与国家对"三农"问题的持续关注，全面推进乡村振兴凸现了党领导农村治理实践的不断跃升。全面建成小康社会的目标完成后，我国进入全面建设社会主义现代化国家的新征程，以中国式现代化全面推进中华民族的伟大复兴，必须从与广大人民群众切身利益相关的民生问题入手。从这一角度来看，全面推进乡村振兴的提出既有利于协调城乡关系，也是全面建成社会主义现代化国家的关键所在。

全面推进乡村振兴是涉及我国农村的全局性安排，现阶段，我们正在享受农村脱贫攻坚战带来的成果，城乡结构愈加完善。相关资料显示，2022 年，我国 GDP 均值为 12741 美元 / 人，常住人口城镇化率为 65.22%，这为乡村振兴的实施提供了重要保障。全面推进乡村振兴的实施范围并非某一区域或某一地带，而是我国所有农村。只有做到范围上的"全覆盖"，才能真正解决发展不平衡不充分的问题。基于"全覆盖"这一关键特性，我国各地方实施的乡村振兴要规避两项问题：一是"个别化"，即将资源或优惠性政策向某个地区倾斜，企图打造"盆景效应"；二是"等量齐观、平均用力"，也就是说所有农村应用统一的发展方式，或仅简单地进行资源的分解，不能与实际情况相匹配。"全覆盖"的重要意义在于其强调所有农民都可以享受到振兴的便利，这就要求各地方政府能够充分考量农村的发展实际，因地制宜地制定振兴举措。

全面推进乡村振兴是一项系统性工程，除了基础的产业之外，还涉及人才、文化及生态等要素，其总体任务可归结为：产业兴旺、生态宜居、乡风文明、治理有效、生活富裕。党的二十大报告要求"加快建设农业强国，扎实推动乡村产业、人才、文化、生态、组织振兴"[1]。全面推进乡村振兴的主要目的在于实现农村各领域的全面发展，特别是要做到发展的"全面"。结合实践来看，

---

[1] 习近平. 高举中国特色社会主义伟大旗帜　为全面建设社会主义现代化国家而团结奋斗——在中国共产党第二十次全国代表大会上的报告（2022 年 10 月 16 日）[M]. 北京：人民出版社，2022：31.

各要素在不同的领域有着复杂的交叉关系，城乡二元结构在农村经济、文化等多个方面均有所体现，所以说，在全面推进乡村振兴的实践中，应尤为关注全面论与重点论的统一，一方面需要关注各个层面的相互作用，另一方面需要找准关键环节，并进行有针对性的发展。由于要素配置效率是影响发展的关键，所以在寻找突破口时，应当尤为关注如何提高劳动生产力这一问题，重新设定农村要素流动空间，使农村产业能够依据市场需求的相关问题实现交融，通过提高生产效率来拉近城乡消费差距、缩小城乡收入差距，从而促进全面推进乡村振兴的成果累积。

（三）推进乡村全面振兴

2023 年中央农村工作会议强调，推进中国式现代化，必须坚持不懈夯实农业基础，推进乡村全面振兴。[①]《中共中央　国务院关于学习运用"千村示范、万村整治"工程经验有力有效推进乡村全面振兴的意见》指出，要学习运用"千万工程"蕴含的发展理念、工作方法和推进机制，把推进乡村全面振兴作为新时代新征程"三农"工作的总抓手。[②]2024 年的政府工作报告，把"坚持不懈抓好'三农'工作，扎实推进乡村全面振兴"作为当年政府工

---

① 中华人民共和国中央人民政府网. 中央农村工作会议在京召开　习近平对"三农"工作作出重要指示 [EB/OL]. (2023-12-20) [2024-03-22]. https://www.gov.cn/yaowen/liebiao/202312/content_6921467.htm.

② 新华网. 中共中央　国务院关于学习运用"千村示范、万村整治"工程经验有力有效推进乡村全面振兴的意见 [EB/OL]. (2024-01-01) [2024-02-17]. http://www.moa.gov.cn/ztzl/2024yhwj/zxgz_29632/202402/t20240204_6447014.htm.

作的十大任务之一。① 从全面推进乡村振兴，到推进乡村全面振兴，这一变化更加聚焦"全面"二字，更加凸显乡村振兴是乡村全维度的振兴，涵盖了生产、生活和生态的方方面面。同时，从全面推进乡村振兴到推进乡村全面振兴，体现了党对我国乡村工作治理能力的又一次提升，全面推进乡村振兴是在推进力度上的加大和推进覆盖面上的拓宽，推进乡村全面振兴则进一步明确直指全面振兴这一目标导向，更加契合我国日益走近世界舞台中央的客观现实，体现了我国实现农业强国和农业农村现代化目标的步伐更进一层，也更加坚实有力。推进乡村全面振兴必须要学习好运用好"千万工程"蕴含的发展理念、工作方法和推进机制，要因地制宜、分类施策，从各地实际和农民群众反映强烈的实际问题出发，找准乡村振兴的切入点锲而不舍干下去，统筹推进乡村产业发展、乡村建设、乡村治理，建设宜居宜业和美乡村。

推进乡村全面振兴的实施必须以新发展理念为根本遵循，新发展理念作为新时代的理论体系，是完整、准确、全面的，是贴合国情的，推进乡村全面振兴必须把贯彻该理论体系作为重中之重。结合我国当下的基本国情，推进乡村全面振兴的实施要不折不扣地贯彻好新发展理念，在全国农村地区打响创新的口号，要将创新作为发展的内在动力，实现创新成为第一动力、协调成为内生特点、绿色成为普遍形态、开放成为必由之路、共享成为根本目的的高质量发展。推进乡村全面振兴不可脱离农村的属性，

---

① 新华网. 政府工作报告——2024 年 3 月 5 日在第十四届全国人民代表大会第二次会议上［EB/OL］.（2024-03-12）［2024-03-28］. http://www.news.cn/politics/20240312/bd0e2ae727334f6b9f59e924c871c5c2/c.html.

要明确农村的特性，应当以体制改革、政策调整、技术升级、经营方式优化等一系列以创新为核心的方式与途径为农村发展创造动力；对于农村现存的发展不平衡不充分的问题要给予回应，积极挖掘深层次原因，带动粮食、非粮产业以及各经营主体的协调发展；要充分运用农村地区的生态优势，做到产业生态化、经营高效化，节约资源投入，创造最佳效益；要拓宽农村商品的开放途径，一方面，积极开发农村特色产品，不断提升农产品的附加值，推动劳动力融合发展，另一方面，积极引进城市先进技术、信息资源等，更好地服务农村经济发展；无论何时，都必须立足广大人民群众的角度思考问题，尊重农民需求，实现农民增收，以乡村振兴推进城乡居民共创，使居民在共创中共享发展成果。

（四）人才

"人才"一词由来已久，处于不同时代背景下的学者对其阐释有所不同，"才"一般用作名词，可指才能之士。[①] 在现今所发现的中国古代典籍中，《易经》最早对其作出阐释，将天、地、人概括为"三才之道"。《论衡·累害篇》通过"人才高下"[②]一句表述了"才能"之意。《三国演义》亦对其作出解释，即"人才出众"[③]，这里用作形容外貌美观。随着人类文明的不断进步，中西方的辞书、词典之中对"人才"的界定也愈加具体。中国辞书

---

① 张书岩. 辞海版通用规范字典［M］. 上海：上海辞书出版社，2017：34.
② ［汉］王充著，张宗祥校注. 校注论衡［M］. 杭州：浙江古籍出版社，2017：35.
③ ［明］罗贯中著，范文章译注. 三国演义［M］. 成都：四川人民出版社，2017：154.

与词典中,"人才"与"人材"同义,指代才能之士①,某些语境下可指具有某种特长或德才兼具的人②。在英文词典中,"talent"、"genius"和"人才"较为相似:"talent"释义为天赋,多数情况下指有能力做好某件事的人;"genius"释义为不同于普通人的智力、技能以及艺术造诣。具有高智慧、高水平的人,大部分情况下指在某一领域具有异于常人技能的人③。

20世纪70年代后,中国学者对人才一词作了深入探究,并取得了一定的研究成果。王通讯④、叶忠海⑤、赵恒平与雷卫平⑥等学者在他们所撰写的书中对人才概念作出了界定,他们认为"人才"具有三个重要属性:一是创造性劳动;二是专业素质;三是贡献。在前人研究的基础上,夏建刚、邹海燕指出人才存在于少部分群体中,具有优秀的内在素质与创造能力,是"能够做出超常贡献的人"⑦。李维平通过分析现有文献资料,首先梳理了关于人才概念界定的发展历程,分析了"人才"定义的理论缺陷,最后将人才概括为拥有某种知识与能力的结构优势,能够创造较大社会价值的人。从经济学视角来看,人才相较于普通人往往具有较强的资本积累能力,这也是评价一个人是否为人才的重要标准。李维平结合马克思主义经典理论,为了解答学界关于创造性与杰出性

① 汉语大字典编纂处. 50000词现代汉语词典·第三版 [M]. 成都:四川辞书出版社,2019:560.

② 吴康零,吴畏. 领导科学词典 [M]. 成都:四川省社会科学院出版社,1988:7.

③ [英]戴安娜·莉. 牛津学术英语词典 [M]. 北京:商务印书馆,2018:358、815.

④ 王通讯. 人才学通论 [M]. 天津:天津人民出版社,1985:1-2.

⑤ 叶忠海. 人才学概论 [M]. 长沙:湖南人民出版社,1983:59.

⑥ 赵恒平,雷卫平. 人才学概论 [M]. 武汉:武汉理工大学出版社,2009:3.

⑦ 夏建刚,邹海燕. 人才概念内涵探析 [J]. 中国人才,2003(4):24.

在人才概念中的争议，对前人的研究成果进行梳理后提出：人才是"通过学习与实践，以知识与能力的形式，积累了更多的人力资本，能够在同等劳动时间内，创造更多社会价值的劳动者"[①]。张世高认为"德才兼备""贡献较大"是人才的关键词[②]。王德劲表示，"人才"的评价可从三个特征出发，即能力层次上的优势、劳动层次上的创造、贡献层次上的超群，这也是人才的基本内涵。而从外延方面来看，可基于统计学视角，以受教育水平作为评价标准[③]。

本书在整合、梳理与人才工作实践相关的文献资料时发现，人才一词在不同的时代背景下呈现的意义不同。中华人民共和国成立后，国家文献在较长的一段时期内未对"人才"一词进行更新。2010 年，国家发布的中长期人才发展规划纲要中对其概念进行明确："人才是指具有一定的专业知识或专门技能，进行创造性劳动并对社会作出贡献的人，是人力资源中能力和素质较高的劳动者。"[④]

如前文所述，不同时期的学者对人才概念的界定有所不同，这也意味着其存在一定的社会历史性，人才概念的阐释与人才的属性相关：首先，人才是体力与智力兼具的劳动者；其次，人才一定是在某一方面具有专长且具有创造能力的人，与常人不同；最后，人才的功能属性必然是积极的、正向的，能够切实地带动

---

① 李维平. 对人才定义的理论思考 [J]. 中国人才，2010（23）：64-66.

② 张世高. 关于人才定义 [J]. 党建与人才，1997（2）：33.

③ 王德劲. 人才及其相关概念辨析 [J]. 西北人口，2008（2）：41-42.

④ 中央人才工作协调小组办公室，中共中央组织部人才工作局.《国家中长期人才发展规划纲要（2010—2020 年）》学习辅导百问 [M]. 北京：党建读物出版社，2010：8.

社会发展。本书通过整合现有文献资料认为"人才"一词的概念可作出如下界定：具有专业型技能，能够通过参与实践劳动积累资本，为社会创造价值的人。社会的进步依赖于人才，他们分散在社会的不同领域，分工不同，共同为社会发展贡献力量。也是决定科技发展的第一要素。所以，长期以来，人才被视作人类发展的重要力量，是国家进步及实现中华民族伟大复兴的关键力量，也是各国争夺的一大重要资源。

（五）人才支撑体系

关于人才支撑体系的探究首先要确定体系的内涵。"体系"一词较为官方的说法是："若干有关事物互相联系而构成的一个整体。"[①] 由此，支撑体系可概括为：若干可在活动中彼此影响、相互制衡的活动对象及其要素组成的整体。本书在总结近年来学者们关于人才支撑体系的研究成果后发现不同的学者所倾向的观点不同，主要可分为三种。（1）平台说。方建中、周建波两位学者在他们的文章中指出，人才支撑体系首先是一个环境平台，其可实现的功能包括对人才的孵化、提高以及分配[②]。（2）整体说。陈崇阳有着不同的见解，他表示由若干系统整合而成的能够为人才发展提供服务的系统可称作人才支撑体系，通过体系的作用可激发人才的创造力，从而使之进行创造性劳动[③]。余雅洁对此持相同观

① 汉语大字典编纂处. 50000 词现代汉语词典. 第三版［M］. 成都：四川辞书出版社，2019：665.
② 方建中，周建波. 江苏自主创新的人才支撑体系研究［J］. 唯实，2006（10）：28.
③ 陈崇阳. 黄河三角洲农高示范区的人才支撑体系研究［D］. 乌鲁木齐：新疆大学，2019.

点，并提出人才支撑体系作为一个有机整体，能够借助政策或针对性举措引进、培养、应用人才[①]。（3）系统说。杨小芳以科技特派行动人才支撑体系为例进行研究，指出人才支撑体系是一个由若干社会成员组成的系统，在这一系统中可在调配要素资源的基础上达到人才的最优配置[②]。甄晓焕指出，关于人才支撑体系的理解可从宏观、微观两个层次入手，具有系统性特征即服务人才的基本功能[③]。

综合上述研究成果，本书将人才支撑体系概述为：以人才资源为核心，借助教育培训、资金保障、激励举措等诸多配置形式而构成的支撑体系。但因该体系本身具有实践应用功能，单纯地站在宏观视角对其概念进行定义无法准确反映其丰富的内涵。从本课题研究的主要内容出发，本书以服务于推进乡村全面振兴实践的人才支撑体系建设为切入点，从乡村人才的引入与培训、评价与留用、退出机制、组织结构、政策法规、资金与服务等内外部环境以及体制机制、保障措施等方面全方位构建起推进乡村全面振兴的人才支撑体系。

---

① 余雅洁. 重庆市生态功能区发展战略的人才支撑体系研究 [D]. 重庆：中共重庆市委党校, 2015.

② 杨小芳. 完善辽宁省科技特派行动人才支撑体系对策研究 [D]. 沈阳：东北大学, 2013.

③ 甄晓焕. 福建省现代农业发展中农业科技人才支撑体系研究 [D]. 福州：福建农林大学, 2015.

二、推进乡村全面振兴人才支撑体系建设的核心理念

一是以人为本理念。以人为本作为一种现代管理理念，指任何管理行为都要从人的需要与利益满足出发，在经济社会发展过程中，将人的全面发展作为根本目标，将人民群众的切身利益作为一切行动的出发点，不断满足人民群众的多方面需求，切实保障其经济、政治和文化等各方面权益，让发展的成果惠及全体人民。推进乡村全面振兴人才支撑体系建设正是这样一种主动研究人才，把调动人才服务乡村振兴实践的自觉性与创造性摆在首位，时刻围绕人力资源的开发与利用而形成的体系。推进乡村全面振兴，始终坚持人民至上和以人为本的发展理念，突出人才的主导地位，实现人才助农，坚持从群众中来，到群众中去的工作方法，将增强农民整体素质，推进人的全面发展，作为"三农"工作的立足点，尊重、保障农民的物质利益，为其民主权利的行使提供便利途径，使农民养成自我发展的能力。人民是历史的创造者，农民在享受乡村振兴带来的便利的同时，也应当承担起自身作为主力军的责任，他们是受益者，更应当是推动者。在推进乡村全面振兴的伟大征程中，中国共产党带领亿万农民持续提高农村生产力，提高农民创造精神。劳动人民的智慧是无穷无尽的，我们牢牢依靠广大人民这个"源头活水"，激发农民主人翁意识，更好地把人民群众的智慧和力量凝聚到"三农"发展事业上来，激活乡村振兴源源不断的内生动力。坚持以人为本，彰显人民至上核心理念，在"三农"工作上时刻将"人民"置顶，找准"出发点"、

抓住"着力点"、明确"落脚点"。推进乡村全面振兴人才支撑体系建设充分肯定了人在社会发展中的主体地位，反映了一种价值取向，即尊重人及一切为了人。从另一角度来说，该体系也体现了一种思维方式，即在解答与处理发展问题时，不仅需要尊重历史，同样需要尊重人这一主体。

二是整体协调理念。立足工作实践来看，推进乡村全面振兴的实施涉及多个方面，需要各个组织、各个部门协同共进，这体现了其整体性和协调性兼具的特征。人才支撑体系建设也涉及人才的引、育、培、用、留等多个链条，必须统筹协调，整体推进。推进乡村全面振兴人才支撑体系建设要将新发展理念贯彻落实到一切行动与工作中，立足乡村发展规律，将推进乡村全面振兴作为发展的总体目标，找准重点逐一突破，明确短板及时补缺，不断强化劣势之处，将产业振兴、人才振兴、组织振兴、文化振兴等串联起来，从全方位多层次入手，带动农村产业结构全面升级，为农民群众的创收增收提供保障，真正意义上做到农业强、农村美、农民富。以人才支撑体系建设为手段，形成全面培养、多类施策、多元主体、分工配合的乡村人才建设良好格局，以农村全面发展为目标，强化经济、政治、文化、社会及生态文明建设，注重协同性、关联性，整体部署，协调推进。以优化资源配置，让各方利益得到共赢，维护乡村振兴的整体性，为各子系统的交互与协同提供保障，力求发挥系统的整体功能。在推进乡村全面振兴的工作实践中，人才是第一要素，也是众多推进力量中的重要资源，是系统的一部分，应当与其他部分相互配合，交流协作，助推乡村全面振兴。

　　三是问题导向理念。实施乡村振兴战略的深度、广度、难度都不亚于脱贫攻坚，人才支撑体系建设应充分认知乡村振兴的基本内涵，明确现阶段的根本压力，以问题为导向，着眼于人才发展瓶颈，有针对性地反映问题、回答问题、解决问题，为乡村振兴提供更多急需的人才力量，增强乡村振兴的底气。首先，就问题导向本身而言，乡村振兴是一个大舞台，要让各类人才在这里展示自己、实现价值，就要树立问题导向，及时发现当前人才队伍建设与乡村振兴需求存在的差距，更有针对性地引进人才，不断优化人才队伍结构。在做好人才引进工作的同时，更要充分挖掘本土人才，通过搭建教育培训阵地，提供更多专业性强、趣味性浓、实用性强的课程，让各类人才都能在学习中快速提升自我，既实现了人才的可持续发展，也优化了乡村振兴人才队伍，更好地通过实现人才振兴促进乡村振兴。其次，从需求层面来看，坚持按需引进原则，坚持乡村需要什么人才就引进什么人才，避免人才资源的浪费，在充分考虑人才需求的基础上，制定更有特色的政策，使政策更符合人才的实际，增强对人才的吸引力，以更加积极、有效的人才政策选贤任能。坚持人才和乡村的双向选择，既让人才在更适合、更熟悉的岗位上发挥作用，也让乡村引进急需的有用人才，焕发乡村振兴人才队伍的活力，发挥出人才的最大价值，开创"人人皆可成才，人人尽展其才"新局面，为推进乡村全面振兴提供强有力人才支撑。最后，从问题导向的目标指向来看，推进乡村全面振兴人才支撑体系建设旨在打造一支懂农业、爱农村、爱农民的专业人才队伍，打造"选育管用"全链条思维体系，建立人才振兴的制度框架，合理调配资源，使各领域的人才规模能够持续壮大，形成各类人才支持服务乡村的良好格局，为乡村振兴的推进提供必要的人才保障。

三、推进乡村全面振兴人才支撑体系建设的构成要素

人才支撑体系建设事关多个方面，有必要做到内外联动，全要素集聚，多力量整合。其构成要素涉及乡土人才的引进、培养、评价、留用、退出等内部环节统筹，以及相关组织结构、政策法规、资金与服务等外部环境协同支持，才可构成支撑体系的合力。具体而言，要制订乡村振兴人才需求计划，摸清人才底数，以人才为"半径"，画好乡村振兴"同心圆"，实施"靶向引才"，扎实抓好人才引进，凝心聚"智"筑好人才之"巢"，充分释放人才引擎的强劲动力，不断提高人才使用效率。要培育本土人才，把乡土人才"挖"出来、"聚"起来、"唤"回来、"留"下来、"用"起来，充分利用这部分资源优势，有针对性地加速乡村振兴举措的落实，提高乡土人才培育的意识及扶持力度，助力乡土人才拓宽眼界、增长智慧、提升技能，更好地在乡村振兴中大显身手，扎根乡村作出更多贡献。要创新人才评价机制，激发人才活力，增强人才动力，立足乡村全面振兴需要，进一步优化、完善乡村人才评价体系，最大限度地保证评价的合理性、科学性。明确乡村人才的成长规律，针对不同行业、岗位的人才应作出区分，评价时要尤为关注品德、能力、业绩等三大指标，评价标准的设定要与乡村人才实际相适应。借助多种途径整合评价信息，通过评价信息的有效利用加速乡村的人才交流，促进乡村人才的跨部门、

跨体制流动，为人才的留用、退出奠定基础。要强化组织领导，坚持党对乡村人才工作的全面领导，坚持党建引领，把人才振兴放在推进乡村全面振兴的关键环节和重要位置。要加强政策的制定和实施，吸引更多的人才来到农村，激发农村本地人才的热情和创造力，在制度引导、物质激励的基础上，促进人才的合理流动，不断吸纳高素质人才，以人才的力量助力乡村发展。总之，要兼顾人才引进、培养、评价、留用、退出各环节，实现组织结构、政策法规、资金与服务等的全方位融合和联动发力，通过政策扶持、资金支持、示范带动等多种方式助力推进乡村全面振兴人才支撑体系各要素有效整合，协调统筹，采取内育本土人才、外引返乡青年和优秀人才的方式，通过引进、扶持、优选、培育，建设一支懂技术、会经营、能带头的乡村人才队伍，最大限度释放乡土人才创新创业活力，构建起推进乡村全面振兴人才支撑体系建设的四梁八柱。

四、推进乡村全面振兴人才支撑体系建设的人才类型

作为推进乡村全面振兴的主体力量，各类人才是构成乡村振兴战略人才支撑体系的核心与关键。据中共中央办公厅、国务院办公厅印发的《关于加快推进乡村人才振兴的意见》，推进乡村全面振兴人才支撑体系建设的主体力量涉及五大类人才，具体是：农业生产经营人才、农村二三产业发展人才、乡村公共服务人才、乡村治理人才、农业农村科技人才。其中，农业生产经营人才包括高素质农民队伍、家庭农场经营者、农民合作社带头人，农村

二三产业发展人才包括农村创业创新带头人、农村电商人才、乡村工匠等，乡村公共服务人才包括乡村教师队伍、乡村卫生健康人才、乡村文化旅游体育人才、乡村规划建设人才，乡村治理人才包括乡镇党政人才、党组织带头人、农村社会工作人才、农村经营管理人才、农村法律人才等，农业农村科技人才涉及农业农村高科技领军人才、农业农村科技创新人才及科技推广人才、科技特派员。建设人才支撑体系，首先需要明确上述人才在其中的作用，了解人才间的关联。结合实践来看，上述五类主体力量在推进乡村全面振兴人才支撑体系建设中的作用各有不同。农业生产经营人才可作为其中的核心力量，这是由于此类人才切实关系全体人民的"饭碗"，同样也是发展农业农村不可或缺的中坚力量。而农村二三产业发展人才则是其中的专业性主体力量，此类人才的作用突出表现在经济发展方面，是乡村全面振兴实施与推进的重要动力。乡村公共服务人才是解决好乡村区域内教育、医疗、文化、科技等公共服务问题，以及提升农村环境治理、基础设施及农村住房建设管护水平的主要引领者和文化传承者、生态守护者。乡村治理人才是乡村治理的基石，是民主、法治、公平、正义、安全的乡村环境的营造者和乡村秩序的维护者，是不断加强乡村治理水平，努力增加农民群众的获得感、幸福感、安全感的服务者。农业农村科技人才是农村地区农业现代化发展的主要推动者之一，也是农村地区农业经济发展的重要保障，是实现农村美、农业强、农民富的可信力量，可使乡村发展享受到来自现代科技的便利，在较大程度上增加产业收益。上述所提到的五类人才力量功能有所不同，擅长的领域有所差异，但他们的目标是一致的，即在各方的相互协作与促进中为乡村发展谋取福利，推进现代化农村的建成。

五、推进乡村全面振兴人才支撑体系建设的现实功能

一是开发人力资本，造就乡土人才。从功能上来看，从全社会人口资源中整合出、筛选出满足农村发展实际需求的人力资源并加以充分利用是推进乡村全面振兴人才支撑体系建设的基本功能。具体而言，通过整合现代社会中的人才资源，在明确发展需求的基础上瞄准人才，对这部分资源进行挖掘、配置，充分利用，在此基础上实现乡村人才资本转化，打造一批有智慧、高素质的乡土人才队伍。打通智力、技术通道，把乡村人才纳入各级人才培养计划予以重点支持，引导各类人才投身乡村振兴，培育一批又一批爱农人才，积极留住人才，使科技研究在田间地头开花结果。除此之外，健全适合乡村特点的人才培养机制，强化人才服务乡村激励约束，加快落实推进乡村人才振兴的指导思想、目标任务、工作原则和重要举措，为开发人力资本，造就乡土人才提供政策保障和更多支持。

二是构建推进乡村全面振兴的人力要素支撑。新时代，乡村振兴已从实施阶段过渡为"全面推进"阶段，而"全面"强调的是各个领域，全面发展依赖于高素质的人才队伍，这也意味着对人才助力乡村振兴提出了更高的要求。人才支撑体系建设的目的在于依据乡村发展需求对各类人力要素进行科学配置，进而推进乡村全面振兴的实施，从这一方面来看，其具备凝聚各方力量的

现实功能。凝聚各方力量，一方面要在推进现代农业发展和推进乡村全面振兴的过程中，培养一批有文化、懂技术、善经营、会管理的高素质农民，为推进乡村全面振兴注入新血液；另一方面，要将乡村作为吸引人才的一个洼地，使得人才纷至沓来，真正将乡村作为施展身手的大舞台。同时，坚持党管人才原则，发挥党建示范引领带动作用，通过村集体合作社吸纳有技术、有管理经验的乡村人才以技术、管理入股，参与分红，不断提升乡村人才的个人认同感和社会认可度。引导各领域人才下乡，为农业农村发展提供人才保障，培养本土紧缺人才。积极完善人才服务机制，优化人才服务环境。加大人才引进力度，以需求为导向，因地制宜打造人才引进"清单"，拓宽人才引进渠道，制定人才激励政策，用好用活各类人才，完善人才公共服务保障和培训机制，让更多优秀人才愿意来到乡村，为乡村发展贡献力量，为乡村建设添砖加瓦。组建高质量的人才团队，人才规模要不断扩大、结构持续优化，建设多层次、科学完善的乡村人才体系，增强乡村人才的竞争实力。乡村人才振兴，推进乡村全面振兴才有底气。让更多人才奔向乡村，奋进在乡村，推进乡村全面振兴才能注入新动能，广袤的乡村才能充满勃勃生机，奔向更有希望的未来。

三是促进共同富裕。推进乡村全面振兴，既是实现农村经济高质量发展的迫切需求，也是推动共同富裕的题中应有之义。加速乡村经济发展，实现农民增收、农业增产，解决城乡发展不平衡的问题，需要由各领域入手不断推进乡村全面振兴，要明确摆在面前的最根本问题即农村问题，农村是乡村振兴的根据地，也是最具潜力的地方。在中国共产党的正确带领下，人力资本在乡村发展方面的积极作用已愈加明显，但在人才引、育、用、留等方面存在多重梗阻。推进乡村全面振兴人才支撑体系建设驱动共同富裕的内在逻辑在于：一方面，人才增量扩大、人才存量盘活可统筹城乡融合发展，使农民实现创富增收，缩小城乡差距；另一方面，发挥人才效益、释放人才红利可促进劳动生产率提高，扩大中等收入群体比例，推动农村经济稳定增长。对此，应强化劳动力流动、人力资本投资、动力机制转换和人才保留，通过打造高质量乡村人才队伍，强化农村发展的动力，提高广大农村群众的创造性，扩大农村生产力规模，实现共同富裕的发展目标。乡村"五大振兴"中，人才振兴占据重要地位，在乡村振兴的实践中，人才要素的重要性愈加突出，起着示范性、引领性的作用，与共同富裕目标的实现息息相关。鉴于此，有必要培育一批能够与发展实际相适应的乡村振兴人才，并将他们引入基层工作中，发挥自身的积极作用。但结合现实情况来看，乡村人才无论是在规模上，还是就整体质量而言，都存在较大的提升空间，人才结构仍需进一步完善，诸多与人才引进、人才服务相关的问题依然比较突出。为改善这一现状，应有意识地推行具有针对性的方案与举措，积极吸纳人才的力量，强化乡村振兴人才支撑，带动各类人才在相应的领域发光发热、尽展才华，促进农业高质高效、乡村宜居宜业、农民富裕富足，最终达成共同富裕的目标。

第二章
推进乡村全面振兴人才支撑体系建设的现实诉求

推进乡村全面振兴依赖于高素质的人才队伍，人才振兴是推进农村社会结构升级，实现农村全面发展的重中之重。现阶段，国家高度重视乡村人力资源开发、重视乡村教育事业的发展，不断健全和完善人才制度，为推进乡村全面振兴人才支撑体系建设打下了良好的基础、注入了强劲的动力。

一、推进乡村全面振兴的关键在人才

乡村的进步与发展，依赖于人才队伍；乡村要振兴，离不开人才的可持续供给，只有抓住人才这个关键，才能以人才振兴助力乡村振兴，做到有人可用、人尽其才。人才在推进乡村全面振兴中的战略地位可从人的现代化在整个现代化，特别是农业农村现代化中的地位进行分析，还可以从"五大振兴"的相互机理进行阐释。

（一）从人的现代化在整个现代化中的地位看乡村人才振兴的战略地位

推进乡村全面振兴的实质是要推动农业农村的现代化。与西方现代化相比，中国式现代化不仅具有各国现代化的普遍特征，也蕴含着浓厚的中国色彩。在西方国家的现代化过程中，现代化特征主要表现为：第一，生产力方面。西方国家最先发起工业革命，生产力的快速发展为它们积累了大量财富，并开始向信息化转型。第二，体制机制方面。西方国家率先完成了由商品化到市场化的过渡。第三，空间布局方面。实现了由城市化到国际化的接轨。相较而言，我国作为发展中国家，现代化转型起步较晚，兼具工业化与信息化、商品化与市场化、城市化与国际化等特征。在体制机制上，我国在从自然经济、计划经济向商品经济迈进的过程中，准确把握市场经济中的新机遇，以后发优势积极推进各领域的现代化，包括经济领域、政治领域、社会及文化领域等，与此同时，人类社会与自然界的关系也开始向现代化迈进。在未来的现代化进程中，我国将继续根据自身国情和实际情况，探索出一条符合国情的现代化道路，并在各个领域不断取得新的进步和成就。我们只有将现代化作为一个整体，正确应对现代化进程中的各项问题，不断优化体制机制，才能够切实完成现代化建设的目标。就整个现代化系统而言，经济现代化是核心，具体表现为商品化和市场化；城市化与国际化是现代化的空间表现形式，生产力—生产关系、经济基础—上层建筑的变迁过程对应着现代化的发展进程；国际性及全球性是其基本特征，科技革命带来了经济革命，制度与意识形态也因此发生了改变。

人的现代化是现代化的本质与关键，只有促进了人的现代化，探讨其他领域的现代化才更加具有现实意义。这是因为无论是经济、政治的现代化，还是文化、社会及生态文明的现代化，都依赖于人力资本，人力资本是实现现代化的重要保障；与此同时，人的现代化也表现在经济、政治、文化、社会及生态文明的现代化进程中，它们相互影响，共同发展。

乡村振兴以推动乡村的高质量可持续发展为根本目的，农业、农村是乡村振兴的两大部分。乡村人才振兴以为乡村发展提供充沛的人才资源为主要目标，力求打造现代化的乡村居民，可以说，乡村现代化的基础是农民的现代化，人的现代化是其本质。因而，在乡村全面振兴的推进过程中，必须注重乡村人才振兴，以战略性的视角分析其中需求，力求在逐步完成人才振兴目标的同时带动各领域的现代化发展。

（二）从"五大振兴"的内在机理看乡村人才振兴的战略地位

推进乡村全面振兴是一项庞大且复杂的社会经济工程，涉及"五大振兴"，即产业振兴、人才振兴、文化振兴、生态振兴及组织振兴。2018年，习近平总书记对实施乡村振兴战略作出重要指示，强调要坚持乡村全面振兴，抓重点、补短板、强弱项，实现乡村产业振兴、人才振兴、文化振兴、生态振兴、组织振兴，推动农业全面升级、农村全面进步、农民全面发展。①《乡村振兴战

---

① 新华社.习近平对实施乡村振兴战略作出重要指示强调 把实施乡村振兴战略摆在优先位置 让乡村振兴成为全党全社会的共同行动 李克强作出批示 [J].农村工作通讯，2018（14）：2.

略规划（2018—2022年）》要求，要积极推进"五大振兴"，推进农业农村的现代化，推动农民的全面发展。基于乡村振兴这一覆盖面较广的系统性工程而言，乡村人才振兴被置于极高的战略地位，主要取决于下述几点。

第一，乡村人才的振兴为乡村产业的发展提供了劳动力和人力资本的保障。乡村产业振兴的有序推进，离不开与时代发展相适应的现代农业产业体系，走产业融合之路，扩大农业产业链的涉足空间，通过发展新产业与新业态，加速农村产业的多元化发展。同时，要设立新型农业生产体系，将发展现代农业作为新阶段的基本任务，推进强化农业生产力的重大工程建设，确保国家粮食供给。此外，应对现有农业经营体系进行完善，一方面需发展新型农业经营主体，另一方面需要关注小微企业与家庭农户的需求。总的来看，乡村产业振兴之路任重道远，而在这一过程中，人才振兴既是基础也是关键，所有目标的实现和达成，需要一批知识型、技能型、创新型的农业经营管理人才来启动、协调和推动，还需要一批爱农业、懂农业、善经营的以农业为主业、以农业为主要收入来源，并且生产能力很高的高素质农民来生产。

第二，乡村人才振兴为乡村文化振兴提供了组织者和工作对象。农耕文化是中华文明的渊源，乡村文化振兴应着眼于公共文化建设，从打造良好的乡风、民风、家风入手，弘扬中华文化的优秀部分。实施乡村文化振兴，离不开一代又一代的文化工作者，要注重人才培育的重要作用，锻炼出具有文化素养与农业技能的乡村人才，引导人才为乡村发展作出贡献，通过人才的榜样作用，弘扬社会主义核心价值观。

第三，乡村人才振兴为乡村生态振兴提供了建设者和生态产品供给者。乡村生态振兴是实现农村经济发展和环境保护相互促进的重要途径。为了实现这一目标，要走农业转型之路，最大限度地减少农业化学投入物，提高农作物秸秆、畜禽粪污等无害资源的利用率。这样不仅可以保护农村环境，还能提高农业生产效率，降低生产成本，增加农民收入。农业具有独特的生态功能，能够提供生态产品，因此我们应该充分发挥农业的先天优势，通过科学发展农业增加生态产品的供给。为实现这一目标，首先需要培养一批高素质人才，这些人才往往具有较强的环境保护意识，能够在工作中影响农民的生产观念，帮助农民树立正确的农业发展观。实施乡村生态振兴，要坚持绿色发展观，走可持续发展之路，带动农村产业结构升级，配备相应的服务设施，通过科学的治理手段恢复乡村自然风貌，对农村污水、垃圾等方面环境问题加大整治力度，打造宜人的生存环境，健全农村基础设施，提高农民生活的幸福感。

第四，乡村人才振兴为乡村组织振兴提供了各类基层组织人才。乡村组织振兴是一项系统性的工程，其中最为关键的是农村基层党组织建设工作。只有形成坚固的人才基础，才能确保乡村组织的稳定性和发展潜力。为了打造一支高素质的乡村人才队伍，首先需要明确人才培养的对象，即本村致富能手、经商人员、返乡大学生、技术工人等。这些人员具有丰富的实践经验和领导才能，能够有效地推动乡村建设。与此同时，要积极组建农村基层党组织和党员队伍。发展党员队伍，可从青年农民、技术工人及乡村妇女中选拔优秀人才，强化党员队伍的建设工作，提高党员素质和党性修养。通过开展各种形式的学习、培训和实践活动，使党员们更好地了解党的路线方针政策，发挥先锋模范作用，带领群众共同奋斗。除此之外，进一步完善村民自治制度也是乡村组织振兴的重要方面。规范民主选举程序，加强村务公开和民主决策，使村民能够更好地参与村级事务管理。同时，有必要组建一支能够胜任议事、办事与监事任务，推进地区自治法治德治相结合的本土人才队伍。这些人才具有较高的政治素质、组织领导能力和群众工作能力，能够有效地推动乡村治理体系与治理能力的现代化。

二、推进乡村全面振兴必须破解人才制约

推进乡村全面振兴是实现农民共同富裕，更快更好地解决"三农"问题的关键。党的十八大以来，以习近平同志为核心的党中央高度重视乡村人才工作，把乡村振兴的着力点放在人才上，出台了一系列政策措施，取得了一系列成效。但是，客观审视我国乡村人才现状，推进乡村全面振兴仍面临人才资源不足、人才优势发挥受限等问题。

（一）传统乡村经济结构制约人才资源开发

自乡村振兴战略实施以来，乡村经济结构的优化和升级一直是我们面临的重要问题。尽管新兴产业获得了快速发展且现已成

为乡村经济的关键组成，但不可否认的是农业转型仍有许多困难和挑战。现阶段第一产业产值在国内生产总值中的比重较低，但从农村地区来看，农业产值的占比仍较高，这表明农业在乡村经济中的地位仍然非常重要。此外，乡村经济结构的另一个问题是第二产业发展的萎缩。尽管乡村处于工业化发展初期，但乡镇企业数量呈明显的降低趋势，第二产业就业人口总数也呈下降趋势。这表明乡村第二产业的发展遇到了瓶颈，无法有效地支撑乡村经济的发展。与此同时，第三产业占比虽有一定的增幅，但并未改变以第一产业为主的乡村经济发展结构，再加上第三产业发展一定程度上受到第一产业的限制，所以乡村经济结构具有发展不均衡的特征。这种不均衡还体现在：工业与服务业产值占总产值比重较低、二三产业劳动力就业占比较低，产业结构如"倒金字塔"般。在国家及相关部门积极进行产业调整的背景下，第一产业就业劳动力在总就业人口中的占比持续下降，但数量仍较为庞大。2022年底，这一占比高达24.1%（如图1）。该数据表明，在乡村地区，第一产业就业仍受到民众青睐，且与第一产业相关的劳动力人口占比也较大。经济水平也是影响乡村就业结构的因素之一，相较于部分经济水平发达地区，经济水平欠发达地区的乡村就业结构以第一产业为主，对应的劳动力人口较多，为推进乡村全面发展，有必要改变这一情况。为提升乡村的经济发展水平，需要提高劳动力的科学素质，并逐步促进劳动者向第二、第三产业转移。这需要政府和社会各方面的支持和努力，包括加强教育和培训，提供更好的就业机会和条件，鼓励劳动力向其他产业转移等，以促进乡村的经济发展和社会进步。

比例（%）

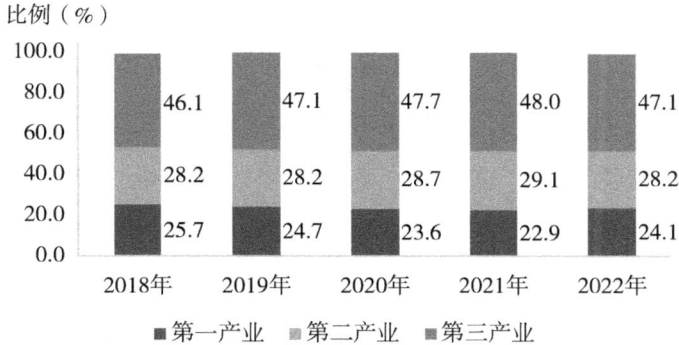

图1 近五年全国就业人员产业构成情况

资料来源：2022年度人力资源和社会保障事业发展统计公报。

（二）劳动力市场不健全制约人才资源流入乡村

劳动力市场为人才与用人单位的双向选择提供了一个相对平等的交易平台，但受限于中国劳动力市场不完善的现状，人才流向乡村的通道并不畅通，这就在一定程度上阻碍了推进乡村全面振兴的进程。城乡分割在我的劳动力市场已屡见不鲜，往往只有省级城市及市县级城市建有优质的人力资源市场或人才交流与服务中心，在乡镇地区屈指可数。这种城乡分割的劳动力市场使得乡村劳动力难以获取就业信息，同时也使得优质乡村劳动力在城市的人才市场寻找就业机会时离开乡村，从而乡村更难以引入外来人才。另外，乡村劳动力市场的不完善也在一定程度上降低了农民返乡就业的意愿。截止到2022年底，外出农民工收入均值为5240元/月，同期相比增加了227元，涨幅为4.5%；本地农民工收入均值为4026元/月，同期相比增加了148元，涨幅为3.8%。由上述数值可见，相较于本地农民工，外出农民工的工资报酬更加具有吸引力。除此之外，进城农民工人均居住面积不断增加、随迁儿童教育状况持续改善、社会融合程度不断加强。[①] 受农民工进城潮的影响，农村青壮年到城市就业的意愿高涨，导致大批劳动力流失，严重影响了农村经济发展，而出现这一情况的原因主要在于，城市在开阔农民工视野、增长见识等方面具有先天优势。城市中的工作机会和薪酬水平对于农民工来说具有很大的吸引力，乡村市场提供的工资待遇和就业岗位种类相对较少，无法满足他们的就业需求，因此他们返乡的意愿相对较低。短期用工现象在乡村劳动力市场中普遍存在，这就使得就业单位所掌握的信息与劳动力市场的真实信息存在偏差，劳动力市场信息储备及扩散的功能发挥受限，使得农民工在寻找就业机会时面临更大的困难。

（三）技术应用效率制约乡村人才资源开发

科技的进步带动了各行各业的发展，农业生产也得益于科技的力量而不断进步，传统的人力劳动已被越来越多的农业器具、农业设备取代，农村剩余劳动力也积极转向第二、第三产业。但结合相关数据来看，截至 2022 年底，全国农业科技进步贡献率仅有 62.4%，农业机械化水平虽然稳步提高，但农作物耕种收综合机械化率也仅为 73%，远远不及西方发达国家。[②] 农业科技化、机械

---

① 国家统计局网. 2022 年农民工监测调查报告［EB/OL］.（2023-04-28）［2024-04-23］. http://www.stats.gov.cn/sj/zxfb/202304/t20230427_1939124.html.

② 光明网.《中国农业展望报告（2023—2032）》发布［EB/OL］.（2023-04-20）［2024-04-17］.https://m.gmw.cn/2023-04/20/content_1303349246.htm.

化水平的相对低下，一定程度上影响了农业生产效率，使得大量劳动力仍被束缚在传统农业经营中，乡村劳动力难以从农业中解放出来，也就难以开发剩余劳动力的价值。与此同时，技术应用效率低也是阻碍农业现代化发展的重要原因，显然，推进乡村全面振兴的实施需要大批具备专业技能与科学素养的乡村人才，但在具体的实践中，人才的开发却存在较大的难度，想要短期内培养出一批能够顺应乡村经济结构升级与供给侧改革需求的人才困难重重。乡村人力资源开发水平尚未得到充分提升，导致乡村劳动力的潜力未得到最大程度的发挥。事实上，乡村人才资源的开发与利用对于乡村振兴具有至关重要的作用。为了推进乡村全面振兴，必须加快培养更多高素质的乡村人才，加大乡村人力资源的开发力度，以便为乡村各领域的全面发展提供强有力的支撑。

（四）乡村社会保障体系不完善制约人才资源开发

乡村社会保障体系事关人才发展，良好的保障体系能够保障人才的身心健康与基本的物质需求。随着城镇化步伐的不断加快，城市在社会保障、公共服务方面已经相对完善，但是乡村社会保障体系相对较差，仍然需要进一步完善。事实上，国家统计局的数据显示，2023年第一季度，我国居民转移净收入均值为1915元/人，相较2022年同期增长了5.1%。城镇居民与农村居民人均转移净收入均有所增长，分别为4.0%、6.5%。虽然农村居民人均转移净收入的增长速度比城镇居民高，但从总量来看，城镇居民的人均转移净收入为2375元，仍然比农村居民的1296元高出

1000 多元①。由此可见，我国城市社会保障体系相较于乡村来说优势明显，乡村发展有待进一步完善社会保障体系。截止到 2022 年底，全国低保对象的城乡分布情况是：城市低保对象 423.8 万户、682.4 万人，全国城市低保平均保障标准 752.3 元 / 人·月，全年支出城市低保资金 483.3 亿元；农村低保对象 1896.7 万户、3349.6 万人，全国农村低保平均保障标准 582.1 元 / 人·月，比上年增长 9.8%，全年支出农村低保资金 1463.6 亿元②。近年来，乡村新型农村合作医疗（以下简称"新农合"）在国家政策的引导下取得了显著进展，但相较城市医疗保险仍有较大差距，难以满足乡村居民的就医需求。新农合医疗保障水平较低，很多重大疾病并未纳入保障清单，疾病覆盖面小，远远不及城市。同时，农民的可支配收入影响了其缴费意愿，这也成为乡村医疗保险发展的制约性因素。现阶段，城乡社区综合服务设施建设水平差距较大。根据相关部门公布的数据可知，截至 2022 年底，全国共有社区综合服务机构和设施 59.1 万个，社区养老服务机构和设施 34.7 万个。而城市社区综合服务设施覆盖率达到了 100%，农村社区仅有 84.6%③。这些问题限制了乡村人力资源的开发和乡村振兴战略的实施。只有通过解决农民的社会保障制度漏洞，提高乡村社区综合服务设施覆盖率，才能使乡村人才资源在乡村振兴中发挥更大的作用。

---

① 国家统计局网. 2023 年一季度居民收入和消费支出情况［EB/OL］.（2023-04-18）［2024-04-23］. http：//www.stats.gov.cn/sj/zxfb/202304/t20230418_1938712.html.
② 中华人民共和国民政部网. 2022 年民政事业发展统计公报［EB/OL］.（2023-10-13）［2024-04-23］. https：//www.mca.gov.cn/n156/n2679/index.html.
③ 中华人民共和国民政部网. 2022 年民政事业发展统计公报［EB/OL］.（2023-10-13）［2024-04-23］. https：//www.mca.gov.cn/n156/n2679/index.html.

（五）城乡资源鸿沟制约人才资源开发

城乡融合发展是当前中国社会发展的重要方向，其中乡村人才资源开发对于实现城乡资源平衡分配和资本均衡流动具有显著的促进作用。但就现阶段实际情况来看，城乡资源分布不均的问题严重影响了乡村人才发展。城乡二元结构的长期存在，使得县、乡级政府缺乏对乡村人才开发的重视，不可避免地出现了政策性的资源倾斜，这也在一定程度上加剧了城乡人力资源分配不均等现象。培育乡村人才，教育是根本，然而，在中国，城乡教育资源分配不均的问题依然突出。乡村学校教师与城市教师无论是在所享受的福利待遇、晋升机会，还是在个人能力上都存在较大差距。乡村学校的教学环境、校址布局、教学设施配置等方面也显著落后于城市。第三次全国农业普查结果显示，农业生产经营人员的教育水平普遍较低。其中，小学与初中学历的人员占据农村劳动力的主体，高中或中专学历的人员占比仅为7.1%，而取得大专及以上文凭的人员只占总数的1.2%。相比之下，只有小学学历的人员占了总数的37.0%，还有6.4%的人员从未接受过任何教育（如表1）。这种低教育水平的情况可能会对农业现代化和农村经济发展产生负面影响。

表 1　农业生产经营人员数量和结构　　单位：万人、%

	全国	东部地区	中部地区	西部地区	东北地区
农业生产经营人员总数	31422	8746	9809	10734	2133
农业生产经营人员性别构成					
男性	52.5	52.4	52.6	52.1	54.3
女性	47.5	47.6	47.4	47.9	45.7
农业生产经营人员年龄构成					
年龄 35 岁及以下	19.2	17.6	18.0	21.9	17.6
年龄 36—54 岁	47.3	44.5	47.7	48.6	49.8
年龄 55 岁及以上	33.6	37.9	34.4	29.5	32.6
农业生产经营人员受教育程度构成					
未上过学	6.4	5.3	5.7	8.7	1.9
小学	37.0	32.5	32.7	44.7	36.1
初中	48.4	52.5	52.6	39.9	55.0
高中或中专	7.1	8.5	7.9	5.4	5.6
大专及以上	1.2	1.2	1.1	1.2	1.4
农业生产经营人员主要从事农业行业构成					
种植业	92.9	93.3	94.4	91.8	90.1
林业	2.2	2.0	1.8	2.8	2.0
畜牧业	3.5	2.4	2.6	4.6	6.4
渔业	0.8	1.6	0.6	0.3	0.5
农林牧渔服务业	0.6	0.7	0.6	0.5	10

资料来源：国家统计局第三次全国农业普查主要数据公报（第五号）。

三、推进乡村全面振兴人才支撑体系建设面临的挑战

目前，我国农村地区人力资源匮乏、优秀人才稀缺的问题依然突出，已成为农业农村现代化发展的一大阻碍。虽然推进乡村全面振兴的相关举措正在不断完善，但是乡村人力资源现状远远不能满足要求。

（一）乡村人才资源结构配置不够合理

随着现代农业的不断发展，机械化生产方式已经逐渐取代了传统的人工劳作，越来越多的农民从土地中解放出来，由此产生了大量的剩余劳动力。但受限于农村教育的落后，这部分劳动力受教育程度普遍偏低，劳动力结构也不尽合理。尽管国家对乡村教育的投入逐步增加，但是乡村劳动力技术水平的提升却相对缓慢。目前，乡村中的专业技术人才结构分布不均衡，产前和产后所需要的农业技术人才数量短缺，现代化的管理人才不足。根据现有的数据，高素质农民的受教育程度和专业技能水平仍然偏低。高中及以上学历的人员占比仅达到了57.03%，大专及以上学历的占比为18.84%。在专业技能水平方面，取得农民技术人员职称的仅占50.68%，获得国家职业资格证书的占比更少，仅为18.97%。尽管近年来农民队伍中涌入了大量的专科毕业生、退役军人、返乡人员及大学生村官，占比为57.81%，为农村队伍增添了新的力量，但高素质农民总量仍然较少。这种情况限制了农业技术的推广和应用，也制约了农业现代化的发展。从高素质农民的产业水平来看，种养业仍是他们的主要方向，但也有一批高素质农民积极参与到农村新产业新业态的探索中去，涉及加工业、休闲业等。数据显示，29.86%的高素质农民从事这些新产业新业态。虽然这些新产业新业态为农村发展带来了新的机遇，但是其规模和机械化程度还有待提高。仅有63.39%的高素质农民是规模农业经营户，这意味着还有近四成的高素质农民尚未达到规模经营的水准。此外，有51.34%的高素质农民参与耕种收综合机械化生产，这意味着在农业生产中，仍有许多人力投入，这不仅增加了农业生产成本，也降低了生产效率。为了提高组织化程度，一些高素质农民选择加入合作社或与农业企业建立生产经营关系。然而，数据显示，不到50%的高素质农民采取了这种组织化的方式。在环保方面，高素质农民已经开始通过一些举措进行农村环境保护，例如节水灌溉、减施化肥或农药、禽畜粪污资源化利用、秸秆和农膜资源化利用。但是，采取这些措施的高素质农民比例仍然较低，分别为29.11%、51.27%、83.99%、90%。在农产品质量方面，仅有27.60%的高素质农民拥有绿色农产品标识使用资格，这表明在绿色农产品的生产和认证方面还有很大的提升空间。在销售渠道方面，高素质农民主要通过互联网购买农资或销售农产品，比例达到60.1%，这表明互联网已经成为高素质农民重要的生产和销售渠道。同时，82.91%的高素质农民通过手机或电脑进行农业生产经营活动，这表明移动设备已经成为他们日常农业生产经营的重要工具。[1]

（二）乡村人才资源整体技能水平偏低

中国是一个农业大国，乡村人口数量众多，这与社会历史和地理资源的特点有关。一方面，农民人口基数大，另一方面，优质、高技能人员占农村总人口的比重较小，人才数量难以满足农村发展需求，这是一个长期制约中国农村发展的瓶颈。相关调查结果显示，我国约有5.7亿多人生活在县以下乡村，我国农村劳动

---

[1] 李浩. 打造乡村振兴的"主力军"——《2022年全国高素质农民发展报告》发布 [N]. 农民日报，2023-1-13（6）.

力中大专及以上程度占 1.2%，高中或中专程度占 7.1%，初中程度占 48.4%，小学文化程度占 37%，未上过学的占 6.4%。[①] 这些数据表明，中国的农村劳动力在教育和技能水平方面存在较大的提升空间。在实际运行中，针对农民工的职业技能培训存在供求不匹配的情况，例如，在信息的传输上，信息发布往往由镇村委负责，但立足农民工的视角来看，相较于这一信息传递途径，他们更希望通过其他便利途径接收信息，如政府公示、第三方媒体平台等。在技能类的培训内容上，农民工希望参与实用性更高的项目培训，如机械制造、建筑装修等类目，但相关部门在设置培训项目时却更加倾向于家电维修、机械纺织等类目，实际提供的培训类目与农民工需求相差甚远，而对于农民工意愿较高的创业管理知识类的培训，更是鲜有涉及。上述问题的存在，直接造成了长期以来的优质人才在乡村劳动力人员占比较低的情况[②]。现阶段，种植业与养殖业的发展离不开科技的力量，以种植业为例，许多农民仍然采用传统的种植方式，不仅效率低下，而且容易受到自然灾害的影响；以养殖业为例，目前许多农民仍然采用传统的养殖方式，不仅效率低下，而且容易受到疫病的影响。除此之外，粗放式的经营模式仍是我国农业的主要形态，积极引进先进农业技术可有效改变当前生产空间不足的问题，这同样依赖于优质人才。所以，应当在强化农业科研力度、提高农业现代化水准的同时，有针对

---

① 祁占勇，王志远. 乡村振兴战略背景下农村职业教育的现实困顿与实践指向［J］. 华东师范大学学报（教育科学版），2020（4）：107-117.

② 杨东梅，沈有禄. 农民工职业技能培训供需状况调查研究［J］. 中国职业技术教育，2019（21）：70-79.

性地提高农民的整体素养，以此来促进农业现代化发展。

（三）乡村教育资源依然薄弱欠缺

教育是乡村人才资源开发的关键因素，它直接关系到乡村能否实现全面振兴。然而，实际上乡村教育无论是从社会功能、社会地位，还是从文化资本上来看都不具备优势[①]。改革开放以来，随着九年义务教育的稳步落实，乡村基础教育获得了快速发展，农村居民的受教育水平得以提升，失学率逐步下降，但无论是在乡村人才质量上，还是在人才数量上，仍未改变落后于发达国家的现状。乡村的职业教学与高等教育输出的人才有限，难以为推进乡村全面振兴提供充足的人才保障，再加上乡村基础教育设施与师资力量和实际需求不匹配的情况，推进乡村全面振兴的实施受到了限制。除此之外，家庭文化资本也是影响乡村振兴的重要方面，家庭文化与学生成绩相挂钩，乡村部分家庭深受传统观念影响，教育意识淡薄，对子女的教育漠不关心，甚至有一部分学生在义务教育阶段便选择辍学打工，这也影响了他们继续追求更高学历的意识。从学校的层面进行分析，乡村学校的教师无论是在所掌握的知识技能，还是在主动进行创新的意识上都远远落后于城市教师，这一情况在大龄乡村教师的身上尤为突出，而部分中青年优秀乡村教师的流失也影响了乡村教师队伍整体素质的提升。在部分县域，家校缺乏长效交流，既不利于保证学生的学习效果，也给教师的工作带来了挑战。此外，相较于城市浓郁的教

---

① 常亚慧，李阳. 农村教育"去农化"运作的实践逻辑 [J]. 济南大学学报（社会科学版），2020（2）：133-135.

育氛围，乡村社会往往不具备创造良好教育氛围的条件，一部分人主张"教育无用论"，只关注当前的投入而忽视了长期的收益。所以，产生了一大批只有初高中学历的青年劳动力，他们行动力匮乏、创新意识不足，缺乏主动学习的意识，工作中安于现状，不愿意接受新鲜事物，参与技能培训时也仅仅是走个过场。总而言之，乡村振兴依赖于优质的人才队伍，人才资源的储备依赖于青少年群体。乡村年轻人更了解当地的风土民情和发展前景，他们将是推动乡村发展的重要力量。因此，我们必须采取措施，提高乡村教育质量，挖掘技能型人才，调动人才助力乡村建设的积极性。只有这样，乡村振兴的目标才能够切实实现，农业农村才能够真正意义上步入现代化。

（四）乡村人才资源流失现象普遍存在

乡村人才资源流失是一个普遍存在的问题，主要有两种表现。一是乡村本土人才的流失。这些人才在乡村环境中成长，但由于生长环境的限制，他们往往选择外出务工或到城市接受更高等级的教育，而后者在完成学业后往往会在城市寻求就业机会。这种流失现象为乡村经济的发展带来了严重的影响，因为这些人才在乡村接受了良好的教育，具备了专业知识和技能，他们的离去导致乡村的经济发展缺乏动力。相关统计数据显示，2022 年，农民工收入均值为 4615 元／月，相较 2021 年同期增加 138 元，涨幅为 4.1%，其中，外出农民工、本地农民工收入均值分别为 5240 元／月、4026 元／月，相较 2021 年同期分别增加了 227 元、148 元，涨幅分别为 4.5%、3.8%，而前者相较后者的涨幅更高，二者的差值为 0.7%。^①较高的收入使新生代农民工家庭生活质量得以提升，在教育、文化及娱乐方面的消费结构也有所不同。外出务工工资报酬与岗位待遇的提升是越来越多的乡村人才选择外出务工的主要原因，由此加剧了乡村人才流失的情况。此外，偏远地区的农民可支配收入较低，与城市打工者存在较大的差距，大量优质、高水平的乡村人才返乡意愿较低，青年人才无法反哺乡村建设，由此也引发了乡村空巢老人的问题。二是外来人才外流现象也值得关注。国家为了鼓励大学生返乡，推出了大学生村官、特岗教师、"三支一扶"等扶持政策，用以培养乡村建设及服务的高质量人才。但是，部分大学生选择顺应国家政策的原因仅仅是丰富个人履历，以便在城市获得更多的发展机会。虽然用人单位为规避人才流失的问题提供了优越的条件，但部分大学生在综合考量工资待遇、岗位晋升等需求后仍选择离乡进城，所以说，难以留住人才仍是阻碍乡村人才振兴的重要原因。

（五）乡村人才资源开发管理体系亟待完善

人才管理是全面推进乡村振兴的关键环节，我国乡村人才资源开发管理体系仍然不够完善，存在功能发挥不到位的问题。现阶段，乡村人才资源开发需解决的问题如下。第一，乡村人才资源开发意识还有待提高。受传统观念的影响，官本位思想在乡村一定范围内仍然存在。一些乡村管理者在招聘和提拔人才时，没有充分考虑市场经济的规律，任人唯亲的现象时有发生，造成一

---

① 国家统计局网. 2022 年农民工监测调查报告［EB/OL］.（2023-04-28）［2024-04-23］. http://www.stats.gov.cn/sj/zxfb/202304/t20230427_1939124.html.

些职业技术人才在受到不公平待遇后逐步失去对管理者的信任。第二，缺乏合理的开发制度。部分乡村尚未建立起与本村需求相适应的乡村人才资源开发制度，未能够与地方人才资源开发制度体制相挂钩。在选拔及培养人才时，晋升机制缺乏公平性、绩效标准存在差异。

四、推进乡村全面振兴人才支撑体系建设面临的机遇

推进乡村全面振兴，是我们国家为了促进农村地区经济、社会、文化等多方面发展而制定的一项重要战略。这一战略的实施，需要通过多方面的努力，其中最为关键的是乡村人才资源的开发和培养。为了推动乡村人才资源的开发，为乡村发展提供充足的人员供给，首先需要构建对应的保障机制、培训机制，加强对农村人才的技能培训，提高他们的就业能力和创业能力。新时代新征程，推进乡村全面振兴人才支撑体系建设拥有许多历史性机遇。国家高度重视乡村人才资源开发，并相继出台了一系列方针政策，以此来推动乡村人才的培养工作。乡村教育进入了全面振兴发展的新阶段，乡村学校的教育质量有了较大的提升。乡村人才发展体制机制也进一步健全完善。

（一）国家高度重视乡村人才资源开发

乡村人才资源开发是乡村振兴的重要组成部分，是党与国家治国理政的关键一环。近年来的中央一号文件都对乡村人才工作做了具体的阐述和要求。例如，2018 年印发的《中共中央　国务

院关于实施乡村振兴战略的意见》指出："实施乡村振兴战略，必须破解人才瓶颈制约。要把人力资本开发放在首要位置，畅通智力、技术、管理下乡通道，造就更多乡土人才，聚天下人才而用之。"并从五个方面提出了要求，即大力培育新型职业农民、加强农村专业人才队伍建设、发挥科技人才支撑作用、鼓励社会各界投身乡村建设、创新乡村人才培育引进使用机制。2019 年印发的《中共中央 国务院关于坚持农业农村优先发展做好"三农"工作的若干意见》指出要培养"三农"工作队伍，即懂农业、爱农村、爱农民的人才队伍，并打造与之相配套的培养、配备、管理及使用机制。与此同时，要将乡村人才培养整合进各级地方政府的人才培养计划中，通过合理的制度政策加以落实。为了鼓励人才投身乡村建设，使他们成为乡村振兴的主力军，要健全县域人才统筹使用制度。采用岗编适度分离、在岗学历教育、创新职称评定等多元化的激励方式，鼓励人才积极投身乡村建设。2020 年中共中央、国务院印发《关于抓好"三农"领域重点工作确保如期实现全面小康的意见》，该文件指出要打通人才下乡渠道，为大学生、退役军人、技术工人到农村创业就业提供帮扶与通道。这是为了吸引更多的人才到农村去，为乡村振兴贡献自己的力量。2021 年印发的《中共中央 国务院关于全面推进乡村振兴 加快农业农村现代化的意见》表明，要坚定不移地听从党的指挥、坚持党的领导，统筹安排乡村人才振兴的各项制度与扶持政策，建立与乡村发展需求相适应的人才培养机制，通过有效的激励举措强化人才主动服务乡村的意识。2022 年印发的《中共中央 国务院关于做好 2022 年全面推进乡村振兴重点工作的意见》提出了以培养乡村优秀人才队伍为指向的"神农英才"计划，通过该计划培养科技领军人才、创新创业人才，为乡村振兴提供更加坚实的人才保障。同时，深入推行科技特派员制度，让更多的科技成果应用到田间地头。2023年中共中央、国务院颁布的《关于做好2023年全面推进乡村振兴重点工作的意见》指出，要实施乡村振兴人才支持计划，组织引导教育、卫生、科技、文化、社会工作、精神文明建设等领域人才到基层一线服务，支持培养本土急需紧缺人才。2024年中央一号文件强调，要壮大乡村人才队伍。实施乡村振兴人才支持计划，加大乡村本土人才培养，有序引导城市各类专业技术人才下乡服务，全面提高农民综合素质。与此同时，地方各级政府以党中央的规划部署为指导，结合地区发展的实际需求颁发了开发乡村人才资源的指示文件，较大程度上提高了乡村人才资源开发政策在各地方的应用实效。

（二）乡村教育进入全面振兴发展新阶段

党的十八大以来，党中央及各级政府积极践行为民服务的理念，坚持把乡村教育放在推进乡村全面振兴优先发展的重要位置。2010年，随着《国家中长期教育改革和发展规划纲要（2010—2020年）》的出台，乡村教育成为我国教育改革和发展的重点和难点。在接下来的几年里，政府出台了多项政策，以推动乡村教育的发展。例如，中共中央、国务院印发的《乡村振兴战略规划（2018—2022年）》指出，"优先发展农村教育事业"。这些政策的出台，显示出政府始终将乡村教育视作工作的要点。2021年全国教育事业统计数据显示，2021年，学前教育毛入学率高达88.1%，相较 2012 年涨幅为 23.6%；九年义务教育巩固率高达 95.4%，相较 2012 年涨幅为 3.6%；而高中教育的这一数值为 91.4%，相较 2012 年涨幅为 6.4%。这些数据表明，乡村教育总体发展水平显著提高，乡村教育的普及程度也有所加深，乡村教育质量得以改善。此外，乡村教育公平性也持续改善。《国家中长期教育改革和发展规划纲要（2010—2020 年）》将"促进公平"上升至国家教育政策，要求各地方政府努力缩小城乡教育差距，积极助力城乡教育一体化发展，促进教育资源的合理分配。这些政策的实施，使得乡村地区的学生能够享受到更加公平、优质的教育资源，为他们的未来发展奠定了坚实的基础。2022 年 5 月，财政部拨款 2125 亿元，用作义务教育均衡发展、城乡一体化建设的专项资金。国家不断转变乡村学校"小而弱"的不良发展状态，并以"小而优、小而美、小而特"加以取代，与此同时，打造温馨的乡村校园，为学生提供良好的学习环境。随着办学条件的不断优化，乡村学校危房面积大幅减少，乡村小学功能教室面积逐年上涨。这些改变不仅让乡村学校焕然一新，也为学生提供了更好的学习条件。在教师队伍建设方面，国家给予高度重视，并颁发了一系列专项文件用以完善教师队伍建设，如《乡村教师支持计划（2015—2020 年）》《教育部等六部门关于加强新时代乡村教师队伍建设的意见》等，通过多种选拔和援助方式补充乡村教师数量，提高教师质量。为了吸引和留住乡村教师，政府采取了一系列措施。首先，提高乡村教师的工资待遇，让他们能够获得更好的经济保障，从而更加安心地工作。其次，改善乡村教师的生活条件，提供更好的住房、医疗、子女教育等福利待遇，让他们在乡村中也能够享受到城市的便利和舒适。此外，政府还通过提高社会地位，提供职称评聘机会等方式激发乡村教师参与教育的积极性，增加乡村教师的职业自豪感和归属感。在稳定乡村教师队伍方面，政府采取了多种措施。首先，提高农村义务教育阶段教职工编制配备标准，确保乡村教师有足够的编制。其次，制定科学统一的城乡普通高中教职工编制机制，使乡村教师不再感到与城市教师的差距。此外，政府还不断增加教职工编制总量，以此来为乡村学校积累更多的教师资源。上述举措对于留住师资人才、提高乡村教育水平具有重要意义。2021年5月，教育部等四部门印发《关于实现巩固拓展教育脱贫攻坚成果同乡村振兴有效衔接的意见》；同年，教育部发布的2021年40项工作要点中也明确提出推动巩固拓展教育脱贫攻坚成果同乡村振兴有效衔接，我国乡村教育开始进入巩固脱贫攻坚成果、助推乡村全面振兴的发展新阶段。在党的坚强领导下，乡村教师队伍的结构得到了显著优化。通过一系列政策措施的推动，乡村教师队伍的年龄结构、学历结构、职称结构等都趋向合理，逐步实现了从"数量扩张"向"质量提升"的转变。

（三）乡村人才体制机制进一步健全完善

近年来，党中央高度关注乡村振兴，积极探寻适合乡村的人才培养模式，通过强化政策保障构建集乡村人才培养、引进、使用等于一体的科学发展机制。突破长久以来农村人才资源开发的困境，缩小城乡差距，提高乡村对人才的吸引力，使"走出去"的优秀人才"回流"，将在城市社会实践中总结出的经验、应用技能带回家乡，助力乡村现代化建设。优化乡村社会环境，持续推进"放管服"改革，为了使返乡下乡人才自愿参与乡村建设，党中央先后出台了各项优惠性政策，打造了更加多元的实践平台。对人才工作作出规划部署，将原本以分散形式存在于多个部门、多个领域的人才工作融合起来，汇聚各方力量，建立以党组织为领导，各相关方各司其职的工作机制。紧随时代潮流，强化信息化建设，设立服务于高素质农民的技术平台，农民可通过该平台接受党组织的培训与教学，党组织也可进行线上指导、考核管理等，以持续性的培训不断开阔农民眼界、提高其农业技能，使之逐渐成长为有文化、会管理的职业农民，为乡村振兴提供助推力。拓宽人才资源开发途径，多方入手挖掘各类具有奉献精神的专业性人才，使他们积极参与乡村建设。

乡村人才工作体系不断完善。首先，党中央所构想的乡村人才振兴的工作机制是以党的方针政策为统一指导、以党管人才为基本原则、各基层党组织安排部署、各部门各司其职的工作机制。其次，关于2025年的乡村人才工作，党中央作出了强调，主要涉及指导思想、根本任务、工作原则等，立足不同类别，不同行业对人才的差异化需求出台了指导性文件。此外，各地方基层党组织从乡村人才培训、使用等方面入手提出了各项支持乡村人才发展的"规划""行动"等，利用政策的导向作用打造了一个又一个乡村人才孵化实训基地。

乡村人才制度框架及政策体系逐步形成。实践表明，乡村人才制度框架及对应的政策体系，会随着民族团结进步、行业发展、社会形态与乡村建设目标的改变而不断完善。自党的十八大后，以习近平同志为核心的党中央领导集体坚持将解决好"三农"问题作为全党工作的重中之重，强调人才对乡村建设的积极作用，不断健全乡村人才制度框架与政策体系。党中央先后颁布《中国共产党农村基层组织工作条例》《中国共产党农村工作条例》等政策性文件要求各地方政府落实好党的乡村人才工作，为进一步做好乡村人才工作指引方向。此外，在农村干部培养锻炼、乡村人才助力乡村建设、引导人才流向基层一线等方面，构建了对应的制度框架。在培养高素质农民、家庭农场及合作社带头人、提高农民创新意识与创造能力、发展乡村电商、强化乡村基础服务设施保障、提高乡村干部队伍建设等方面，推出了具有针对性的政策制度，使相关制度框架逐步形成，体制机制愈加完善。

第三章
推进乡村全面振兴人才支撑体系建设的基本原则

　　在推进乡村全面振兴的过程中，人才支撑体系的建设具有至关重要的作用。为了实现这一目标，要坚定不移地服从党的指挥、坚持党的领导，将乡村人才振兴纳入党委人才工作的总体部署。引导各类人才参与乡村建设，锻造出一支爱党、爱人民的乡村振兴人才队伍。发展乡村，人才是根本，推进乡村全面振兴离不开优质的人才队伍，乡村振兴战略的实施要以人才为基础，保障人才的充分供给，积极开发人才资源，扩大人才总量、强化人才质量。首先，要确定乡村发展需求，把握人才成长规律，通过发现规律制定有针对性的人才培养方案，对不同地区、不同类别的人才进行对应的教育与培养。在这一过程中，政府、培训机构、企业等多元培养主体应积极参与，形成合力，突破长期以来限制乡村人才振兴的问题与阻碍。要坚持广招英才的基本原则，在培养本土人才的同时积极引进外来人才，探寻多渠道汇聚人才之路，招揽天下贤才。为了提高人才建设乡村的积极性，不仅需要给予人才基础的物质保障，也需考虑其精神需求，为其实现理想、创造价值提供条件。要健全人才晋升机制，完善人才培养、引进管理制度，促进人才作用的充分发挥，为人才提供适当的激励方式，提高农村对人才的吸引力。

一、坚持加强党对乡村人才工作的全面领导

党管人才是乡村人才工作的基本原则。2020年12月，习近平总书记在中央农村工作会议上强调："要加强党对'三农'工作的全面领导。各级党委要扛起政治责任，落实农业农村优先发展的方针，以更大力度推动乡村振兴。"推进乡村全面振兴的深度、广度、难度都不亚于脱贫攻坚，要多渠道入手，汇聚人才力量助力乡村发展。在这一过程中，各级党组织必须坚定地坚持党对乡村人才工作的全面领导，将乡村人才工作纳入党委人才工作的总体布局，以确保党在农业和农村人才工作中的主导地位。要提高人才服务于乡村的意识，通过优惠性政策和福利待遇鼓励各类人才流向乡村基层，锻造一支能够担负起乡村振兴使命的人才队伍。尤其是基层党组织，必须在推进乡村全面振兴的各个环节，如人才挖掘、培养、选拔、使用、管理、监督等方面，发挥党的领导核心作用，确保党对全局的统筹、对各方的协调以及对方向的把控，以实现最大的战略效果。同时，还应充分发挥乡村党员的先锋模范作用，以进一步推动乡村人才工作的开展，使之成为推进乡村全面振兴政治上的骨干、行动上的尖兵，而且要以强烈的政治担当、使命担当、责任担当，勤奋学习、刻苦钻研，努力成为

推进乡村全面振兴的行家里手和名副其实的人才。要教育引导广大党员自觉按照党中央关于推进乡村全面振兴的决策部署，结合地方实际，积极在推进乡村全面振兴人才支撑体系建设问题的分析研究、系统谋划中献计献策，在挖掘发现"本土人才"，回引"外出人才"，吸纳"外部人才"上用心用情用力，为推进乡村全面振兴积累大量人才。

坚持加强党对乡村人才工作的全面领导，要发挥好基层党组织作用。"火车跑得快，全靠车头带。"党的基层组织是党领导社会基层实践的主体，是党进行一切工作、发挥战斗力的载体。各级基层党组织要不断提升政治能力、服务能力和治理能力，以新担当新作为助力乡村振兴稳步推进。乡村振兴是为农民而兴，基层党组织要充分发挥战斗堡垒作用，充分调动广大农民群众参与乡村建设的积极性、主动性、创造性，激发其内生动力，夯实乡村振兴之基。要强化党建引领，坚持重点工作推进到哪里，党建引领作用就充分体现在哪里，不断把党的组织优势转化为基层治理效能。要对标党中央的方针政策部署工作、提出措施，及时纠正偏差，确保不偏向、不变通、不走样，切实把党的领导落实到乡村振兴战略的各方面、全过程。县委作为党执政兴国的"一线指挥部"，处在承上启下的关键位置，在全面推动乡村振兴中有着不可忽视的关键作用。县委书记是县级党委的主要领导，要始终关注"三农"问题，深入贯彻落实党中央和上级有关部门关于推进乡村全面振兴的要求，迅速形成推进乡村全面振兴向纵深发展的科学工作思路和有效工作举措，在工作中自觉贴近"三农"，维护广大基层人民群众利益，不断提高驾驭全局、应对各类复杂局面和风险挑战的能力,坚决当好推进乡村全面振兴的"一线总指挥"。坚持加强党对乡村人才工作的全面领导,要选优配强乡镇领导班子、村"两委"成员,尤其是对乡村具有领导力的村党支部书记,他们是党与政府沟通人民群众的桥梁,担负着组织和领导村民推进乡村全面振兴的重要任务。推进乡村全面振兴各项政策,最终要靠基层干部来推动落实。在干部配备上要优先考虑"三农"干部,把"三农"干部纳入各地人才计划予以重点支持,通过完善选拔机制,让那些有干劲、会干事、群众拥护信任、勇于担当负责的人才脱颖而出。要不断优化基层干部队伍结构,加强政治建设和能力建设,强化政治标准,优先任用道德品行佳、思想态度好、协调能力强,具有团结合作精神的致富小能手为乡村干部,造就一支守信念、讲奉献、有本领、重品行的农村基层干部队伍。

坚持加强党对乡村人才工作的全面领导,还需一支政治本领过硬、作风清廉、爱党爱民的干部队伍。推进乡村全面振兴是一盘大棋,要把这盘大棋走好,关键要始终坚持党的领导,把人才置于根本地位不动摇。人才作为 21 世纪最宝贵的资源,是进行一切工作的基础和前提,是国家发展的重要支撑,是建设农业强国的主体。各地要建立一支懂农业、爱农村、爱农民的人才队伍,向农村不断输送新鲜血液,为推进乡村全面振兴带来蓬勃活力。要构建广覆盖、多层次、开放式的农业技能培训体系,通过"田间学""出去学""农民讲堂"等形式,进行农业农村实用技能培训,培养积蓄一大批农业产业科技人才和产业发展人才,让广袤乡村成为农业农村人才各展其长的热土。要吸引更多有能力、有活力的高素质年轻人返乡,为推进乡村全面振兴提供不竭动力。

还要大力引进现代农业高端人才，落实相应资助政策，激发人才创新创造创业活力，奋力推动乡村振兴高质量发展。要把推进乡村全面振兴作为培养锻炼干部的广阔舞台，利用培训、挂职锻炼等多元化的培训方式，鼓励乡村干部参与到新政策、新技能与新知识的学习中，不断提高乡村干部科学谋划工作和解决实际问题的能力。将优秀干部调配到"三农"战线，使精锐力量服务于乡村建设，特别是要关注重点乡村对人才的需求，有必要选派优质人才任职驻村第一书记，建立健全与之相关的人才机制，确保各相关方各司其职，各项政策性文件落实到位，监管有序展开。从省、市机关及事业单位中挑选出具有农村工作经验的人才，并将其调配至乡村基层，以此来增强乡村"领头雁"的整体素质。继续实施"三支一扶"、大学生村官、科技特派员、特岗教师、选调生、专家服务基层以及教师医生评聘职称到基层锻炼制度，为推进乡村全面振兴提供充足的人才保障，不断注入新的力量，锻造出一支勇于创新、敢于接受挑战的人才队伍。

二、坚持全面培养、分类施策

全面培养与分类施策并非以绝对独立的形式存在，二者是一种对立统一的关系，共同组成了推进乡村全面振兴人才支撑体系建设的又一重要基本原则，既综合考量了实现中华民族伟大复兴、实现农业农村现代化的战略目标，又客观审视了中国农业农村发展的实际情况。全面培养是推进乡村全面振兴的必由之路，分类施策才能提高乡村人才振兴工作的针对性和实效性。为了更快更好地落实乡村振兴战略的总体要求，要全方位地培养各类优质人才，一方面要扩大人才总量，另一方面，要确保人才的综合素质与质量，优化人才结构。同时，要明确乡村发展特征、明确人才成长规律，通过发现规律制定有针对性的人才培养方案，对不同地区、不同类别的人才进行对应的教育与培养。唯有把二者紧密结合起来、统一起来，才能提高乡村人才振兴工作的精度和准度，方能在推进乡村全面振兴中交出优异的答卷。

坚持全面培养是着眼全局和长远的战略考量。推进乡村全面振兴是新时代新征程"三农"工作的总抓手，推进乡村全面振兴涉及农民、农业、农村的方方面面，具有系统性、复杂性、长期性等特点，不是敲锣打鼓轻轻松松就能实现的，需要全方位培养各类人才，才能不断扩大满足农村经济社会发展需要的各类人才总量，特别是当前面临各种复杂严峻的发展形势，急需全面培养造就各类乡村振兴人才，以适应不断变化的形势和发展的需要。着眼长远，推进乡村全面振兴面临各种考验，只有全面储备各方面的人才，才能应对风险、克服困难、推动发展。要不拘一格培养造就全方位的乡村人才，数量上充实，结构上优化，质量上过硬，才能为推进乡村全面振兴提供源源不竭的人才动力。

坚持分类施策是立足需要和实际的现实考量。从发展实际的角度来看，各地有各地的特点，人才也有人才的成长规律。虽然我国已进入了高质量发展阶段，但是发展不平衡的问题依然存在。各地资源禀赋优势不同、地方主导产业布局规划不同、财政资金政策不同、消费习惯和消费理念不同，这就要求各地要坚持分类施策培养乡村人才。要因地制宜，充分培养和挖掘符合本地产业发展特点的技术性人才；要因时制宜，与时俱进培养和造就一批信息化技能人才。要结合地方财力、政策、发展需要等实际，实事求是、脚踏实地，切忌盲目跟风，也不要想着一口气吃成个大胖子。要尊重人才成长规律，制定阶段性目标任务，推动乡村人才培养精益求精。

在推进乡村全面振兴人才支撑体系建设工作中，全面培养与分类施策对立统一，齐驱发力，二者缺一不可。全面培养才可以确保乡村振兴"不偏科""不漏题"，分类施策才能确保乡村振兴"拿高分""能拔尖"。各地各级党委要按照党中央、国务院决策部署，胸怀"两个大局"，结合实际需要抓好乡村人才振兴工作。要把人才振兴放在重中之重，以等不得的紧迫感和坐不住的责任感，敢于担当、勇于进取、善于创新，为推进乡村全面振兴提供强大的人才保障。

三、坚持多元主体、分工配合

推进乡村全面振兴人才支撑体系的构建，需要各方力量的协同合作，需要政府、企业与各教育单位充分利用自身优势解决乡村人才振兴中的难题，保持长效的协作关系，形成工作合力。首先，地方政府发挥着至关重要的作用。政府通过在政策、资源等方面的引导，可以创造更加良好的乡村经营环境，吸引更多优秀的人才到乡村工作和生活。基层党委政府要提高农村人才培养和管理意识，健全引才留才相关机制，深入挖掘农村人才资源，加强政策扶持，加大政策红利，努力营造乡村振兴干事创业氛围，为本土大学生、乡土人才返乡创业、就业提供良好环境；要加强农村基础设施建设，完善基础教育、医疗等社会保障体系，进一步消除农村人才后顾之忧，让农村人才有所为、有所盼。但是，目前我国农业农村人才培训教育事业，基础相对薄弱，教育人才缺乏，所需资金较大，仅靠政府财政投入，不但难以满足发展需求，而且也不能充分发挥社会力量的优势。未来的发展思路需要从根本上进行转变，发展多元主体群策群力，积极利用政府、学校、培训机构的力量，引导这些力量主动参与到乡村人才的培养过程中。如此一来，既能够处理好当前制约乡村人才发展的难题，也能够形成工作合力，为乡村人才的全面发展提供助推力。

要完善高等教育人才培养体系，关注涉农高校的耕读教育。可选择将实践意义较强的课程纳入必修课中。深入实施卓越农林人才教育培养计划，利用合理的人才培养计划有针对性地培育出一批具有高素质、高技能的实用型人才。同时，应有意识地利用现代科技对当前的涉农专业进行内容升级，也可开设新的涉农专业。鼓励综合性高校改革教育模式，对于农业传统学科专业应进行必要的改革与升级，增加与农业生产相关的专业课程。另外，可通过农林高校培训教育资源的网络共享拓宽教育覆盖面，建设优质的培训体系。在职业教育上，要关注农村的职业教育需求，为农村职业院校的发展提供必要的设施保障，支持优质的农业高职院校增设本科级别的职业教育。此外，可通过校企合作、政府划拨等多元化的手段开设实习基地，邀请学生参与，使学生在实习中不断增长自身见识，以便为后续的服务乡村发展打下基础。

鼓励职业院校强化涉农专业建设，引导职业院校根据自身实力设置工艺班，培养面向基层的实践型人才。可应用学制教育与专业培训相结合的手段，对"两后生"进行针对性的技能培训。为鼓励更多人报考高职院校，合理设定录取分数线，必要时可考虑对部分群体降低录取门槛，例如退役军人、下岗技工、高水平农民及家庭妇女等。以各级党校（行政学院）为中心，强化基层党组织干部队伍的建设工作。充分发挥党校（行政学院）与干部学院在"三农"干部建设中的积极作用，结合具体的需求制定有针对性的培训体系。要以县级党校（行政学校）为主体，加强对乡村干部队伍的培训，包括村干部、驻村第一书记和基层团组织书记等。运用线上线下双管齐下的教学模式，扩大教育资源的覆盖面，使更多的学生通过这一教学模式学有所获。此外，可借助培训机构的力量，强化对本土人才的培养力度。建立农民学分银行，实现培训与职业教育的高度衔接。建设政府指导下的多元投入机制，坚持以政府的指示精神为引导，吸引多元主体参与其中，严格依据国家的相关规定编制农民教育培训经费类目。引导农业企业利用自身在科技、信息技术等方面具有的优势，运用品牌效应，鼓励农民创新创业，打造起一批家庭农场、农民合作社等。促进农业企业、科研院所与高等学校间的相互协作，引导它们参与到创新之中，共建产学研用基地。农业企业应致力于培养和引进乡村人才，与科学院、高校共建实训基地，以培养适用于乡村振兴的高技能科技创新人才。鼓励有一定带头作用的农村企业鼓动农民创办家庭农场，并将其作为乡村人才的孵化地。此外，完善就业帮扶车间的人才发展模式，可通过以工代训、岗前培训等过程进行人才的定向培养。为了进一步激发农业企业的创新活力，应该增加科技项目、人才计划和表彰奖励等向农业龙头企业开放的力度。这些措施的实施将有助于提高农业企业的创新能力和竞争力，推动乡村振兴更快发展。

四、坚持广招英才、高效用才

在全面推动乡村振兴的过程中，必须充分认识到人才的重要性，并采取有效措施，广泛开辟吸引贤才的道路，积极吸纳全球的优秀人才。要做到培养与引进共同进行，在培养本土人才的同时积极引进外来人才，拓宽人才的来源途径。为了充分发挥人才的潜力，激发人才的活力，还应该为他们提供干事创业的机会和条件，不断提高他们的工作热情。聚天下英才而用之，是做好人才工作的基本要求，推进乡村全面振兴急需各类人才，必须坚持以需求为导向，有针对性地做好乡村人才引育工作，根据乡村特色规划发展方向，确定人才引进的类型和数量，整合人才引进的政策与资源，优化人才组合、提升人才效用。要以搭建平台为载体，为用好用活人才提供有力支撑，把乡村发展规划好，把基础设施建设好，把人文环境创造好，提高乡村人才的竞争实力，鼓励其积极投身到乡村建设中。以政策为保障，不断提高人才的吸引力，拓宽引才渠道，依托人才项目，加强校企联动，鼓励人才向基层一线流动，鼓励本土人才下乡、返乡发展，实现乡村的人才活水源源不断、竞相涌流。

首先，加大对本土人才的培养力度。本土人才长期活跃在农村社会实践中，对家乡人才发展规律与资源优势较为熟知，在参与农业实践中总结了对应的经验与教训，是具有"一技之长"的实用型人才，是乡村振兴的主要人才资源。要关注本土人才的成长需求，特别是对种养大户、乡村大学生，更应当了解他们的诉求，通过搭建人才发展平台，为人才在乡村的发展与成长提供保障，增强他们主动投身乡村振兴的意识。建设特色化的人才平台，以村（社区）为单位，确定培养对象与培养计划，对人才培养的过程进行动态化跟踪。此外，要强化人才技能培训。结合地区实际情况，有选择性地实施田间教学、入户指导等培训活动，让原本扎根在乡村的人才展示自我，带领农民共同走上富裕之路。对本土人才的培育，要从"培"与"育"入手，一方面要持续创新培养模式与培养途径，优化培养体系，培养他们的理论知识与应用技能；另一方面，要思考如何"育"人，即为人才发展提供有力保障，主要涉及资金、要素、制度等方面，提高乡村对人才的吸引力。

其次，积极引进外来人才。各地方在培养本土人才的同时，也应当善于引进外来人才，只有吸引更多的人才流入乡村，才能够为乡村振兴提供充分的人才保障。以科学有效的方式吸引城市人才流入乡村，使城市优秀的理论经验流进乡村，为解放劳动力打下基础。以国家的规范性政策为引导，对人才引进机制进行不断完善，积极探寻新的人才引进途径，要做到"引才"与"引智"相结合。乡村要发展、要进步，就必须坚持引进来、走出去的发展原则，深化改革，利用项目推荐、实际调查、招商引资等对外交流的机会，宣传本地区的人才优惠政策，积极引进"高精尖缺"

人才，扩大乡村人才队伍。与此同时，要建立起城乡人才互通的交流平台，健全乡村的社会保障机制，鼓励外出务工人员、退伍军人以及职业院校的优秀毕业生返乡就业、创业，广泛吸纳各类人才服务于乡村发展，做到"聚天下人才而用之"。

再次，不管是乡村本土人才的培养，还是外来人才的引进，都要着眼于人才对事业发展的需求，才能用好用活人才，不断激发人才的"内动力"。"人材者，求之则愈出，置之则愈匮。"越是渴求人才，越是尊重人才，越是能让更多优秀人才汇聚起来，这就需要为人才搭建干事创业的"大舞台"，既为他们施展才华、追逐梦想提供更广阔的空间，也能以人才在事业上的优异表现，增强他们的获得感、成就感、归属感。同时，人才在事业上取得的好成绩，本身就是一张"金名片"，能够更好地实现以人才吸引人才，让更多的人才聚拢而来，为推进乡村全面振兴注入"新动能"。要为人才创造良好的干事创业环境，为其实现自身发展创造机会和条件。环境好，则人才聚、事业兴；环境不好，则人才散、事业衰。要为推进乡村全面振兴输送各类人才，关键在厚植人才成长"沃土"，良好的环境才能助力人才成长，增强对人才的"黏性"，让更多的人才扎下根，成为促进乡村振兴的"竞争力"。营造人才发展的良好环境，既要坚持为担当者担当、为负责者负责，也要提供更多"保姆式"服务，以更暖心、周到、细致的服务，为人才解决"后顾之忧"，心无旁骛地干事创业，使乡村成为人才成长的"新高地"，为乡村振兴战略的顺利推进提供充足的人才保障。

五、坚持完善机制、强化保障

推进乡村全面振兴人才支撑体系建设必须强化乡村人才政策供给，健全完善人才培养、引进、管理、使用、流动、激励机制，构建"全链条"人才服务体系，引导各类人才向乡村一线集结，强化组织领导、政策保障和资金支持等各项保障措施。这些措施旨在创造具有吸引力的农村环境，吸引外来人才的流入、留住本土人才。此外，还应推动形成有利于成长成才的培养支持机制、有利于人尽其才的评价使用机制、有利于广纳贤才的引进流动机制以及有利于竞相成长的激励保障机制。不断完善机制、强化乡村人才振兴的人才保障，主要涉及如下几点。

第一，完善乡村人才培养机制。首先，结合地区发展的实际情况建立农村干部培养机制。强化对农村干部进行的知识培训与技能锻炼，要从乡村人才中选拔出接受能力强、发展潜力大、务实肯干的年轻干部到乡镇任职、挂职，为年轻干部的基层实践创造条件，让年轻干部在基层实践中锻炼自我，推动乡村事业的进步与发展。其次，结合时代需求不断创新乡村人才培养机制。乡村社会在不断地发展与进步，人才培养也应审时度势，与实际需求相适应，了解乡村发展对特色人才的需求，确定培养对象。注重对定向公费师范生的培养，定制相匹配的培训方案，科学设定基层服务年限，使特岗计划能够与公费师范生培养同步进行。鼓励职业院校开设与农业生产相关的特色工艺班，对接用人企业、行政单位的岗位需求，进行人才的定向培养，各级政府、高等院校、用人企业要保持长效的协作关系，定期向艰苦地区及一线岗位进行人才输出，实现更有针对性的"订单式"培养。要设定人才专项培养计划，结合推进乡村全面振兴对人才的现实需求，实施有目的性的培养，以此来更加精准地对接人才的个性需求。在这一过程中，要注意结合地区实际发展情况，合理评估乡村人才的供求关系与供求变化，对供求缺口进行分类，通过有效整合来获取信息与数据，撰写乡村人才需求清单，即在明确乡村人才缺口的前提下，有计划地开展人才培养的各项工作，组建"三农"人才队伍。再次，树立人才定期服务乡村导向。要建立城市医疗、教育、文化等领域的优秀工作者到基层服务的工作体制机制，在保留其原有单位待遇不变的基础上，支持其到农村创新创业。这样事业单位科研人员不仅能够到乡村创业，带动乡村发展，也不会因此而影响工资待遇、社会保障等个人权益。要支持地方对各类人才进行资源整合，组建乡村振兴释疑小组，比如调动退休专家与退休干部的力量助力乡村发展。要强化基层服务导向，在衡量中小学教师是否满足晋升高级职称的标准时可将其基层服务经验纳入评审范畴，要求其需具备一年或以上的农村基层服务经验。同时，执业医师等其他专业技术人员，在提出晋升职称申请时，也必须要有累计一年或以上在县级以下或对口支援的服务经历。鼓励专业技术人才到一线岗位就职服务，服务的方式包括但不限于项目合作、专家服务以及兼职等。对于在基层服务时间累计达半年或以上的，可依据标准写入工作经历，这些经历也可作为专业技术人员职称评审、岗位聘用的重要参考依据。

第二，强化人才服务基层激励机制。对于优质乡镇人才，在设定其工资福利时应灵活考量，可应用协议工资、项目工资等方式。支持地方政府利用合法合规的举措解决返乡入乡人员的居住问题、子女入学问题，比如提供专门公寓、住房补助，为其子女提供在当地享受学前教育、义务教育的机会等。建立健全社保关系转接手续，打通返乡入乡人员及其子女或其他家属参与基本医疗保险及养老保险的通道。对于长期在艰苦地区及一线岗位服务的人员，可考虑适当降低职称评审门槛，以调动人才的积极性。对于能够长期坚守在一线岗位及艰苦地区的人才，要在分析其工作实绩、在岗时间及个人能力的基础上，合理设定其工资待遇，通过合理的工资待遇倾斜带动人才扎根一线，使他们在岗位上实现自我价值。建立县域专业人才统筹使用制度。可给予乡镇更多的自主决定权，鼓励乡镇结合自身实际情况设立专业人才使用制度，支持由上至下对事业编制的跨级调剂，使资源逐步向基层流动。强化县域专业技术人才一体化，做好对应的管理工作，统一进行人才配置，设定公平参与、多劳多得的薪酬制度，拿实绩说话，工作绩效直接与工资待遇挂钩，支持"县聘乡用"和"乡聘村用"等。通过统筹使用的举措不断强化基层人才队伍的稳定性，提高人员的综合素质，改善长期以来城乡资源分配不均的问题。

第三，健全乡村人才评价机制。要健全乡村优质人才职业技能等级鉴定和职称评价制度。积极鼓励农民通过参与技能评价、职能鉴定、职称评定等活动，不断提高专业技能等级和综合素养、能力。积极探索通过比赛或通过项目取代职称及技能等级评聘的体制机制，在比赛或项目进行中若存在满足评定标准的人员则可直接认定颁发对应的等级证书。对于贡献突出、技能超群的人才，可优先或破格评定。合理设定高级职称评审的申报门槛，鼓励人才把论文写在祖国大地上。进一步丰富评审的方式，灵活采用技术方案、实验报告等多元化的评审方式取代单一的评价方式。设立乡村人才分级分类评价体系，对于推进乡村全面振兴的急缺人才，可结合实际情况，单独设定岗位，使这样的特殊岗位不受岗位总量、职称等级的限制。进一步完善乡村人才工作的信息化建设水平，结合推进乡村全面振兴现有人才队伍实际情况和未来对乡村人才的实际需求，合理设定人才的评定标准，对现有人才进行科学的分类统计，也可充分利用市场的作用收集与乡村人才工作相关的数据与信息，确保人才管理服务工作的持续性，不断发展乡村人才服务业。

第四，建立广聚贤才的乡村人才平台。首先，建设现代农业产业园、农业科技园区以及农村创业创新园区等人才平台并充分发挥好这些平台集聚人才的重要作用。鼓励企业或科研院所共建科研创新平台，建立并健全与科技成果转化相关的激励制度、人才奖补制度，以此来带动优质人才流入乡村，为推进乡村全面振兴提供必要的人才保障。其次，进一步拓展多元化的人才服务平台，可以是人才驿站、人才服务站，也可以是青年之家、妇女之家等，为各类人才提供政策咨询、融资申请等方面的服务。最后，营造良好乡村环境。环境是影响人才去留的关键，要逐步完善助力乡村产业发展的政治机制，使驻扎在乡村的人才能够真切感受到政策带来的福祉。要优化乡村风貌，对乡村现有基础配置与公共服务设施进行升级改造，提高人才在乡村生活的幸福感。

　　第五，落实乡村人才振兴的各项保障举措。首先，强化组织领导。各级党委与各地方政府要明确人才振兴的现实意义及作用，要将其纳入乡村振兴的核心环节，构建党委统一领导，各级部门广泛参与，各相关单位分工协作的乡村人才振兴工作联席会议制度。在对乡村振兴实绩进行评价时，必须将乡村人才振兴的实效作为评价标准之一，对落实不到位的进行问责约谈。要合理推进农村工作干部队伍的培养与使用，在有效使用上，要充分结合推进乡村全面振兴对人才的实际需求，把优秀人才推向推进乡村全面振兴的一线进行锻炼，对于干部队伍中具有培养潜质的优质人才，要鼓励他们到基层一线的涉农部门任职锻炼，在提拔干部时，要向农村基层一线倾斜，优先选择政治本领过硬、实绩优秀，具有基层工作经历的人才。其次，强化政策保障。增加在乡村人才振兴方面的资源投入，加大乡村人才开发力度。积极推进农村金融产品与服务的创新发展，引导传统金融机构与新兴金融平台的协同合作，共同为乡村振兴贡献力量，以工商资本助推乡村发展，提高乡村对人才的吸引力。

第四章
培优育强支撑乡村全面振兴的各类人才

推进乡村全面振兴，人才是关键。习近平总书记强调，要推动乡村人才振兴，把人力资本开发放在首要位置，强化乡村振兴人才支撑，加快培育新型农业经营主体，让愿意留在乡村、建设家乡的人留得安心，让愿意上山下乡、回报乡村的人更有信心，激励各类人才在农村广阔天地大施所能、大展才华、大显身手，打造一支强大的乡村振兴人才队伍，在乡村形成人才、土地、资金、产业汇聚的良性循环。长期以来，我国乡村青壮年劳动力持续外流、毕业返乡大学生人数较少，乡村人才缺失问题在一定范围内存在，乡村人才总体发展水平仍然难以满足乡村振兴的要求。在推进乡村全面振兴、实现农业农村现代化的新征程中，乡村人才供求矛盾将更加凸显。因此必须在坚持党管人才的原则的基础上，下力气培养造就一支懂农业、爱农村、爱农民的"三农"工作队伍，为推进乡村全面振兴提供坚实人才支撑。

根据历年中央一号文件指示精神及乡村发展实际，目前构成乡村振兴战略人才支撑体系的主体力量主要有农业生产经营人才、农村二三产业发展人才、乡村公共服务人才、乡村治理人才、农业农村科技人才，培优育强这五类人才是推进乡村全面振兴人才支撑体系建设的核心与关键。

一、农业生产经营人才

农村传统生产经营观念在我国多元经济发展的社会变革形势下已经不能够满足推进乡村全面振兴的要求。在此背景下，推进乡村全面振兴人才的培养，尤其是培养懂得经营和管理的高素质农业生产经营人才已然是解决当下乡村人才供求矛盾的重要举措之一。现阶段，我国农村发展跟城市相比相对落后，农业生产经营人才缺口愈发凸显。各级政府要结合现有的农村发展规划，来确立符合农村发展实际的农村人才培养定位与目标，并制定符合农村发展实际的政策与措施，健全人才培养、奖励、合作、竞争、参与机制，充分调动农村生产经营人才的积极性。

（一）培养高素质农民队伍

作为农民队伍优秀代表的高素质农民，其能带领农民全面提升科技文化素质，是推进乡村全面振兴、加快农业农村现代化发展的重要支撑。党和国家历来高度重视高素质农民队伍建设，近年来为培育高素质农民先后制定了一系列教育、人才、产业政策。同时，中央及各级财政持续加大对高素质农民培育支持力度，设立高素质农民培育工作专项经费，用以支持高素质农民培育计划实施和农业职业教育发展平台建设。如 2022 年，农业农村系统共组织了139家农业企业、196家农民合作社等参与高素质农民培育工作；教育部支持企业、高校联合开展产学合作协同育人项目，共立项两批23032个协同育人项目，共有1030家企业、1159所高校参与，直接支持资金约7.08亿元。①

党的十八大以来，乡村人才振兴取得了显著成效，现代农民教育培训计划在党中央、国务院的部署下有序开展，通过农民教育培训和农业职业教育培养了大批能够适应乡村振兴需求的高素质农民。《2023年全国高素质农民发展报告》以调查问卷的形式，采访高素质农民近万名，遍布全国30个省、163个区县。该报告通过测算，系统地分析出了目前我国高素质农民发展基本情况、农民教育培训等的现状。

一是高素质农民培育成效显著。①农业农村部自2014年起开始实施的高素质农民培育计划，通过全产业链培训的方式有效地提升了农民技术技能水平和综合素质。仅2022年，此项计划就培育了以种养大户、家庭农场经营者、农民合作社带头人等重点群体为主体的农民75.4万人。②②面向乡村治理骨干和新型农业经营主体带头人开展"耕耘者"振兴计划，通过搭建"耕耘者"振兴计划线上交流平台，设置专题板块、发布专题课程。目前，在线上依托微信小程序搭建了"为村耕耘者"知识分享平台，借助

---

① 农业农村部网. 关于政协第十四届全国委员会第一次会议第01841号（教育事业类156号）提案的答复摘要［EB/OL］.（2023-08-07）［2024-04-17］. http：//www.moa.gov.cn/govpublic/KJJYS/202308/t20230811_6434111.htm.

② 农业农村部网. 对十四届全国人大一次会议第0210号建议的答复摘要［EB/OL］.（2023-09-15）［2024-04-17］.http：//www.moa.gov.cn/govpublic/KJJYS/202309/t20230918_6436623.htm.

企业微信 App，为乡村提供数字化治理工具；线下，探索形成了"分段式、进阶式、参与式、重转化"的培训体系，顺利完成了四川德阳市、广汉市，广西梧州蒙山县等地试点培训工作。③启动"头雁"项目，项目对象主要是乡村产业振兴中的新型生产经营主体负责人，通过对他们进行系统培育和综合产业支持，使他们在乡村产业振兴中能充分发挥"头雁"作用。2022 年全国共培育乡村产业振兴带头人 1.78 万人。①④拓宽培训渠道，充分利用中央农业广播电视学校（以下简称农广校）"云上智农"等云平台开展科技普及和实用技术培训，利用网络平台参与面广、参训时间地点自由的优势广泛提升农民技术技能水平和科技文化素质。据不完全统计，目前有超过 700 万人注册使用中央农广校"云上智农"App，全国农民手机应用技能培训辐射超 1.85 亿人次。②

二是农民职业教育积极推进。近年来，我国农村劳动力转移速度加快，对高素质农民素养要求不断提高，为实现乡村全面小康提供了有力支撑。在全国范围内，中央农广校正在积极推动教学改革、办学体系和标准化建设。部分地区的农广校正在尝试将培训与中高职学历教育有效地结合起来。仅在 2021 年，就有 304 所涉农职业院校进行了高职扩招，招收了 11.64 万名新生，其中包括 2.06 万名高素质农民和 4.2 万名中职教育新生，近 4 万人已经毕业。③

---

① 农业农村部网. 对十四届全国人大一次会议第 0210 号建议的答复摘要 [EB/OL].（2023-09-15）[2024-04-17].http://www.moa.gov.cn/govpublic/KJJYS/202309/t20230918_6436623.htm.

② 郁琼源. 我国持续抓好农民教育培训工作助力乡村振兴 [EB/OL].（2023-11-17）[2024-04-17].https://www.163.com/dy/article/IJOUVJB505346RC6.html.

③ 李浩. 打造乡村振兴的"主力军"——《2022 年全国高素质农民发展报告》发布 [N]. 农民日报，2023-1-13（6）.

三是高素质农民发展队伍结构持续改善。近年来，我国农村劳动力转移速度加快，对农民素质要求不断提高，在全国范围内，高素质农民的发展总体上呈现出相对稳定的态势。高素质农业人才总量规模不断增长，素质能力水平显著提高。根据《2023年全国高素质农民发展报告》的数据，我国的高素质农民队伍相对年轻，平均年龄为45岁；受教育程度相对较高，高中及以上文化程度的占60.68%，大专及以上文化程度的占21.95%；职业技术水平持续提升，获得农民技术人员职称、国家职业资格证书的比例分别比2021年提高了6.64个百分点、3.46个百分点；高素质农民新生力量充足，一大批大中专毕业生、外出务工返乡人员等新生力量加入高素质农民队伍，占比达49.25%。[①]随着农村改革不断深化和城镇化进程加快，对高素质农民培养提出更高要求。新一代的高素质农民力量十分强大，包括大量的大、中专毕业生、回乡务工人员、退伍军人、科技工作者以及大学生村官等。他们都致力于提高自己的职业技术能力，密切关注职业技术资格的评估，因此有大量的高素质农民获得了农民技术人员的职称和国家的职业资格证书。

四是高素质农民产业水平持续提升。在传统农业种植和养殖之外，高素质的农民开始重视新兴产业和业态，如加工和休闲服务业，以及社会化服务。他们实施综合机械化和规模化的耕作、种植和收割，并通过加入合作社或与农业企业合作，提高了组织化水

---

① 新华网.《2023年全国高素质农民发展报告》发布　我国高素质农民发展态势良好［EB/OL］.（2023-11-08）［2024-04-17］. http://www.news.cn/politics/2023-11/08/c_1129963639.htm.

平。为了提升产业化程度，他们广泛采用节水灌溉、减少化肥和农药使用、循环利用畜禽粪便和秸秆及农膜等新技术。此外，他们还注重保护知识产权，注册绿色农产品标志，并充分利用网络平台来购买农业资源或销售农产品，以优化农业生产和经营活动。

五是高素质农民队伍"头雁"作用显著。受新冠疫情等因素影响，近两年高素质农民收入水平略有下降，但与绝大多数普通农户相比，高素质农民仍然属于高收入群体。高素质农民通过运用农业技术指导和农产品销售等方法，有效地促进了小农户与现代农业之间的有机结合，引导更多农村劳动力转移就业，进一步增加农民收入。

可以看到，实施高素质农民培育工作已取得一定的成效，有想法有能力有技术的农民得以建功立业、大显身手，高素质农民的比例越来越高，为乡村振兴提供了强大助力。但高素质农民培育仍存在培训管理机制不健全，培育内容与生产生活脱节，培训经费投入不足，职业认同感低等问题，和乡村人才总体发展水平与乡村振兴的要求之间还存在差距。因此，为培养更多高素质农民，应从经费投入、产业支持、教育培训、人才政策等方面，从加大支持力度、构建政策环境、完善培训制度等措施入手，进一步促进高素质农民发展、壮大高素质农民队伍。

①建好"培训机构"，丰富培训资源。以培训机构建设为依托，为农民提供增强技能、提升本领的必要条件。针对农村教育科技资源缺乏，农民对各种专业知识技能缺少认知和获取渠道的情况，在强化培育规范化建设的基础上，支持鼓励有条件的社会教育培训机构和其他市场主体，开展层次丰富的区域协作培训，

全面提升教育培训专门机构的培育水平。通过开展各种专业培训项目，从文化、技术、经营、管理等方面满足农民的不同需要，使更多农民从中获益，尝到甜头，从"要我学"到"我要学"，为乡村振兴进一步夯实人才基础。

②搭好"演出舞台"，强化实践支撑。以产业发展平台为载体，为农民提供施展技能、贡献才智的良好环境。要关注农业产业升级的需求，在构建现代农业产业体系，壮大特色优势产业，发展乡村特色文化产业的过程当中，重点培养农民需要的实用技能和专业知识。通过贴近农民实际的培训内容，充分调动农民的积极性，鼓励农民投身农业生产和经营管理，在实践中进一步提升自我，切实提高高素质农民培训的适用性和实效性。

③做好"外援引进"，提供技术支持。积极引导返乡创业的青年和有意愿的社会人士、企业家等投身乡村振兴事业中，通过改善人口组成，提升农村高素质人群的比例；在人才交流过程中，通过高素质农民带动农民整体更加主动地学习技能、开阔视野、增长才干，形成相互促进的良好局面。

（二）突出抓好新型农业主体带头人培育

《中华人民共和国国民经济和社会发展第十四个五年规划和2035年远景目标纲要》中明确"发展多种形式适度规模经营，加快培育家庭农场、农民合作社等新型农业经营主体，健全农业专业化社会化服务体系，实现小农户和现代农业有机衔接"。新时代加大新型农业经营主体的培育，是全面提高农业经营专业化、集约化、社会化程度的内在要求，既有利于推动农业现代化与城镇化、工业化、信息化等发展水平相适应，也是破解"未来谁来种地、怎样种好地"等问题的现实选择。①2022 年中央农村工作会议指出，要坚持本土培养和外部引进相结合，重点加强村党组织书记和新型农业经营主体带头人培训，全面提升农民素质素养，育好用好乡土人才；要引进一批人才，有序引导大学毕业生到乡、能人回乡、农民工返乡、企业家入乡，帮助他们解决后顾之忧，让其留得下、能创业。培育新型农业经营主体及其人才队伍建设，将是实现农业现代化、建设农业强国、推进乡村全面振兴这三大目标的重要举措之一。目前，农业农村部每年将培育 3.5 万名新型农业经营主体带头人，并实施高素质农民培育计划，面向家庭农场主、农民合作社带头人开展全产业链培训。②

新型农业经营主体带头人主要指的是家庭农场、农民合作社、农业产业化经营组织、农业社会化服务组织等主体带头人。其中，家庭农场是指以家庭成员为主要劳动力，以市场需求为经营导向，以标准化、集约化、专业化、规模化为运营特征的家庭农业经营方式，它主要是为生活消费和工业生产提供农产品和初级原料加工③；农民合作社是一种新型集体经济组织形式，它通过互助经营方式改变过去农户"低小散"的面貌，把农户和资源、资金、技

---

① 农业农村部网. 关于印发《新型农业经营主体和服务主体高质量发展规划（2020—2022 年）》的通知（农政改发〔2020〕2 号）[EB/OL].（2020-04-23）[2024-04-17]. http://www.moa.gov.cn/nybgb/2020/202003/202004/t20200423_6342187.htm.

② 农业农村部网. 关于实施新型农业经营主体提升行动的通知 [EB/OL].（2022-05-24）[2024-04-17]. http://www.moa.gov.cn/govpublic/NCJJTZ/202203/t20220325_6394049.htm.

③ 田雨露，郭庆海. 家庭农场区域发展特征及生成条件分析 [J]. 经济纵横，2022（10）：96-102.

术连接起来，既提高了资源利用效率，又提升农业生产的集约化和专业化水平；农业龙头企业是指实行产加销一体化的农产品加工或流通企业，它通过与农户签订订单或合同等方式与农户展开合作，将生产环节与销售环节有效联结起来，实行贸工农、产加销一体化经营[①]；农业社会化服务组织作为新兴的经济实体，通过在整个生产与销售流程中为农户提供各种专业服务，包括种苗培育、疾病和虫害防治以及农村电子商务等技术和咨询支持等，通过提升农业技术水平和提高农业资源的使用效率，降低农业生产的成本。

近年来，农业农村部坚持加快培育新型农业经营主体重大战略，深入实施新型农业经营主体提升行动，以内强素质、外强能力为重点，突出抓好农民合作社和家庭农场两类农业经营主体发展。截至2023年10月末，纳入全国家庭农场名录管理的家庭农场近400万个，依法登记的农民合作社221.6万家，组建联合社1.5万家；全国超过107万个组织开展农业社会化服务，服务面积超过19.7亿亩次，服务小农户9100多万户。[②]可以看到，目前我国新型农业经营主体发展势头良好，质量效益稳步提高，服务带动效应显著增强。其本身是农村综合素质相对较高的群体，有着一定的技术和经验优势。但受地域环境、工作环境、教育医疗、住房等条件限制以及农业前期投入大、见效慢等客观因素的影响，

---

① 吴东立，张思檬. 龙头企业与农民合作社的共生演化机理及仿真研究：基于Logistic增长模型 [J]. 山东师范大学学报（社会科学版），2022，67（6）：113-124.

② 农业农村部网. 新型农业经营主体保持良好发展势头 [EB/OL]. （2023-12-19）[2024-04-17]. http://www.moa.gov.cn/ztzl/2023fzcj/202312/t20231219_6442993.htm.

懂管理、善经营的复合型人才不愿意在乡村发展产业，因此新型农业经营主体的发展还不能完全满足推进乡村全面振兴的人才需求，存在如人才返乡创业面临着产品销售渠道窄、融资贷款难、品牌构建难，新型农业经营主体带头人的培训需求与现有培训资源之间存在供需矛盾，新型农业经营主体发展前景无法满足返乡人才对自身职业发展的追求，农村落后的基础配套设施无法满足返乡人才的物质文化生活需要等问题。对此，可通过以下方式加快新型农业经营主体带头人队伍建设。

①出台人才支持政策引进外来人才，加强培训提升自有人才综合能力和素质。根据《中共中央　国务院关于实施乡村振兴战略的意见》《农业农村部关于实施新型农业经营主体提升行动的通知》等文件，因地制宜出台符合本地实际的相关政策，支持新型农业经营主体人才引进和培养，引导大学毕业生、科研人员和农技推广人员参与新型农业经营主体创业；鼓励有条件的地方通过奖补等方式，引进各类职业经理人；鼓励科研机构、高校与新型农业经营主体开展紧密的合作，依托高校建立校企人才流动实践基地。同时要重视和关注新型农业经营主体人才培训，要加强先进种养技术、农机技术等农业技术方面的培训，提升农业技术水平，拓宽产业方向选择；要加强经营管理方法培训，提高新型农业经营主体的营销实践经验，培养以市场为导向的发展思维；要适度扩大培训人员范围，建立相对稳定的培训基地和培训机制，让更多的农民获得先进的农业知识；要坚持与科研院所的联合性培训，为新型农业经营主体提供系统性学习平台。

②创新合作模式实现人才共建共享。目前新型农业经营主体

人才紧缺，致使其经济实力、市场竞争力相对较弱，大部分经营主体难以独立承担稀缺的财会人员、产销人员、企管人员、种养技术人员等人力成本。因此，新型农业经营主体可以在业务中寻求与知名企业、合作单位及其他经营主体的合作新模式，在共享业务资源的同时，也能共享人才资源，解决自身人才紧缺的现实问题。在管理人才方面，可以返聘返乡的退休干部，让他们利用自己丰富的管理经验在新岗位发挥余热。如河南省济源市的王屋山区，地区传统产业是蔬菜种子繁育，当地通过设立专家工作站的方式，邀请中国农科院、国家蔬菜工程技术研究中心等单位专业技术人员常驻，他们带有技术项目并有能力开展国际科技合作，能够指导帮助当地建立完善的蔬菜制种技术服务体系，在科技扶贫、送教下乡的同时开展技术培训，可以培养大批本土专家。并且，在专家的指导下，重点加强新技术、新品种的培育与推广，做好技术指导的跟踪服务，极大地提高了经营主体的制种技术水平。

③在高等院校设立新型农业经营主体人才培养所需的学历制教育。新型农业经营主体高质量发展，带头人队伍既要有过硬的专业技术能力，还要有较高的理论素养，目前新型农业经营主体带头人队伍学历教育水平整体偏低的现状限制了其发展。可以利用部分高等院校自身专业优势拓展新型农业经营主体人才培养方式，如青岛农业大学建立经济学院（合作社学院），面向在校学生和社会人员招生，培养合作社专业人才；浙江农林大学开设农民专业合作社理事长大专班，为合作社带头人提供学历提升渠道；中国农业科学院、中国农业大学、中国人民大学、浙江大学等，

也逐步在农业经济管理专业的硕士、博士培养方向中，加大新型农业经营主体专业人才的培养力度。

④建立新型农业经营主体人才岗位职称体系。为解决新型农业经营主体人才职称评定中存在的问题，打破新型农业经营主体人才职称评定的障碍，需要构建一个适合新型农业经营主体人才发展的职称评定体系，并做好流动人才原有职称的相互评价和认可。完善农村实用人才队伍建设机制，支持和鼓励新型农业经营主体带头人就地就近接受职业教育，并鼓励他们积极参加职称评审和技能等级认定。

二、农村二三产业发展人才

2021 年发布的《关于加快推进乡村人才振兴的意见》中指出，要加快培养农村二三产业发展人才，要培育农村创业创新带头人，要加强农村电商人才培育。[①] 培养农村二三产业发展人才第一次在文件中被单独列出来，意味着把农村二三产业人才的发展提高到了事关乡村振兴的重要位置。乡村产业振兴，需要一二三产业的融合发展，除传统农业产业外，必须深挖农业多种功能和乡村多元价值，升级乡村全产业链条，增强其市场竞争力和可持续发展能力。仅仅把地种好，把农业生产经营做好已不能满足实现农业现代化、建设农业强国、推进乡村全面振兴的要求。农产品加工

---

① 中共中央办公厅、国务院办公厅《关于加快推进乡村人才振兴的意见》[EB/OL].（2021-02-23）[2024-04-17]. https://www.gov.cn/gongbao/content/2021/content_5591402.htm.

业的发展、服务业的发展不但关系到农业的价值链的提升，还直接关系到农民收入的提高，所以一二三产融合发展，是乡村产业振兴和农业发展的必由之路。乡村全面振兴需要留住农村二三产业发展人才。

目前，我国农村产业发展人才结构不合理，二三产业发展人才缺乏。在国家大力推动培育农村二三产业发展人才的政策指引下，各地也都在根据实际情况，探索培养二三产业发展人才的路径。重点是对农村二三产业发展人才进行技能和创业培训，主要涉及农产品加工流通、乡村特色产业、乡村休闲旅游和农村电商等二三产业。除了提供技能培训，各地还逐渐建立和完善对乡村技能型人才的资格认证和评价体系，同时围绕地方特色劳务群体，提高劳务输出的组织化、专业化、标准化水平。这些举措吸引了更多技能型人才留在农村，让乡村二三产业发展人才队伍不断壮大。

农村二三产业发展人才在盘活农村资源方面发挥了很重要的作用。应继续加大这类人才的培养力度，加强政策配套和完善制度保障，为农村二三产业发展提供强大的人才支撑。

（一）培育农村创业创新带头人

农村创业创新带头人是引领乡村经济发展，推动产业升级，促进乡村振兴的重要力量。近年来，我国农村创业创新蓬勃发展，有力推动乡村产业振兴和农民增收致富。返乡入乡创业人员数量不断攀升，涌现出一批有情怀、懂技术、善经营、会管理的"新农人"和农村创业创新优秀带头人，他们逐渐成为一二三产业融合发展、农村电商、高端农产品种养等领域的创业创新主体。加快培育并壮大乡村创业创新带头人队伍，带动乡村产业融合、转型升级已成为当前乡村振兴中的重要任务。当前我国乡村产业发展和乡村创业创新产业发展存在诸如产业发展门类窄、总体质量低、产业规模小、市场要素活力不足等问题。因此，培育并壮大乡村创业创新带头人队伍，发挥乡村创业创新带头人的引领示范作用，充分利用其经验和能力带动乡村产业发展和乡村就业发展，有序引领乡村产业力量发展壮大，对于当前乡村振兴，推动乡村产业发展，促进农民增产增收具有重要意义。目前我国农村创业创新带头人的主要来源是返乡农民工、乡村能工巧匠（田秀才、土专家）、返乡入乡创业人员等三类主体。[①]

一是返乡农民工。多年外出务工经验一方面使返乡农民工具有闯荡意识和带头致富的想法，他们知农业、懂农业、眼界开阔、观念新颖，另一方面，他们在外务工期间掌握的新技术、积累的新资本，可以成为当地乡村经济发展的活力源泉，可以为乡村产业结构调整、经济换挡升级、产业创新发展、促进农民增收提供新途径。据调查，当前我国 70% 以上的农村创业创新人员来源于返乡农民工，他们构成了乡村创业创新的主体之一。[②] 他们是深化农业供给侧结构性改革的支柱之一，可以持续激发市场活跃度。二是乡村能工巧匠。这些乡村田秀才、土专家的手艺带有乡村传

---

① 刘越山.《全国乡村产业发展规划（2020—2025 年）》解读之二农业农村部：乡村产业今年目标任务——拓出农业新业态 展出乡村新空间 [J]. 经济，2020（8）：21-24.

② 高建军，张瞳光，董婧. 乡村振兴背景下农村创新创业带头人培育问题研究 [J]. 农村经济与科技，2022，33（9）：123-125，141.

统文化底色和浓厚的乡土气息。这些有着传统文化底蕴和精湛技艺的能工巧匠，是传承中国乡土文化和传统技艺的主要力量。乡土底蕴是他们独有的特色，这种特色有利于他们在创办具有传统特色的乡村产业、创办具有自身特色的"乡土"产品时开拓思路、创新发展，一方面可以传承和保护中国乡村文化遗产和传统技艺，另一方面可以根据自身特长打造蕴含乡土底色的特色产业项目、打造特色品牌，提高当地产业的知名度和影响力，进而助力乡村特色产业发展，为促进农民就业创业提供本土人才保障，切实带动农民就业增收。三是返乡入乡创业人员。主要包括接受过系统的知识教育的大中专毕业生、退役军人和科技人员等，这类群体有知识有智力有活力有创造力，他们是农村创新创业带头人的力量来源。农业农村部统计显示，截止到 2022 年 3 月底，全国返乡入乡创业人数累计 1120 多万。①农民返乡入乡创业一方面可以稳住就业存量，另一方面可以通过挖掘本地潜力人才资源创业来开发就业增量，方便农民就近上岗。目前乡村投资空间大、投资力度小、劳动力充裕，返乡入乡创业人员创办的项目在乡村振兴的大背景下更有利于盘活资源、激发活力，发展空间巨大。可以带动更多农民守家就业，不再候鸟式迁徙，在家门口实现脱贫增收。

　　返乡入乡创业人员创办的项目小农户参与度高、受益面广，但也面临不少困难。一是创业项目难选，信息、技术、创业设施、服务机构等关键要素的缺失，已成为创业项目选择的制约瓶

---

① 农业农村部网 . 稳中求进看开局·截至今年 3 月底全国返乡入乡创业人数累计 1120 多万［EB/OL］.（2022-04-27）［2024-04-17］.http://www.moa.gov.cn/ztzl/ymksn/spbd/qt/202204/t20220427_6397918.htm.

颈；二是创业资金难筹，目前能获得信贷支持的创业者较少，大部分返乡创业者靠自筹资金，创业捉襟见肘；三是创业用地难拿，存在建设用地成本高、各类园区难进、流转土地难拿的用地困境；四是创业人才难聘，返乡入乡创业大多需要专业人才，但农村存量人才不多，城市人才不愿去农村；五是创业风险不可控，返乡入乡创业者只参加了养老保险和新农合，缺乏救助措施，抵御创业风险难度大。这些困难导致目前农村创业创新带头人才储备难以满足现阶段乡村产业发展的需求，对此，可通过以下方式加快农村创业创新带头人培育。

①加大政策扶持力度，积极培育创业创新主体。深入实施农村创业创新带头人培育行动，积极促进各类人才返乡入乡创业创新，促进农民就地就近就业创业；加大创业补贴、相关金融及各类基金支持力度，发挥国家融资担保基金等政府性融资担保体系作用，积极为农村创业创新带头人提供融资担保；切实保障创业用地需求，培育返乡、入乡和在乡三类创业主体，丰富乡村产业发展类型，引领乡村新兴产业发展。

②多措并举，搭建创业平台。建设农村创业创新园区、孵化实训基地等平台载体，集聚资源要素、配套基础设施、完善服务功能，帮助返乡入乡在乡人员顺畅创业；完善农村创业创新园区和孵化实训基地设施条件，为返乡创业人员提供见习、实习、实训、演练场所和机会；开展农村创业园区（基地）观摩交流活动，提高园区（基地）服务能力，为返乡入乡创业提供低成本、全要素、便利化的孵化服务。通过举办农村创业创新项目创意大赛的方式，营造返乡入乡创业良好氛围；通过开展大学生创新创

业大赛活动，助推大学生创业创新项目落地显效，服务乡村全面振兴。

③强化创业服务和培训，创新指导服务方式。组建由企业家、创业成功人士、专业技术人员等组成的农村创业导师队伍，为返乡入乡创业人员提供点对点咨询指导；依托普通高校、职业院校、培训机构等多种培训平台，开通网页专栏、提供一站式服务等方式，在县乡政府设立农村创业创新服务窗口；推动各地因地制宜建立农村创业辅导队伍，加强对农村创业创新人员的服务指导，提高农村创业创新成功率。

（二）加强农村电商人才培育

农村电商高质量发展是推进乡村全面振兴的重要抓手。习近平总书记到光山县文殊乡东岳村考察时强调："要积极发展农村电子商务和快递业务，拓宽农产品销售渠道，增加农民收入。"①2024年中央一号文件提出实施农村电商高质量发展工程，推进县域电商直播基地建设，发展乡村土特产网络销售。②目前我国农村产业经济快速发展，农村电商活力十足。农村电商已成为激活农村市场、激发农村消费潜力的重要抓手，电商产业发展可以打通农产品上行和消费品下行的直接通道，直播电商以其交互性强、表现

---

① 新华网.习近平在河南考察时强调　坚定信心埋头苦干奋勇争先　谱写新时代中原更加出彩的绚丽篇章［EB/OL］.（2019-09-18）［2024-04-17］.http://www.xinhuanet.com/politics/2019-09/18/c_1125011847.htm.

② 新华社.中共中央　国务院关于学习运用"千村示范、万村整治"工程经验有力有效推进乡村全面振兴的意见［EB/OL］.（2024-02-03）［2024-04-17］.https://www.xuexi.cn/lgpage/detail/index.html?id=2814303291263977719&item_id=2814303291263977719.

形式多样化等特点，在助农兴农、扩大就业、助力中国品牌发展、提升消费新增长点、稳定经济增长等方面发挥了重要作用，逐渐成为农产品销售的重要渠道。根据商务大数据监测，2023年，全国农村网络零售额达2.5万亿元，同比增长12.9%，比2014年增长近13倍；全国农产品网络零售额达5870.3亿元，同比增长12.5%，约是2014年的5倍。[①]农村电商已成为农民工、大学生、退役军人等创业主体返乡的新引力。

《"十四五"电子商务发展规划》提出，2025年农村电子商务交易额预计可达2.8万亿元，农村电子商务覆盖面进一步扩大，直播、短视频等电子商务新模式进一步普及，农村居民进行电子商务创业和多种形式就业的政策支持力度将进一步加大。[②]商务部等9部门联合发布《县域商业三年行动计划（2023—2025年）》，提出推动农村电商高质量发展，大力发展农村直播电商，培育"土特产"电商品牌，鼓励农村电商创业就业等。[③]未来，越来越多山里货、土特产将在电商平台热销，手机已成为农民销售农产品的新工具，他们利用手机自产、自播、自销开启电商创业路。消费者、小农户、生产者、供应商、服务商等农村电商产业主体，通

① 人民日报海外版. 为农村电商发展再加把劲［EB/OL］.（2024-03-18）［2024-04-17］. https://www.xuexi.cn/lgpage/detail/index.html?id=9094782676288642520& item_id=9094782676288642520.

② 商务部网. 商务部　中央网信办　发展改革委关于印发《"十四五"电子商务发展规划》的通知［EB/OL］.（2021-10-26）［2024-04-17］. http://dzsws.mofcom.gov.cn/article/zt_shisiwudzswfzgh/fbdt/202110/20211003211545.shtml.

③ 商务部网. 商务部等9部门办公厅（室）关于印发《县域商业三年行动计划（2023-2025年）》的通知［EB/OL］.（2023-07-27）［2024-04-17］. https://www.gov.cn/zhengce/zhengceku/202308/content_6898207.htm.

过与电商平台的紧密合作，在实现价值共创的同时也促进了乡村产业整合和发展质量升级。在农村发展电子商务，不仅是推动特色农产品优化结构、规模化发展的新举措，更是培育特色品牌、拓展产品增值空间、加速产业带形成的新动力。

但是，同时也应看到，目前我国农村电商发展还面临着基础设施不健全、配送体系滞后、电商人才缺乏等实际问题。尤其是直播电商人才的缺乏已成为制约农村电商推动乡村振兴产业发展的因素之一。主要表现在农村地区基础设施较为落后，电商企业发展和人才培养受限。目前，部分农村地区网络和交通等基础设施相对落后，部分农产品存在质量不稳定、标准化程度低等问题，农产品物流配送体系也有待进一步完善。第53次《中国互联网络发展状况统计报告》显示，截至2023年12月，农村地区互联网普及率为77.5%，[①]农村数字基础设施建设有待进一步加强。农村地区村民思想观念相对落后，缺少具有先进思维能力和创新意识，具备先进电商平台的管理、运营和策划能力的专业化人才。目前乡村电商人才对电商内涵认识不够，直播技能不够娴熟，直播设备简单，直播效果和转化率不理想，容易出现流量瓶颈；缺少直播规划、运营脚本和话术训练，直播过程中应变能力低、直播内容没有吸引力；缺乏直播创意，内容单一重复，与用户的互动单调而枯燥，缺少趣味和吸引力；直播间为引流，会争相模仿热流直播，导致直播内容雷同，极易引发消费者的厌恶心理。乡村直

---

① 中国互联网络信息中心网. 第53次《中国互联网络发展状况统计报告》发布［EB/OL］.（2024-03-22）［2024-04-17］. https://www.cnnic.net.cn/n4/2024/0321/c208-10962.html.

播电商人才的培养与市场需求错位。作为人才输出地的高校，电子商务专业教学内容较为单一，教学理念与农村电商具体实践环节差别较大，无法为电子商务专业学生提供真实的农产品生产和销售的环境，乡村直播电商人才难以有针对性地利用农产品的产品特性提升自身的直播技能。现有政策和资金对农村电商的支持力度并不突出。各个乡镇政府对于直播电商助力乡村振兴的重视程度因对政策的理解存在差异而不同，同时也受区域特色农产品的产品特性和销售方式的影响，对乡村直播电商人才打造的政策和资金扶持力度不够，因此无法吸引直播企业到农村寻求合作，无法吸引高校到农村共建直播电商人才孵化基地，也无法吸引优秀电商人才。

从目前市场需求看，要想实现农村电商人才充足的目标，还需要在农村电商人才培养环节多做努力。

①加快培育多元化新型农村电商主体，培育农村电商供应链服务企业，培育农村电商带头人。首先，推动村镇和电商企业合作，由直播电商运营企业安排并执行相关培训项目，包括农业技能、直播管理技巧、农产品品牌建设以及网络技术等，这种合作模式不但可以开拓思维模式，还可以拓宽人才培养渠道；其次，电商企业在村镇建设直播现场或者运营中心，利用企业的资源促进销售，通过这个过程去培训农民，选拔优秀的本土电商人才。

②加强对返乡农民工、退役军人等的电商技能培训，引入外部师资，定期到乡村指导和教学。可以在重点乡村村委会建立直播孵化基地，利用直播孵化基地这一平台，结合学校的智力资源优势，为农户提供直播电商技能培训，让专业教师深入农村授课，

把直播孵化基地作为直播电商技能传播的重要阵地，使其成为创新创业农户技能训练和经验交流的重要场所，农户直播技能可以在直播电商基地得到有效提升。

③强化培训、实习、创业就业衔接，优化吸引电商人才的软硬件环境。首先，从完善政策措施入手，构建由政府监管和电商企业运营组成的农村电商人才服务模式，其中主要的服务内容是为电商人才提供信息咨询和为电商企业员工提供专业培训。其次，提高农村电子商务专业人才的就业能力，通过校企合作提升电子商务专业毕业生就业率，加大乡镇产业资源的整合力度，鼓励电商做大做强，乡镇政府应鼓励龙头企业积极探索企业发展模式，发挥龙头企业及社会组织在农村电商人才培养中的作用，并制定奖励措施激励有意向的农民参加培训。最后，采取积极主动的措施去引导高校、职业院校电子商务类的毕业生返乡就业创业，争取使他们成为具备专业知识和文化修养的直播电商的中坚力量。

（三）培育乡村工匠

为推进乡村工匠培育工作，国家乡村振兴局等八个部门在2022年11月联合印发《关于推进乡村工匠培育工作的指导意见》（国乡振发〔2022〕16号），明确指出，乡村工匠主要为县域内从事传统工艺和乡村手工业，能够扎根农村，传承发展传统技艺、转化应用传统技艺，促进乡村产业发展和农民就业，推动乡村振兴发展的技能人才。[①] 他们作为具有特殊技艺和专业技能的人才，在传统技艺的继承和发扬、实际操作的应用转化，以及推动乡村产业增长、带动农民就业、助力乡村振兴、构建以技能为本的乡村社会方面发挥了极其重要的作用。乡村工匠的培育过程复杂且系统化，培育参与主体众多，因此，乡村工匠的培育成为盘活乡村技能人才队伍建设的关键所在。

当前，农业生产效率随着农业生产机械化程度的上升有了大幅提高，但由于机械化生产的推广逐渐取代了人力生产，部分传统手艺处于失传状态，部分地区的乡村传统工匠几近失业，乡村农产品和村庄建设失去了地域特色，统一建设成了"样板村"。现有乡村工匠老龄化严重，中国社科院等机构 2019 年统计数据显示，有近 60% 的传统手艺人尚未找到传承人，而其中 55% 的手艺人年龄已在 55 岁以上，部分传统技艺面临失传的风险[②]；乡村工匠受教育程度普遍较低，对于计算机网络、电子商务等新知识缺少学习和了解的途径，由于缺乏利用互联网和各类数字新媒体来展现和宣传传统手工技艺的途径，传统手工艺品牌的独有价值尚未被完全发掘，导致传统手工艺产品的市场价值相对较低；乡村工匠个人或小作坊仍然是当前乡村工匠传统手工艺产品的主要生产形式，部分手工艺产品无法进行机械化标准化量产的独特产品性质限制了其销路和销量；通过电子商务和直播销售等新兴媒介，

① 国家乡村振兴局网. 关于推进乡村工匠培育工作的指导意见（国乡振发〔2022〕16号）[EB/OL].（2022-11-22）[2024-04-17]. https：//www.jiangxi.gov.cn/art/2022/11/21/art_5210_4234069.html.

② 孟德才，刘知宜. 乡村工匠迎来新的发展机遇期——对话付文阁、夏显力、梁放[N]. 农民日报，2022-12-01（8）.

一部分年轻的农村手工艺人得以提高他们产品的品牌认知和销售额，但大多数农村手工艺人的产品仍面临销售困境；乡村工匠多为传统手工制作产品，耗费体力多、工作周期长、劳动强度大，但收入相对低且较为不稳定；大部分地区乡村工匠的选拔和培养工作尚未启动，目前仍然是一种孤军奋战的发展模式。推进乡村全面振兴，需要挖掘培养一批、传承发展一批、提升壮大一批乡村工匠，激发广大乡村手工业者、传统艺人创新创造活力。因此，可以从以下几个方面来培育乡村工匠。

①精准挖掘，让乡村工匠"破土而出"。乡村全面振兴离不开优质产业，而乡村工匠这些活跃在乡村一线的"土专家""田秀才"正是带动乡村特色产业发展的关键。可结合各地实际，挖掘县域内有传承基础、规模数量、市场需求、社会价值、发展前景的传统工艺，有效对接当地名师工作室和大师传习所，在提升乡村工匠技艺、创作传统工艺精品的同时，有意识、有节奏地孵化农村特色产业，把技艺研究成果落地转化，使其产业化。同时，以创办特色企业带动创业就业，打造"工匠园区"，建立乡村工匠产业孵化基地，扶持一批基础条件好、有一定经营规模的就业帮扶车间、非遗工坊、妇女手工基地等转型升级、发展壮大。

②强化培育，让乡村工匠"育苗成树"。建立全方位的培训体系，让乡村工匠从乡村建设的"生力军"转变为"主力军"。围绕乡村"产业兴旺"，"订单式"制订培育计划，鼓励和支持建立乡村工匠学校、大师传习所，邀请优秀的乡土人才"现身说法"，让农村迅速涌现出一大批乡村工匠、致富能手和产业带头人；在各类学校开设相关课程，引导孩子们对传统技艺产生兴趣，为他们

提供技能培训和实践机会，传承精神、培育"匠心"，使乡村工匠技艺传承从"一脉单传"向"薪火相传"稳步转变；通过构建校企合作平台，创新实践教学方式，建立以学生为主线的实训基地，提升人才培养质量，将教学场所扩展到企业和农田这样的实际工作环境中，为乡村工匠提供现场教学的机会，切实增强学习效果。

③加大激励，让乡村工匠"香誉四方"。鼓励乡村工匠参评各级非物质文化遗产代表性传承人、乡村文化和旅游带头人，增强其获得感和荣誉感；鼓励乡村工匠名师、大师领办创办特色产业项目，弘扬技艺、开发精品、创设品牌，加大乡村工匠品牌宣传力度，讲好品牌故事，不断增强乡村工匠品牌知名度；鼓励高等学校和社会力量参与挖掘乡村工匠品牌文化内涵，提升品牌策划设计水平，提高品牌价值和竞争力；积极选树、表彰、推广先进典型，营造良好的舆论导向和社会氛围，不断提高乡村工匠的职业认可度和社会影响力；建立完善乡土人才保障激励机制，破除唯学历、唯职称论的思维定式。支持、鼓励返乡青年、职业院校毕业生、大学生等群体参加乡村工匠技能培训，为乡村工匠队伍建设提供后备人才库。

（四）打造农民工劳务输出品牌

2021 年，中共中央办公厅、国务院办公厅印发《关于加快推进乡村人才振兴的意见》（中办发〔2021〕9 号），明确要求"培育一批叫得响的农民工劳务输出品牌"。根据人社部 2021 年的统计数据，全国劳务品牌已近 2000 个，覆盖一二三产业，有的已经成为城市名片，有的开始走向世界。2021 年，人社部、国家发展改革委等 20 部门出台专项指导意见，提出力争发现培育更多劳务品牌，壮大更多技能突出的领军劳务品牌。[①] 各个地区都在积极采取实际措施，开展与劳务品牌的对口劳务合作，进行劳务品牌技能的培训，并支持劳务品牌从业者进行创业和创新。劳务品牌是指通过劳动组织或服务机构与劳动者签订劳动合同后所形成的信誉良好、有较强市场竞争力和带动力、能够满足社会需要并能产生较大社会效益的劳务产品和服务组合。劳务品牌因其独特的地域、行业和技能属性，成为推动就业、促进发展和改善民众生活质量的关键工具。近年来，随着经济社会快速转型升级，我国劳动关系呈现出多元化趋势，劳动力市场呈现"去低端化"倾向，劳动者对劳务服务需求多样化、个性化要求日益强烈，传统劳务输出方式已难以满足新形势的需要。具有特色的劳务品牌在推动高品质的全面就业和创业，以及促进产业增长等多个方面表现出越来越明显的效果。

"天镇保姆"是人社部与天镇县合作创建的一个劳务品牌。近年来，我国各地都涌现出一批具有较高社会知名度的劳务派遣人员队伍，"天镇保姆"就是其中一支活跃于城乡基层一线的生力军。自 2011 年以来，通过"天镇保姆"劳务品牌，已有超过1 万名女性劳动者在家政服务行业找到了工作，[②] 这为天镇县农村的剩余劳动力转移和提高农民的收入做出了显著的贡献。根据天镇县人社局的统计数据，2022 年，"天镇保姆"的在职人员大

---

① 敖蓉. 劳务品牌带动高质量就业［N］. 经济日报，2022-11-28（1）.

② 中国劳动保障报. 就业兴产业旺　蹚出致富好"钱"景［EB/OL］.（2023-08-04）
　［2024-04-17］. https://www.clssn.com/2023/08/04/9920165.html.

约有 3500 人，平均月薪约为 5500 元，而个人的年均收入大约为 6.6 万元，这一劳务品牌在一年内实现了约 2.3 亿元的劳务总收入。[①]2022 年，"天镇保姆"荣获全国劳务品牌百强的称号。

"北方好焊"是人社部在 2021 年拨出 10 万元的援助资金，以协助焊工培训机构购买实训设备建立培训基地。该培训基地是在人社部和天镇县的共同支持下建立的，由全国知名的焊工团队贾向东和他的徒弟负责培训课程的教学工作。因此，这个培训班被正式命名为"北方好焊"，标志着"北方好焊"劳务品牌的诞生。[②]该基地通过与企业联合，将培训内容融入生产中，让学生将现场实践与理论学习相结合，提高了学生操作技能和综合素质。自 2019 年起，天镇县已经为 510 名"北方好焊"焊工提供了培训，他们的就业率高达 93.33%，平均月薪接近 1 万元；同时，还举办焊接大赛及职业技能鉴定活动，吸引大量企业参加并给予奖励，极大地调动了广大农村地区劳动力转移创业热情。从 2022 年开始，该基地为中国核工业二三建设有限公司、山西博力恒泰电力工程有限公司等机构提供了订单式的焊工培训，总共培训了 278 名焊工，只要学员培训合格，就可以顺利找到工作。[③]

"饶阳果蔬工"项目是饶阳县人社局经过深入的调查研究，并结合当地的特色，充分利用果蔬产业的发展规模优势来创建劳务品牌的项目。以服务为导向，以项目为载体，积极搭建平台，培育壮大了一批具有区域影响力和带动力的劳务队伍。至今，"饶阳

---

① 李桂杰. 劳务品牌助农民工高质量就业［N］. 中国青年报，2023-04-28（1）.
② 李桂杰. 劳务品牌助农民工高质量就业［N］. 中国青年报，2023-04-28（1）.
③ 李桂杰. 劳务品牌助农民工高质量就业［N］. 中国青年报，2023-04-28（1）.

果蔬工"这一劳务品牌的从业人数已经超过 15 万，覆盖了全县超过一半的人口。他们在生产一线为当地群众提供大量优质农产品和高效服务，这一项目成为农民增收致富的重要途径之一。"饶阳果蔬工"这一劳务品牌在过去的三年里为果蔬行业带来了 9.1 万余人的就业机会，并在一年内为 3.3 万余人提供了工作机会，涵盖了西红柿、葡萄、甜瓜等多种农作物的种植、销售和物流运输等多个方面。

　　"潜江龙虾工"和"潜江裁缝"是由湖北省潜江市创建的两个著名的劳务品牌。在发展过程中，他们始终把提高劳动者素质作为重点工作来抓。在新的时代背景下，与高等教育机构合作培训人才成为这两大劳务品牌发展的核心要素。"潜江龙虾工"已获得全国农民工职业技能竞赛团体奖。湖北潜江龙虾学院，作为江汉艺术职业学院的一个分支，成立于 2016 年 5 月。该学院针对"潜江龙虾万师千店工程"提供了餐饮管理、市场营销、烹饪技术和营养三大专业方向，这些都是小龙虾产业中的核心部分。学生毕业后可直接进入企业就业，成为当地小龙虾行业中的主力军。"看体裁衣"和"一刀剪"技艺是"潜江裁缝"的独有招牌技艺。2022 年"湖北省第四批十大劳务品牌"评选中"潜江裁缝"榜上有名，其名下共雇佣有 10.2 万名员工。潜江市的服装产业发展规划利用"潜江裁缝"这一劳务品牌资源，部署"一总部、一核心、三基地"的发展目标，并借此开展招商引资活动。①

　　"滇字号"这一劳务品牌在云南省的联农带农工作中起到了关

---

① 李桂杰. 劳务品牌助农民工高质量就业 [N]. 中国青年报，2023-04-28（1）.

键作用。通过跨部门的合作、多个领域的人才挖掘和多样化的支持培养，这个曾经的"乡土师傅"已经转变为现在的"巧工匠"。"滇字号"劳务品牌经历了从零开始、从小规模扩展到大规模的过程，其业务和功能也从单一转变为多样化，已经成为推动云南省农村就业的"新动力"。数据显示，到现在为止，云南省已经成功创建了临沧茶师、普洱咖啡工、楚雄彝绣工、建水紫陶等115个"滇字号"的劳务品牌。每年有超过1500万人成功转移到其他地方工作[①]，这极大地促进了云南农村劳动力的全面和高质量就业，为云南的乡村振兴和经济的高质量增长作出了积极贡献。

人社部、国家发展改革委等20部门2021年出台的《关于劳务品牌建设的指导意见》（人社部发〔2021〕66号）指出，要力争发现培育更多劳务品牌、壮大更多技能突出的领军劳务品牌。各地纷纷亮出实招，开展劳务品牌对口劳务协作，实施劳务品牌技能培训，扶持劳务品牌从业人员创业创新。对此，可从以下几个方面打造农民工劳务输出品牌。

①完善机制、促进合作，推动劳务协作走深走实。劳务协作是塑造劳务品牌的重要渠道，也是促进区域协调发展的重要手段。首先要健全长效机制，提高劳务对接精准度。建立相应的行业准则，为劳务协作提供相应的配套服务和精准的政策支持。其次要提升保障水平，留稳人才。除提供基本生活保障外，还应

---

① 赵丽槐，秦蒙琳，吕瑾，沈迅.打造"滇字号"劳务品牌 铸造农村就业新引擎[N].
云南日报，2023-9-12（3）.

加强人文关怀，整合多方资源，升级稳岗措施，提高劳务人员归属感。

②提质增量，壮大劳务品牌。打造劳务品牌是一项长期、系统的工程，必须从注重量的积累转向注重质的提升。劳务品牌规模壮大，品牌培育由粗向细的转化，品牌知名度、认可度的提升，需要建立健全促进机制和支持体系，来增加品牌数量、提高品牌质量、发挥品牌效益。首先要加强品牌培育，劳务品牌通常是自主形成并带有鲜明的地域特征的，要以因地制宜打造的特色产业项目为依托，来促进劳务品牌的发展。其次要加强技能培训，注重管理机构的指导作用。以校企共建为依托，构建培训师资体系，充实师资库，建设一批劳务品牌工作室、培训基地，开发一批特色职业培训协同项目，帮助提升劳务品牌从业人员技能水平。在当前阶段，大部分劳务品牌的建设主要是依靠企业或行业协会，在管理部门的指导下有组织、有策略地推动劳务品牌的建设发展，做好劳务品牌的宣传和推广工作，将更有效地推动劳务品牌的成长。

③围绕新兴产业培养新的劳务品牌。在就业政策方面，应鼓励企业自主创业，支持有条件的地区开展"双创"活动。自2019年起，人社部已经推出了4个批次，总共56个新的职业，包括健康照顾师、网约车配送员、互联网营销专家和大数据工程技术人员等，相关管理部门可以把它们作为工作的焦点，并加强对其从

业人员的培养和发展。[1]管理部门应围绕新兴产业开展培训活动，鼓励培训机构与职业学院进行打造新劳务品牌相关职业技能的培训活动，建立劳务品牌宣传推广体系，完善相关职业技能等级鉴定和评估手段，确保职业资格与技能等级认证程序完备。

三、乡村公共服务人才

乡村治理的现代化以乡村公共服务的现代化为基础。乡村公共服务包括医疗、养老、教育、文化等多个方面，目前我国农村部分地区的公共服务供给总量不足、质量不高，主要表现在部分村庄的垃圾集中收集处理、无害化卫生厕所设置比例较低，养老、教育、医疗等基本公共服务供给仍不充分等传统公共服务领域的问题。随着乡村治理现代化的发展，农民生活水平的提高，金融、法律、文化、环境等新型公共服务需求不断出现，当前乡村的公共服务更难以满足乡村人民日益增长的美好生活需要。《中共中央　国务院关于做好 2023 年全面推进乡村振兴重点工作的意见》中着重强调要加强乡村人才队伍建设，提高农村基本公共服务能力。[2]乡村公共服务人才主要包括乡村教师、乡村卫生健康人才、乡村文化旅游体育人才、乡村规划建设人才等群体。

---

[1] 颜安. 劳务品牌　如何成乡村就业"金名片"［N］. 重庆日报，2022-01-10（8）.
[2] 新华社. 中共中央　国务院关于做好 2023 年全面推进乡村振兴重点工作的意见［EB/OL］.（2023-02-14）［2024-04-17］. http://www.mohrss.gov.cn/SYrlzyhshbzb/dongtaixinwen/shizhengyaowen/202302/t20230214_494808.html.

（一）加强乡村教师队伍建设，推进教育均衡发展

我国的基础教育体系中，乡村教育扮演着非常重要的角色，它不仅是国家教育架构中至关重要的一环，更是乡村振兴战略的关键支撑。教师承担着传播知识、传播思想、传播真理的历史使命，肩负着塑造灵魂、塑造生命的时代重任，是教育高质量发展的第一资源，是国家富强、民族振兴、人民幸福的重要基石。[①]《中华人民共和国乡村振兴促进法》要求"提高农村基础教育质量，加大乡村教师培养力度"，《中西部欠发达地区优秀教师定向培养计划》中提出"从源头上改善中西部欠发达地区中小学教师队伍质量"。农村现代化离不开乡村教育的发展，而乡村教师的素养直接决定着乡村教育质量的高低和可持续发展。当前我国乡村教育人才队伍建设仍面临不少困境。

首先，乡村教育人才结构失衡。为了促进农村教育的进步并减少城乡之间的教师质量差异，国务院办公厅在 2015 年公布实施的《乡村教师支持计划（2015—2020 年）》，通过实行"特岗计划"和"定向培养"等措施，极大程度上缓解了农村地区教师短缺的问题。目前农村教育人才的流失和农村教师年龄结构的不平衡仍然制约乡村教育的发展。与城市相比，农村地区的艰苦生活环境和相对较低的薪资福利，无法留住人才，大量青年骨干教师的流失导致乡村教师年龄结构愈加失衡。东北师范大学发布的

---

① 新华社. 中共中央　国务院关于全面深化新时代教师队伍建设改革的意见［EB/OL］.（2018-01-20）［2024-05-11］. https：//www.gov.cn/zhengce/2018-01/31/content_5262659.htm.

《中国农村教育发展报告2020—2022》显示，乡村学校中55岁以上教师占比为8.8%，而城区学校仅为3.3%，在一些没有实施"特岗计划"的地区，高龄教师占比甚至超过了50%，这说明乡村教师的老龄化问题比较严峻，乡村教育人才队伍迫切需要新鲜血液来焕发新的生机与活力。

其次，乡村教育人才职业倦怠。乡村教师队伍是一支非常庞大且急需建设的队伍，根据调查数据，到2022年为止我国农村地区的教师总数仅为220万，仅占全国教师总数的四分之一，而农村地区的学生则占据了全国学生总数的60%。[①]目前乡村学校师资力量薄弱，且大多集中分布在经济发展水平不高、交通不便的偏远地区，这些地区的乡村小学教师学历普遍偏低。工作压力和生活成本的城乡差距不断拉大，造成乡村教师队伍人才流失严重，尤其是农村教师数量急剧减少。与此同时，与城市教师相比，乡村中小学的职称评定名额相对较少，这使得乡村教师的晋升和职称评定变得更加困难。调查发现，很多农村学校没有设立专门的专业机构对乡村教师进行培训，使得他们无法接受系统全面的专业培训。东北师范大学的研究报告显示，在义务教育阶段，连续工作10年后可获得一级教师职称的城市教师占比5.3%，而乡村教师仅有3.5%。更有一部分乡村教师受乡村地区特定指标限制，虽然满足了职称评定的条件，但由于岗位的限制，也难以迈过职称评定的门槛。此外，农村学校中很多地方存在着对"师道尊严"和"教书育人"观念的漠视，使得一些教师将更多精力放在了追

① 陈佳铭. 乡村教育人才队伍建设探究［J］农村·农业·农民（B版），2023（8）：60-62.

求升学率上，这种实际情况消减了乡村教师的工作热情，导致部分乡村教师出现职业倦怠的现象；随着日渐增加的教学压力和学生出现的各种问题，乡村教师也逐渐失去了最初的教育热情，促进自身成长的意识也变得越来越弱。

再次，乡村教育人才培训不畅。一是资深教师的丰富教学经验是他们在教学过程中日积月累沉淀和积攒下来的，无法直接供青年教师学习参考，农村青年教师因为资历的欠缺，也无法照搬照抄，现有师资水平无法满足新时代的需求。二是由于农村中小学的地理位置分散，相比于城市学校，它们难以进行大规模的教学研讨或教学技巧的培训，这导致农村地区的中小学教师较少有机会接受集中培训。三是缺乏针对性的培训，以及适应现代化教育的本领不足，使得当前乡村教师整体的职业认同感偏低，反过来，又直接影响他们参与教学活动的积极性、影响乡村教师队伍发展的稳定性。

在推进乡村全面振兴和加快建设教育强国的背景之下，乡村教育高质量发展肩负着落实国家战略目标的艰巨任务，这对新时代乡村教育发展提出了新的更高的要求。促进乡村教育高质量发展，必须加强乡村教育人才队伍建设。

①强化制度保障，提升师资水平。严格落实教育部和财政部联合发布的《关于实施中小学幼儿园教师国家级培训计划（2021—2025年）的通知》（教师函〔2021〕4号），重点支持中西部欠发达地区的乡村中小学，并按照年度公用经费预算总额的5%来分配教师培训资金。以制度为牵引，完善乡村教师招聘机制，解决乡村教育面临的人才短缺和教师年龄分布不均等问题。

通过多种途径吸引更多优秀毕业生到农村任教，以促进乡村教师队伍的年轻化和专业化进程。加强对"特岗计划""大学生西部志愿者"以及"定向培养"等项目的支持，确保为农村教育的持续发展奠定坚实的人才基础，为有志于服务乡村教育事业的人才提供干事创业的坚实动力。依据《中华人民共和国教师法》以及其他相关法律、法规和政策，建立完善的保障机制，保证乡村教师的合法权益不受侵害，着眼于提高乡村教师的工资水平，切实保障乡村教师的基础工资和绩效工资。完善乡村教师队伍建设政策和管理制度，为农村学校配备专职或兼职教师，并给予适当待遇，从整体上壮大教师力量，提升师资水平。

②优化评价机制，激发工作热情。面对目前乡村教育人才队伍所面临的职业疲惫问题，可以通过调整和完善评估机制、建立科学完善的考核指标体系来解决；为促进乡村教师队伍稳定发展，可以建立科学有效的激励机制来调动广大乡村教师队伍建设积极性，提供更多的晋升途径并简化乡村教育人才的职称评定过程，降低乡村教育人才的职称评定难度。只有确保职业发展路径畅通无阻，才能让乡村教育人才看到一个清晰的成长轨迹，从而不断增强乡村对人才的吸引力，进而保障这些人才在乡村地区稳定而持续的发展，确保乡村教育人才的不断流。

③加大资金投入，强化人文关怀。增加财政性教育经费投入，尤其是地方政府应当积极筹措资金用于农村学校基础设施建设和教师队伍培养。增加资金支持的力度，结合学校实际制定差异化补助方案，对乡村教师适当地提供下乡津贴、边远地区津贴等，为通勤路较远的乡村教师提供住宿帮助，大力改善乡村教师的工

作和生活条件。同时应当重视乡村教师的心理健康状况，及时了解他们在工作和日常生活中所遭遇的各种挑战，从而帮助他们在乡村地区更加深入地开展工作和实现自我发展。要注重对乡村教师进行有效的激励与引导，密切关注他们在日常工作和生活中遇到的困难，同时提供针对性的支持，确保他们在遇到问题时能带着答案前行，并激励他们在发现和解决问题的过程中形成有价值的成果。

（二）加强乡村卫生健康人才队伍建设，健全乡村医疗卫生体系

农村的医疗卫生专业人才长期工作在农村一线，他们为农村的居民提供了疾病预防、临床治疗以及健康管理的服务，被誉为农村居民的"健康守护者"。在实施乡村振兴战略的过程中，为了确保亿万农民的健康，完善和健全乡村的医疗卫生体系是至关重要的"第一道防线"。党的十八大以来，以习近平同志为核心的党中央高度重视乡村医疗卫生体系建设，习近平总书记多次作出重要批示指示，领导部署有关方面积极研究推进乡村医疗卫生体系改革发展，从基础设施、人员队伍和机构运行机制等多个方面出发，实施了一系列的措施，旨在不断提高乡村医疗卫生服务的质量，确保农民能够公平地享受到基本的医疗卫生服务，从而使农村居民的健康状况持续得到提升。[①]

---

① 新华社. 中央农办　国家卫生健康委负责人就《关于进一步深化改革促进乡村医疗卫生体系健康发展的意见》答问［EB/OL］.（2023-02-25）［2024-04-17］. https://www.gov.cn/xinwen/2023-02/25/content_5743248.htm.

推进乡村全面振兴人才支撑体系建设研究

中共中央办公厅、国务院办公厅印发的《关于进一步深化改革促进乡村医疗卫生体系健康发展的意见》中明确了促进乡村医疗卫生体系健康发展的工作原则，指出，要坚持把人才队伍建设摆在重要位置，把工作重点放在农村和社区，推动乡村医生向执业（助理）医师转化，打造一支专业化、规范化乡村医生队伍；要坚持进一步深化体制机制改革，统筹解决好乡村医生收入和待遇保障问题，健全多劳多得、优绩优酬的激励制度，激发改革内生动力。2023年4月，国家卫生健康委等5部门联合印发《关于实施大学生乡村医生专项计划的通知》（国卫基层发〔2023〕9号）提出，"十四五"期间在部分省份实施大学生乡村医生专项计划，由各省专项招聘医学专业高校毕业生免试注册为乡村医生到村卫生室服务，并加大激励和保障力度。推行大学生乡村医生专项计划，不仅可以壮大和完善乡村医生的队伍，还能提高乡村的医疗卫生服务质量，推动乡村医疗卫生系统的健康成长，并更有效地保护农民的健康。据悉，自2020年开始，国家卫生健康委在某些省份推行了医学专业高校毕业生免试申请乡村医生执业注册的政策，到目前为止，已有超过4000名大学生乡村医生成功进入村卫生室提供服务。[①] 至今，19个省份已经开始为医学专业的大学毕业生提供乡村医生执业注册的免试申请制度。

当前，我国乡村医疗卫生体系在国家政策的推动下，取得了一系列的成绩，但也仍然存在着从业人员数量少、职业学历水平偏低、人才结构老龄化严重等发展不平衡不充分问题，还不能完

---

① 申少铁，程焕，吴君. 走近大学生乡村医生［N］. 人民日报，2023-08-25（19）.

全满足农民群众日益增长的健康需求。因此，可以从以下几个方面加强乡村卫生健康人才队伍建设。

①拓宽人才培养渠道。改革和完善培养机制，鼓励和吸引优秀医学人才向农村地区流动，通过规培住院医师、培训助理全科医生、转岗培训、逐步扩大面向农村的订单定向医学生免费培训的项目，加大对农村地区卫生健康人才的培训力度。从而增加持有执业（助理）医师资格的人数在乡村医生中的占比，并逐渐构建一个以执业（助理）医师为核心，以全科专业医疗为显著特点的乡村医疗卫生服务团队。

②创新人才使用机制。建立适合基层医疗机构的人员管理制度和绩效考核激励机制，并根据实际需要动态调整乡镇卫生院的人员编制设置，最大化利用现有的编制资源。按照中共中央办公厅、国务院办公厅印发的《关于进一步深化改革促进乡村医疗卫生体系健康发展的意见》要求，加强县域医疗卫生人才一体化配置和管理，有条件的地方可对招聘引进的医疗卫生人才实行县管乡用、乡聘村用，建立健全人才双向流动机制，并建立健全定期向乡村派驻医务人员的工作机制，确保人才流动的畅通性。

③完善人才激励制度。有效的激励机制可以提高基层医疗队伍能力素质，激发其工作热情。在收入和待遇的保障方面，合理确定绩效工资的总量和水平，提高乡村医疗卫生机构医生的工资水平，使其与当地县级公立医院相同条件的医师的工资水平相衔接。同时加大财政转移支付力度，逐步将农村医疗救助纳入基层基本公共卫生服务项目范围。地方政府应适当地增加在艰苦的偏远地区以及国家乡村振兴的重点扶持县工作的乡村医生的补贴。

在养老和医疗保障的问题上，在按照相关规定参与社会保险的条件下，可以根据实际情况提供适当的补助，并通过多种方式提高乡村医生的养老待遇。

④健全人才评价体系。加大基层医学人才职称改革力度，基层卫生职称评审应体现基层卫生工作实际和职业特点，评审重点侧重工作水平、工作质量和业绩导向，不得将论文、职称外语等作为申报职称的"硬杠杠"，评审标准应将常见病、多发病诊疗、护理和康复以及公共卫生服务等任务作为考核评价指标，这样才能充分调动乡村卫生健康人员的工作积极性，切实提高基层卫生健康技术水平。

（三）加强乡村文旅体人才队伍建设，助力文旅体产业高质量发展

北京冬奥会一些体育场馆的建设选址在乡村区域，将中国山水文化与冬奥文化紧密结合的做法，受到国内外的一致好评。体育旅游在多项国家政策的促进下逐渐成为体育产业与旅游业高质量发展的新战略支点，标志着体育旅游的普及时代正在逐渐开启。作为一种新兴的产业形态，休闲体育旅游以其独特的优势逐渐受到人们的青睐。旅游中的休闲体育活动迎合了不同年龄和社会背景的多样化群体对于个性化的体育和休闲需求。参与者不但能够在优美的乡村自然景观中体验文化和旅游的审美享受，同时也能在这些场景中获得健身和休闲的乐趣。党的二十大报告中明确指出，中国式现代化是物质文明和精神文明相协调的现代化。实现这一目标必须大力发展体育文化产业。随着大众的生活品质逐渐

上升，对于体育和文化旅游的渴望也将日益增强。乡村作为我国重要的经济增长极，拥有得天独厚的资源优势，为实现乡村振兴提供了良好契机。当前，各地的文化、旅游和体育领域都在不断地进行新业态的创新，不仅促进了文化旅游和体育的相互赋能，还有效地推动了农村第一、第二和第三产业的融合发展，从而显著地推动了乡村振兴战略的深入实施。然而，随着需求的不断增加，也暴露了文旅体复合型人才短缺的问题。

"文旅＋体育"，已经成为推动乡村文旅消费新模式发展的关键路径。从地域分布来看，"文旅＋体育＋休闲农业"是目前国内最流行的模式。我国的各个地区都利用其独特的资源条件，创建了各具特色的文旅体项目。华北和东北地区利用其丰富的冰雪资源推进了包括冰雪旅游度假和滑雪小镇在内的项目；中西部地区则发挥了其山地、丘陵、湖泊、河流及峡谷沙漠的自然地理优势，开展了以户外活动为核心的多元化体育旅游项目；在黔南和新疆，民族民俗的体育旅游特色受到推崇，吸引了众多游客；东南沿海地区通过举办体育赛事，促进了文化旅游和体育目的地的综合性开发。此外，消费者对旅游的需求也从单纯的赛事观光转向更全面的运动休闲度假体验，从而推动了对于具备文化、旅游和体育综合技能的专业人才的需求不断增长。因此，要加大对体育产业和文化创意产业人才的培养力度，加快培养适应市场需要的新型专业人才。当前，农村地区普遍面临着经济增长缓慢和劳动力大量流失的问题。人口老龄化、年轻和中年人口的流失以及高质量人才的流失等因素，都直接导致了乡村体育和旅游行业人才储备的不足。可着手从以下几个方面加强乡村文旅体人才队伍建设。

①更新文旅体人才培养理念。文化、旅游和体育产业融合发展可以推动乡村振兴战略高质量实施，因此在开发乡村文旅体项目和项目的后续运营管理中，需要大量的文旅体复合型人才。为了应对文旅体产业融合所带来的"高级别"和具有"挑战性"的人才需求，必须不断更新人才培养理念，深化和扩展文旅体人才的培养计划，这包括基于学习成果的课程设计、更新教学内容以及侧重于能力和素质的提升等，以确保人才培养方法和学习材料能够有效地满足文旅体产业融合发展的特殊要求。

②优化文旅体人才培养目标。为了有效地推动乡村体育旅游项目的发展壮大，必须着眼于市场需求，优化文旅体人才培养的目标，提高培养的针对性。项目工作人员不但要精通与旅游相关的基础知识，还应该深入研究各种休闲旅游活动、体育产品以及体育赛事的多样性、特殊性和发展趋势，需要掌握旅游市场的营销策略和企业管理的多方面技能，以便有效地将体育旅游融入更广泛的生态和旅游发展框架内。

③完善文旅体人才培养模式。目前，我国的旅游行业正经历着消费需求的持续增长和业务范围的逐步扩展，推动着文化和旅游市场日益多样化和综合化。随着乡村振兴战略的深入实施，对于具备综合文旅体技能的人才提出了新的需求，这促使人才培养方式需要不断创新和提升。鉴于乡村文化旅游产品的特殊性，以及游客对于参与、体验和欣赏方面的多元化需求，乡村文旅体人才的培训应着重于农村体育旅游产品的开发和整个产业链的价值提升。同时，还需针对不同类型项目，优化乡村文旅体人才的知识、技能和素养方面的培训内容。

④加强文旅体人才培养保障。依赖于地域的自然和文化资源，乡村文旅体的开发建设旨在创造具有本地特色和明显区域特征的旅游目的地。这一过程涵盖了政府引导的策略，涉及对乡村文化旅游人才的全面培训和保障体系的规划。作为一种新兴的旅游方式，乡村文旅体集休闲度假、教育培训等多元功能于一体。在有效发挥其多元功能的推进实施中，政府担任着至关重要的角色，其不只是社会政治、经济和文化方面的组织者与管理者，还承担着提供政策支持与保障的职责，对农村文化旅游人才的培育发挥着重要的作用。此外，融合新业态、新产品和新情境的乡村文旅体项目也是推动农村地区就业和创业、提升农民综合素质的重要手段，不仅对乡村一二三产业的协同发展具有极为重要的作用，也具备巨大的经济潜力。因此，如何充分发挥政府的引导作用，强化乡村文旅体专业人才的培养保障功能，成为迫切需要解决的问题。当前，各级政府在推进乡村全面振兴的过程中高度重视乡村人才的培养，陆续推出了系列相关人才的培育计划。但是，普遍来看，执行措施不够明确，操作性有待加强，同时，符合区域优势和区域特色的文旅体专业人才仍然不够。为应对文旅体项目在新形势下的迅速发展，政府相关部门需要积极行动，并综合考量乡村产业的振兴需求，拓宽培训资金的多元化来源渠道，出台完善的人才培养支持政策，实施涵盖人才发展和管理的全面的乡村文旅体领域的人才培养。同时，协调各方，通过政府、产业界、学术界和研究机构的合作，推出以基础教育、职业教育和技术培训协同发力的文旅体人才培养具体举措。

（四）加强乡村规划建设人才队伍建设，改善居住环境建设美丽乡村

乡村振兴是一盘大棋，要沿着正确方向把这盘大棋下好，必须规划先行。编制村庄规划是乡村振兴战略实施的重点和难点。村庄规划与城市规划的不同点在于它以行政村为单位，也更强调农民在规划过程中的主体作用。村庄规划要坚持以农民为主，在充分尊重农民意愿的基础上，凸显村庄之间不同的自然特色、产业特色和文化特色。如何避免村庄规划"千篇一律""水土不服"等问题，让编制出来的村庄规划既科学又更"接地气"，就需要多方发力，不但要发动农民积极参与，同时也要充分发挥规划专业技术人员特长，尤其要注重培养熟悉本地区建设规划的专业人才。

目前，我国农村基础设施和公共服务体系还不健全，部分领域还存在一些突出短板和薄弱环节，不能满足农民群众日益增长的美好生活需要。如部分乡村地区不注重农村环境，村庄布局缺乏规划指导和约束，农民建房缺乏科学设计，有新房无新村、环境脏乱差现象突出，农村道路、水电等基础设施相对落后，教育、医疗、卫生、文化等公共事业发展滞后。因此，要以实施乡村建设行动为抓手，改善农村人居环境，建设宜居宜业美丽乡村，加强乡村规划建设人才队伍建设，培养乡村规划、设计、建设、管理专业人才。

①重视乡村规划专业学科发展，多元化推动乡村规划建设人才培养。根据乡村规划建设的具体需求，与各方合作，共同推动乡村规划建设人才的培养工作。通过建立以学校为主、行业指导

为辅的师资队伍结构体系，构建具有鲜明特色的师资培养模式。充分发挥教学实践基地的作用，一方面为学生提供更多的实践机会，使他们更加深入地了解乡村生活，学习相关知识，提高自己的技能，另一方面也为更多的专业人员提供现场交流和培训的条件。进一步完善"校地"联动培养机制，建立学校与地方政府以及企业三方联动机制，实现校企深度融合。在课堂教学中纳入乡村规划的理论与实践教学，探索不同地区建立联合教学平台的形式，以共同探讨城乡规划教育的新模式。加强各高等教育机构之间的合作与教学经验分享，通过联合教学和联合评价等多种手段来有效提高乡村规划课程的教学水平。

②强化跨学科合作，构建特色规划课程教育体系。立足中国村庄实际，融合国际村庄建设视野，构建具有特色的乡村规划教育知识体系。将乡村规划作为核心教学模块，整合构建与乡村振兴密切相关的多个学科特色的课程模块，进行一体化建构。融通各个课程模块与乡村规划的核心课程，在教学活动中相互连接，并在理论与实践教学中不断更新和相互推动。加强案例引导和示范带动，编写乡村规划的教材和案例库。通过多措并举，构建一个以乡村全面振兴为核心目标的分层清晰、多层次的跨学科知识结构，逐渐完善符合乡村规划建设人才培养需求的课程体系建设。

③立足实践教学，创新乡村规划师培养模式。乡村规划师被定义为具有积极参与乡村规划工作的意愿和务实创新的奉献精神的专业规划人员，他们不仅具备乡村规划设计的能力，还愿意深入基层，热心提供公益服务。可通过多种途径，支持高校在乡镇（街道）建立乡村规划师教研基地，鼓励高校将教师带领学生团队

下乡参与规划服务纳入专业实践教学环节，提供扎根式、陪伴式、基地化的服务模式。[①] 积极引导乡村规划师为乡村规划提供各种专业咨询、技术指导、项目追踪以及政策服务。

④用活多方人才，形成规划合力。发挥常住村民主体作用和村级组织作用，积极引导和动员常住村民全流程参与村庄规划编制，及时公开规划核心内容，争取做到全员都是"规划者"；发挥党员干部熟悉政策等优势，帮助村庄开展规划编制工作，在乡村历史文化保护和传承、基本农田保护、生态保护、特色资源活化利用、优化产业发展等难题的破解上，积极寻求具有规划知识、了解农村实际、熟悉乡村文化的乡贤能人、返乡创业者、回乡大学生的帮助；积极引导和支持设计人员下乡，切实提升乡村规划的建设水平。

四、乡村治理人才

乡村治理既是国家治理的基石，也是乡村振兴的基础。完善乡村治理体系，创新乡村治理机制，是乡村治理现代化的重要推手。作为我国治理体系和治理能力现代化的重要组成部分，乡村治理体系和治理能力现代化是建设宜居宜业和美乡村的基础。党的十八大以来，我国乡村治理人才培育工作取得了一定成绩，积累了丰富的经验。近年来，各地的实践探索表明，"第一书

[①] 武汉市人民政府网. 市人民政府办公厅关于建立武汉市乡村责任规划师制度的通知 [EB/OL].（2023-01-13）[2024-05-21]. https://www.wuhan.gov.cn/zwgk/xxgk/zfwj/bgtwj/202301/t20230113_2131995.shtml.

记""新乡贤""大学生村官""三支一扶"等各类人员关注农村、走进农村、建设农村，能够利用自身人脉优势、信息优势和资源优势，在乡村产业发展、经营管理、法治建设、社会工作等方面发挥积极作用，为推进乡村振兴奠定了坚实的人才基础，有力提升了乡村治理质量和效率。

受中国传统农耕思想束缚和城乡二元体制的影响，当前我国乡村治理人才队伍建设仍存在一些问题，如乡村治理人才队伍结构有待优化，"男多女少""老龄化"等性别与年龄比例失调问题凸显；乡村治理人才队伍素养良莠不齐，乡村治理主体队伍庞杂，参与主体的素质水平不同；乡村治理人才资源供需结构失衡，治理人才供给无法满足推进乡村全面振兴的实际需要等。作为基层的"细胞"，乡村治理人才是基层建设的"一线力量"，人才队伍建设关系到乡村振兴战略的实施效果。在巩固拓展脱贫攻坚成果的基础上，做好乡村振兴这篇大文章，培育乡村治理人才是一个重要环节。因此，加快对乡村治理人才的培育，打造一支高质量的乡村治理人才队伍，是扩大乡村振兴主体力量的重要途径，也是基层实践的迫切需要。

（一）加强乡镇党政人才队伍建设

办好中国的事情，关键在党。党的农村基层组织是党在农村全部工作和战斗力的基础，全面领导乡镇、村的各类组织和各项工作。坚持党管农村工作、重视和加强农村基层党组织建设是党的优良传统。乡镇是我国最基层的政权组织，是我们党执政的基础层级。基层群众办理事务沟通接触最多的就是乡镇党政干部，乡镇干部是党在农村基层的执政骨干、联系群众的桥梁和纽带，他们的综合素养不但关乎基层的社会稳定，也直接影响国家政策在基层的贯彻落实，因此乡镇党政干部的个人能力、政治素养、行事风格显得尤为重要。

近年来，随着经济社会的快速发展，乡镇基层治理的强度和难度日益增大，乡镇党政机关对于人才的需求量也日益增多。目前，乡镇党政人才总体数量偏少，高学历党政干部人才储备不足，紧缺专业党政人才数量不足，党政人才供需比例失衡，混岗混编、人岗不匹配现象严重。基层工作纷繁复杂千头万绪，乡镇党政人才短缺的现状，给乡镇的日常行政管理活动带来严重的不利影响。因此，可以从以下几个方面加强乡镇党政人才队伍建设。

①拓宽来源渠道，优化干部队伍构成。始终保持按照编制员额及时补充人员的原则，特别强调县级机关不得以任何形式占用乡镇的编制名额，可以在全县范围内对乡镇的编制进行动态的管理和调配。同时，为了提升乡镇公务员招聘流程的效率，建议实施定期考试制度，形成省、市、县、乡四级联动的考试模式。对于特殊和紧缺的人才，也可以单独面向社会组织招聘或引进。对于那些招聘和留任困难的偏远乡镇，可以考虑适当降低他们的入职标准。对于那些满足专业安置要求的退役军人，可以以事业编制的方式安排其到乡村地区工作。应该拓宽乡镇领导干部的选拔范围，并重视从各企事业单位的领导中精挑细选符合岗位需求的乡镇领导干部。

②加强培养锻炼，提升综合履职能力。强化乡镇党政人才思想政治和作风建设培养，进一步提升乡镇党政干部的综合能力和

素质。在日常履职中，需要确立并完善与群众的紧密联系制度，不断强化其群众工作观念、增强其群众工作本领，并确保为群众提供服务的工作得到扎实的执行。为提升乡镇干部的能力和素质，应加大对教育和培训的投入，强调实际操作的训练。可以采取派遣或挂职的方式，使乡镇干部到上级政府部门或企事业单位进行学习与实践。同时，鼓励发达地区与欠发达地区间的干部互派，进行挂职交流，以此不断提高乡镇干部的专业技能和综合素养。进一步完善人才的流动策略，建立相互交流的平台，确保人才在多个岗位和部门之间轮岗，使广大的党政人才在有效流动中提升履职能力，为乡镇党政干部的人才队伍带来新的活力。

③严格管理监督，督促乡镇党政干部履职尽责。坚守严格管理监督的原则，严格执行工作、出勤、病假等相关管理规定；加大尽职履责监管力度，杜绝损害民众利益的行径发生；建立完善科学的考核机制，提高考核的科学性、针对性和实效性，严格控制对乡镇领导班子和领导干部的"一票否决"事项；为确保乡镇干部队伍的稳定性，乡镇党政正职原则上需要连续任职满一届，尽量减少领导班子成员任期内的调动或调整；科学合理设置新入职的乡镇公务员在乡镇行政机构的最短服务期限，确保队伍稳定。上级管理机构一般不允许临时调用乡镇干部，确因特殊工作需求短期借调，必须得到借调单位同级党委组织部门的同意，并明确借调的时间。

④强化激励保障，激发乡镇干部队伍活力。在选拔和提升乡镇及县级机关的党政领导职位时，应优先考虑具备乡镇工作经验的人员。为了更好地激励在乡镇长期服务的干部，应适当增加他

们的薪酬和福利，并深入研究如何将工资政策向乡镇干部倾斜。同时，重点提升乡镇干部的工作和生活条件，包括改善基础设施、关注他们的心理与身体健康、实行带薪休假制度等。对于经济困难的干部家庭，还应提供必要的物质和精神支持。同时，注重培养优秀乡镇干部的典范，引导和策划媒体和公众舆论对乡镇的党政领导进行公正、客观的评估与报道，从而在社会中形成尊敬、关注和支持乡镇党政领导的积极氛围。

（二）推动农村党组织带头人队伍整体优化提升

习近平总书记强调，办好农村的事，要靠好的带头人，靠一个好的基层党组织。[①]在乡村治理现代化的过程中，农村基层党组织带头人扮演着至关重要的角色。他们不仅是村级党组织的核心引领者，还是农村治理的关键支柱。这些带头人在带领和激励广大党员和民众投身乡村经济社会发展方面发挥了重要作用。增强这些带头人的能力，对于提升农村基层党组织在乡村治理中的领导力至关重要。在新时代背景下，农村基层党组织的领导团队必须始终遵循从优秀候选人中选拔优秀人才的准则，并从多个角度全面地评估潜在的候选人，严格从新时代农村党员队伍中选拔出"思想政治素质好、道德品行好、带富能力强、协调能力强，公道正派、廉洁自律，热心为群众服务"[②]的农村基层党组织领导班

---

① 习近平. 习近平著作选读：第二卷 [M]. 北京：人民出版社，2023：94.
② 新华社. 中共中央办公厅　国务院办公厅印发《关于加快推进乡村人才振兴的意见》［EB/OL］.（2021-02-23）［2024-04-17］. https://www.gov.cn/gongbao/content/2021/content_5591402.htm.

子成员。现阶段乡村两级职责多、手段少、负担重，但当前农村基层党组织带头人的政治能力和业务水平与乡村治理现代化提出的既要精党务又要懂经济、既要会管理又要善服务的新要求还有一定差距。新时代新征程，淬炼一支政治过硬、本领高强的农村"头雁"队伍，可以从以下几个方面来强化农村基层党组织带头人队伍建设。

①严格选拔标准。农村基层党组织带头人选任要严格用政治标准来衡量，既看政治能力更看德行品行，既看关键站位更看一贯表现，既看理论学习更看意识形态，才能真正选出政治强、能力强、发展快的可用人才；农村基层党组织带头人选任不能再简单地以年龄划线，在人才队伍设置上要充分考虑"梯次配备"，让各年龄层次的人才都尽其所能发挥作用；农村基层党组织带头人选任要根据个人的文化水平、能力本事找准岗位定位；农村基层党组织带头人选任还要考察群众认可度，根据群众评价来了解干部的群众口碑和工作实绩。总之，要坚持好中选优、优中选强的原则，严格资格审查标准，多用能干的、治乱的、敢创的人选。

②拓宽来源渠道。在村集体内部积极推进党员发展目标，特别是对村民小组长和致富能人等进行重点培训，以便将他们培养成为合格的党员；优先在熟悉本村实际的新型农业经营主体带头人、退役军人、退休干部、大学生村官、乡村医生和教师等人员中选择基层党组织带头人，也可以从外出务工经商人员、走出去的大学毕业生引回的党员人才中选拔；同时可以构建由第一书记、驻村帮扶干部、大学生村官、镇街包村干部、对口联系人和党建联建干部等组成的支援团队，以助力农村基层党组织带头人能力

提升。

③明确奖惩规则。将乡村治理的实际成效作为考核主要内容，力保考核评价的公平公正。实现多元化的评价体系，确保"能者上、庸者下、劣者汰"的晋升与淘汰制度，明确奖惩规则。引入多样的监督模式，包括上级的规范管理、同级的村务监督、社会组织与企业的参与以及村民自身的监督，以此避免农村熟人关系的干扰，增强监督效果。通过建立激励和约束的制度，创造积极的工作环境，激发农村基层党组织带头人的积极性，充分发挥他们在乡村振兴战略中的核心作用。

（三）持续实施"一村一名大学生"培育计划

2004年，教育部委托中央广播电视大学利用在全国建立起的完善的广播电视大学系统开展"一村一名大学生计划"（以下简称"一村一"）试点工作，开启为广大农村培养本土人才的探索。[1]2021年底教育部提出以人才振兴推动乡村全面振兴，要大力培养高素质农民，将"一村一"工程正式升级为"乡村振兴人才培养"工程。根据教育部的官方网站资料显示，到2021年12月为止，"一村一"项目已经在全国范围内成功招收了87万名农民大学生，[2]并已有55万名学生顺利毕业，同时也培育出了众多农村的实用技术人才和致富的领军人物。"一村一名大学生"培育计划

---

[1] 林梦泉，龚桢梽. 浅谈我国学位授权审核的发展历程、作用与经验［J］. 学位与研究生教育，2009（2）：6-11.

[2] 王佳伟，廖文梅，邹佳敏. 乡村振兴人才培养的研究热点领域与发展趋势——以"一村一名大学生"工程为例［J］. 江西广播电视大学学报，2022，24（4）：39-49.

是农村远程教育的典型代表，在十余年的发展历程中，取得了一定进展，为乡村培养了大批本土人才，为新农村建设作出重要贡献。在十余年发展中，"一村一名大学生"培育计划也遇到了诸多困境，深度发展遇到了瓶颈。

一是资金困境。在"一村一"计划实施过程中，中央广播电视大学等相关部门根据农民大学生的家庭经济情况，通过多种途径筹集资金，尽可能地将学生的学费降至最低水平。通过划拨专项资助经费，支持各地，特别是中西部欠发达地区开展"一村一"项目建设，有效促进了"一村一"政策的实施，取得了一定的成效。但随着经济社会的发展和相关形势的变化，尽管国家财政每年都投入一定的资金用于支持"一村一"建设和发展，也采取了相关措施来降低培养的学费，但对于偏远农村地区，尤其是经济条件较差的中西部地区的学生而言，学费仍然是一笔重大负担，这也在一定程度上影响了"一村一"招生的效果。

二是资源困境。广播电视大学长期专注于远程教育领域，积累了大量的远程教育教学资源。目前，国内有相当多的广播电视大学正在尝试建立以"一体型"为特征的远程开放教育网，但是这些网还没有真正发挥出它应有的作用。"一村一"项目是专为农村地区设计的远程教育项目。由于教育对象、专业设置和课程内容的特殊性，以往积累的大量远程教育资源很少能够直接被有效利用。因此，"一村一"的教学资源基本上是在资源匮乏的情况下，重新搭建而成的。随着经济社会的发展，村民为适应日新月异的变化，对知识和技能的需求更加多元化，但他们所需要掌握的技能与知识却难以及时获得。尽管当前的课程资源建设进展迅速，但"一村一"只是中央广播电视大学远程教育体系中的一种形式。由于其招生规模和在校学生数量的限制，它并不被视为主流的教育模式。在教师资源和资金支持方面都存在明显的不足，因此，目前开发的教学资源在多层次和多类型方面难以满足返乡创业的农民工日益增长的学习需求。

三是师资困境。自"一村一"项目启动以来，中央广播电视大学专门成立了一个办公室来负责该项目的管理和实施，同时也专门选派教师来负责"一村一"课程的管理和资源的建设工作。①各个省级的广播电视大学也都设立了对应的管理办公室，并选派了教师来负责"一村一"项目的实施。由于受经济条件限制，"一村一"学生学习时间长，对课程和教材依赖性强，在授课过程中遇到一些困难，影响教学效果。而且，"一村一"的招生规模相对较小，无法成为主导业务，同时教师资源也显得不够充足。这些人虽然有丰富的实践经验，但是缺乏专业理论知识。为了弥补这些不足，各地的广播电视大学都在积极采取措施，包括从学校和企业招募专家与技术人员。同时，他们还从农村地区邀请了当地专家、退休教师及担任村官的大学生，以兼任教师的身份参与教学工作。此外，由于国家对农村地区发展投入力度不够，使得部分高校在生源质量方面出现了下滑趋势，这也影响到了教师队伍建设的效果。由于缺乏适当的制度来保护兼职教师的权益，兼职教师队伍规模较小，稳定性不高，无法满足教学的需求。此外，随着乡村振兴战略的深入实施，政府对于高等教育在农村人才培

---

① 张小永，史永博，王慧茵. 乡村振兴背景下农村远程教育深度发展初探——以"一村一名大学生计划"为例 [J]. 陕西广播电视大学学报，2021，23（1）：5-8，12.

养中扮演重要角色的期望也日益增强，目前的教师团队已经难以满足新时代的需求。

面对这种现状，可从以下几个方面深入实施"一村一名大学生"培育计划，加快培养急需紧缺涉农专业人才。

①筹措流入资金，破解资金困境。资金问题是困扰农村远程教育发展的重大问题。城乡收入差距导致农村劳动力流失，在低收入的农村地区教育成本的投入是农民入学意愿低的主要原因。因此，各级广播电视大学可以在免除学员学费上下功夫，同时争取更多政府专项资金全额资助"一村一"学员，提高学员入学积极性。同时提倡多措并举筹集资金，如以社会责任感为驱动，积极引导企业入村，为解决远程教育资金困境出力，支持乡村经济社会发展。

②整合资源利用，破解师资困境。农村远程教育的发展在很大程度上受到师资短缺的制约。随着乡村振兴战略的深入实施和教育受众的持续增长，农村远程教育面临的师资问题变得越来越明显。必须通过多种途径来充实教师资源。近年来，移居城市工作、退休后回乡养老的人越来越多。他们往往具有一定的教育水平，其中很多人可能是专家、学者或技术人员，这些人群是农村远程教育可利用的宝贵教师资源。预计未来会有更多的城市居民选择迁移到农村进行养生和养老。在日常生活中，应该鼓励这部分人充分利用自身潜力，展现自身价值，可将他们纳入农村远程教育未来的重要教师资源。此外，要注意到资源共享不应仅限于课程资源，还应包括教师资源的共享。在国家倡导高等教育机构助力乡村振兴的背景下，越来越多的高等院校正计划向乡村成人

教育投入资源，与这些高校进行教师资源的共享能够有效缓解农村远程教育领域教师不足的问题。

③联合高校力量，破解资源困境。资源是远程教育的核心因素，其多样性和质量直接影响教学成果。特别是在农村地区，远程教育资源的发展由于资金和师资的限制而未能达到预期水平。但随着乡村振兴战略的深入实施，资金和教师问题正在逐渐解决，资源建设也在持续改善。随着国家要求高等教育机构积极参与乡村振兴，越来越多的高校将加入培养乡村人才的行列中。因此，"一村一"项目不应把高等教育机构当作竞争者，而是应视它们为合作伙伴。与这些机构携手合作，可以共同研发适用于农村地区的远程教育教学资源，并共享这些资源。这样的合作有助于促进农村人才的发展，为乡村振兴作出更大的贡献。

（四）加强农村社会工作人才队伍建设

社会工作人才是乡村治理人才的重要组成部分，是党和政府联系人民群众的桥梁纽带，也是创新社会基层治理的一支重要力量。加强社会工作人才队伍建设，对于解决社会矛盾和保持农村社会稳定有着重要作用。《中华人民共和国乡村振兴促进法》中明确规定，各级人民政府应当采取措施培育农业科技人才、经营管理人才、法律服务人才、社会工作人才，加强乡村文化人才队伍建设，培育乡村文化骨干力量。这是首次在法律文件中明确要求培养社会工作专业人员。《中共中央　国务院关于推进乡村全面振兴加快农业农村现代化的意见》中指出要"加强对农村留守儿童和妇女、老年人以及困境儿童的关爱服务"，从目前我国社会经济发展现状来看，由于城乡二元结构的存在以及农民自身素质的限制，导致了大量农村人口涌入城市务工经商，他们原本大多生活在偏远山区或者偏远地区，缺乏基本医疗条件。农村中的留守老人和留守儿童构成了农村社会工作的核心服务群体。以农村社会工作人才为抓手，做好"三留守"群体及困境儿童的关爱服务，有利于推进乡村全面振兴和农业农村现代化的步伐。《关于加快推进乡村人才振兴的意见》在"加快培养乡村治理人才"部分明确要求"加强农村社会工作人才队伍建设"。推动社会工作人才队伍高质量发展，提升基层社会治理和服务水平，可从以下几个方面入手。

①构建多样化的农村社会工作服务平台。鼓励社会工作人员到村任职和驻村工作，建立"村社联动"模式，引导更多的优秀社会工作者扎根基层社区参与村庄治理和公共服务供给；加快乡镇社会工作服务站的建设进程，提升政府购买服务力度，以便吸引更多专业的社会工作人才加入乡村建设；鼓励社会工作事务所等社会组织参与农村社会工作服务，强化对农村社会工作服务平台的管理和监控，建立并改进专业评估体系。引导专业社会工作人才和服务机构优化自身建设，以提高服务质量。此外，积极促进民办社会工作服务机构、社区服务组织、公益事业单位及公益慈善社会组织的成长，通过实施各类项目，增强农村地区的服务供给。

②完善多样化的农村社会工作人才培训模式。通过建立专门的农民社区工作委员会、成立专门性农民社会工作小组等方式加强农村社会工作人才队伍建设。依靠条件成熟的综合性大学、涉

农高校和社会服务机构，为直接参与社会服务的工作人员提供规模化、系统化的社会工作基础理论、专业知识和方法技能培训，以提升他们的职业素养和专业能力。建立面向农村社会工作专业人才培养的培训基地，进一步完善职业教育的结构，改革社会工作专业的人才培养方式，提高农村实地实践教学在培训体系尤其是社会工作专业教育中的份额，注重专业知识与农村社会工作实际操作的融合。建立以学生为中心的"导师制"教师团队，加强与校外组织合作，共同推进社会工作职业化建设，通过增设农村社区实习基地，充分利用综合高校和涉农高校社工专业大学生的人力资源优势，来提高农村社会工作的专业性和持续性。建立"政府主导"与"市场驱动"相结合的新型农村社会工作者培育机制，鼓励社会力量参与农村社区服务，加速培育具备顶尖的创新能力、综合应用能力和实用技能的农村社会工作人员。

③吸引多样化的农村社会工作人才服务乡村。通过引进高端专业人才和开发优秀本土人才资源的结合，促进农村人力资源向高层次转移与优化配置；鼓励城市医生、教育工作者、科技专业人员和文化领域的工作者等高素质的专业人士定期为乡村提供服务；完善企事业单位人员和退休干部下乡服务乡村的工作机制，并确保下乡服务人员在职称评定、薪酬福利以及社会保险等方面的利益。

（五）加强农村经营管理人才队伍建设

农村经营管理人才是指能够适应现代农业产业化和新农村建设的需求，有理想、懂技术、会管理、会经营，能够将土地、资本、技术、信息等生产要素整合在一起，为社会提供产品和服务，在农村经济发展中起到领导作用，能够推动本区域农村经济发展，稳定农村环境的人才。[①] 目前，随着社会主义市场经济体制改革的不断深入，需要提高农村经营管理水平，来适应农村经营管理工作的新要求。农村经营管理人才的培养，不仅关系到农业经营的每一个环节，而且与我国的农业进步紧密相连。换句话说，农村经营管理人员的能力和素质直接影响了农业经营管理的实施效果。

目前，我国农业产业发展不再单纯是传统农副产品的生产，而是呈现出多元化、现代化的发展特征，农业生产经营方式也发生了改变，电子商务、物流配送等新兴事物，加大了农村经营管理人才的需求。因此如何加强农业经营管理人才队伍建设成为我国当前农村经营管理过程中的一个问题。在当前阶段，农业经营管理专业人才队伍建设仍然面临一些困境。一是农业经营管理人才队伍发展不足，农业经营管理工作仍然面临着许多问题和挑战。在我国经济社会持续发展的背景之下，农业经营管理领域相较以往取得了显著的发展，但管理基础仍较为薄弱，部分传统农业地区的农业经营管理水平落后于时代要求。随着我国推进乡村全面振兴的深入实施，现有农业经营管理模式已经难以满足农村建设需求；我国农业经营管理人才的培养方式过于单一且落后，高水平、创新型农业经营管理领域专业人才相对短缺，难以应对新形势下对高素质、多能型农业经营管理人才的迫切需求，影响了农业经营管理的效率。二是受传统农业经济思想影响，部分农业经

---

① 孙增兵. 农村经营管理人才培养模式构建途径浅析 [J]. 南方农业，2020，14（27）：160−161.

营管理人才对农业经营管理认识不足。在传统认知理念里，农业被认为是一项简单且容易被人们接受的工作，因此一部分人不愿意投入大量的时间和精力来从事这项工作；部分农业经营管理人才未能准确地理解和认识新时代农业经营管理工作的内容，导致工作能效低下。加之部分地区片面追求商业化的经济发展模式，影响了农业管理的效率和质量。

完善农村经营管理人才队伍建设，不仅能从根本上提高农村经营管理的效率，同时还能促进农业经营的发展，推动我国社会的发展及经济水平的提高。[①] 对此，可从以下几个方面完善农村经营管理人才队伍建设。

①强化农村经营管理人才队伍建设政策引导。为满足推进乡村全面振兴和现代农业发展的需求，应从国家层面加强政策指导并制定相应的规划来建设农业经营管理人才队伍；以政策为导向，充分发挥政府在促进农业经营管理人力资源开发中的导向作用；鼓励和引导不同地区、部门以及农业企业和机构增加对农业人才资源开发的投资；根据农业行业的特殊性和各地区的具体情况，制定优惠政策，巩固农业经营管理人才队伍并激发他们的工作热情和创新能力。

②构建农村经营管理人才队伍培养体系。制定科学完善的农村经营管理人才培养体系，对农业经营管理人才进行有计划、有目标、有层次、有措施的系统培养；坚持需求导向，结合我国农业市场的实际发展需要，对农业经营管理人才开展针对性培训；

---

① 夏永林，叶超. 关于实验技术人员的作用与培养的再思考 [J]. 实验技术与管理，2005（9）：78-81.

强化资金扶持，增加对培训的财政支持，有效加强农业经营管理团队的建设，确保农业经营管理工作的高效运转。

③提升农村经营管理人才团队建设能力。农村经营管理人才团队的能力在农业经营管理过程中是决定管理活动质量的关键，也是确保管理活动顺利开展的核心要素。要加强农村经营管理人才团队建设，积极引导农村经营管理人才抱团服务，形成合力，更好地提升农村经营管理的质效。引导管理人员在团队建设中正确认识工作职责、端正工作态度、增强解决问题的能力，促使农村经营管理人员整合最新科技成果，不断提升和革新自身的管理技术，从而在根本上提高农业经营管理人才团队的整体素质。

④建立贯通的农村经营管理人才信息网络。整合资源共享，建立综合数据库，传递农村经济法规、农业经济政策、农民专业合作经济组织等信息，发布农村经济信息和农产品供求等信息，为农村经济管理人才提供服务；相关政府机构应努力完善发展农村经营管理人才信息网络，创建多样化的农村经营管理人才数据库，建立农村经营管理人才信息服务平台，以便为农业领域的机构和个人提供全方位的信息服务，优化农村经营管理人才队伍的成长环境。

（六）加强农村法律人才队伍建设

农村法律人才是构建法治乡村、实现乡村治理现代化的重要保障。作为传统的农业大国，我国农村人口众多。随着农村经济社会发展，农民在生产生活中对法律服务的需求日益增加，如土地承包与流转、农地补偿、农产品质量问题、乡村环境污染，以及农民在婚姻、邻里和财产方面的纠纷，这些问题都迫切需要专业法律人士的指导和帮助。农业的繁荣与发展，离不开先进的农业法律，农村法律人才的培养关系到我国农业的健康发展、农民权益保障、农村地区社会秩序的稳定。然而，乡村法律人才的缺乏一直是困扰农村地区经济社会发展和有效治理的一大难题。农村法律专业人才对于农村法治化进程至关重要，没有充足的农村法律人才供给，农村地区的法治化工作就难以及时、有效地进行；没有足够的农村法律人才的支持，依法治国的轨道就不能行稳致远，法治国家建设的"最后一公里"就不能全面覆盖，进而影响农民对法律的信任。因此，在推进乡村全面振兴背景之下，强化农村法律人才队伍的建设对于推动农村法治建设具有极其重要的现实意义。

目前我国农村法律人才队伍建设的困境主要有：农村法律人才知识结构不合理，缺少涉农相关的专业法律知识，在解决现实问题时操作能力欠缺；现有农村法律人才服务农村的意愿不强，其数量无法满足农民群众的实际需要，难以形成有效的和系统的法律服务体系；农村法律服务人员办公条件差、报酬低，医疗、子女教育、娱乐等方面均受到极大的限制，导致人才留不住；农民法律知识缺失、法律意识淡薄，给农村法律工作者的工作带来极大的困难；农村法律工作者在工作过程中时常遭到农民的误解和不配合，导致他们对于农村法律服务工作的热情受挫。加快农村法律人才培养可以从以下几个方面入手。

①加强农业法律研究。要培养农村法律人才，拥有高素质的师资至关重要，要鼓励高校法学教师通过多种途径积极参与农业

法律的研究工作，进而培养更多的农村法律人才。可以通过设立农业法律专项科研基金，激发法学教师从事农业法律问题研究的兴趣；积极搭建研讨平台，加强学术性农业法学会的建设，增加农业法教师的学术交流机会。

②进行"订单式"农村法律人才培养。发挥涉农院校特有优势，增设农科和法律交叉的农业法律学科，其相关课程设置要具有"三农"特色并凸显技术性和实践性。教学内容不仅包括专业的法学知识，还特别强调农业领域的技术标准和技术规范，以及国家法律未强制执行的相关标准和规范；课程设计注重实践教学环节，培养学生对实际操作的理解；重视国际农业法律方面的内容，培育具备国际视野的专业人才，以应对农业领域国际合作与对外开放中所面临的新挑战。

③强化农业法律学习兴趣培养。为了激发学生对学习农业法律的热情，可以设立农业法律专项奖学金，通过经济上的激励措施，提高学生学习农业法律的兴趣；对于有志于在农村地区专注于农业法律事务的学生，可以考虑在司法考试的通过分数线上给予一定的倾斜，以此增强法学专业学生学习农业法律的积极性；关注农业法律专业毕业生的就业方向，确保农村地区的法律人才引进政策得以有效实施；在引进法律人才到农村地区时，应当明确他们的服务期限，以保证这些专业人员能够有效地完成他们的职责。

④提高村干部的法律素养。建立农村法治管理体系除引入外部法律专家外，还应提升村干部的法律意识和能力，对外来专家难以准确评判的乡村特定问题，用熟悉本地情况具有丰富的实践

经验的村干部来解决；对村干部进行法律培训，提高其处理纷争能力和确保决策公正性。通过增强村干部的法律知识储备，不断提升其综合素养，强化其治理能力，有效化解农村的矛盾和纠纷，进一步优化农村法治体系。

五、农业农村科技人才

农业农村科技人才队伍建设是提升我国农业生产水平和农村经济发展水平的重要途径，作为乡村振兴人才的重要组成部分，农业农村科技工作者在推动乡村全面振兴和加速农业农村的现代化进程中发挥了重要作用。近年来，我国的农业农村现代化发展飞速，进入了一个以提高质量和效率、实现转型升级为标志的新阶段。在当前的经济发展新常态下，要持续改善农业农村的发展态势，关键在于依靠科技力量进行创新，而人才是科技创新的驱动力，只有将人才发展置于科技创新的首位，才能为农业农村现代化的持续发展提供新的动力源泉。

多年来，党中央、国务院高度重视农业农村科技人才。习近平总书记多次强调，人才是创新的第一资源。加速新时代农业农村科技人才的培养和建设，为乡村振兴战略提供必要的人才和智力支持，是我们当前面临的一项紧迫任务。党的十八大以来，我国深入实施人才强国战略，不断夯实现代农业产业技术基础，通过实施农业农村科技人才培育计划，并制定全面的培训、吸引和利用人才措施，显著加快了农业科技的发展速度，为中国农业实现历史性跨越打下了坚实的基础。到 2021 年底，我国的农业科研机构共有科研人员 7.23 万名，其中农业领域的新晋两院院士有 46人，并且有 234 项研究成果荣获了国家自然科学奖、技术发明奖和科学技术进步奖。[①] 目前，我国已成功打造了一个层次清晰、结构合理的农业农村科技人才体系。这一体系涵盖了战略级的农业科学家、领先的农业科技人物、年轻的农业科技专家，以及在农业领域中表现卓越的工程师。[②] 广大农业科技工作者在从技术难题突破到高端技术应用的整个过程中，为农业农村的发展提供了关键支持，他们的技术成果相互补充，形成了一个涵盖农业及农村各个方面的综合科技网络；广大农业科技工作者围绕农业农村发展，把论文写在大地上、把成果送进亿万农民家，为实现农业稳产增产、促进农民持续增收、打赢脱贫攻坚战和推动乡村建设作出了重要贡献。推进乡村全面振兴，须持续不断培养农业农村科技人才。

（一）培养农业农村高科技领军人才，引导农业企业创新发展

农业农村高科技领军人才是支撑引领农业高水平科技自立自强的主力军。在现代农业科技发展的过程中，高科技领军人才不仅是农业关键核心技术攻关和重大风险防控领域的主力，还是支持农业增长和领导创新团队的关键力量。农业农村高科技领军人才通过发布具有影响力的研究成果、引导学科研究的方向、攻克关键技术难题以及提供高级智力支持，在促进科技进步和农业持

---

① 乡村人才　振兴热土引人才扎根生长 [J]. 农村工作通讯，2022（20）：32.
② 李浩 . 上可高耸入云　下能植根大地——农业科技人才建设实现连天接地全面覆盖 [N]. 农民日报，2022-08-15（1）.

续发展方面发挥了重要作用。近年来，我国在农业领域取得的一系列研究成果不少已居世界前列，但与其他农业强国相比较，我国在一些技术关键领域仍存在"卡点"，科技与经济发展存在"两张皮"问题，农业产业创新活力不强、创新链条不完整；农业农村科技领军人才总量偏少，整体人才结构不合理，技术专业领域和人才地域分布不均衡现象严重，使得农业科技创新领域的研产推不够贯通，农业农村科技创新"基础"仍显薄弱。要培养能够应对农业科技重大挑战、担当科技创新重大使命的农业农村高科技领军人才，可采取以下措施：

①多措并举加强农业农村高科技领军人才队伍建设。启动高端科技人才的引进项目，以加速培养一系列农村高科技领域的领军人才和专业团队。优先支持国家农业和农村领域的重大人才工程和人才专项；鼓励各地执行农业和农村领域的"引才计划"来培养农业和农村科研的杰出人才；通过利用重大科研专项、主要学科和研发基地等多种平台，积极地吸引在农业科技关键或急需领域有显著贡献和创新成果的海外高水平科技人才，以加速培养一批农村高科技领军人才和团队；遵循人才投资优先保障的策略，持续增加对人才的投资，努力筹措人才资金，以确保有足够的资金用于人才引进和人才发展项目。

②营造有利于农业农村科技领军人才成长的环境。强化对科技领军人才在精神和文化方面的培养和建设；强化对科技领军人才在理想信仰、道德品质、科学修养、个人魅力以及综合能力方面的培育和塑造；加强对科技领军人才的宣传，确立他们和科技团队的品牌形象，努力创造一个科学、民主、开放且协同合作的

创新氛围，从而营造出一个"想干事、能干事、干成事、不出事、能共事"的积极工作环境。

③构建并优化农业科技领军人才的激励机制。完善分配机制，更好地体现人才的知识和价值，可以为农业科技领军人才提供专项津贴、生活和医疗保障，使他们能够全心全意地投入科研工作中；加强对那些在农业科技领域作出显著贡献、实现重大突破、取得卓越成就，以及在技术创新和科技成果转化方面有突出贡献的领军人才的奖励制度建设。

（二）培养农业农村科技创新人才，推动农业科技进步

农业农村科技创新是保障国家粮食安全、加快建设农业强国的根本保障和基础支撑。近年来，科技创新已成为农业农村经济增长的重要驱动力。各地区各部门强化农业科技支撑，着力推动关键核心技术攻关，农业科技进步贡献率超过63%，为农业高质量发展提供强劲动能。[1] 目前，我国的农业科技水平已经达到了国际领先水平，主要农作物的优良品种已经实现了全面覆盖，农业的发展在质量、收益和竞争能力上都有所增强，自主选育的品种面积也超过了95%。[2] 我国在农业科技创新方面取得的显著成就，与党和国家对农业科技创新领域的高度重视和持续投入的资金支持密切相关，当然也离不开农业农村科技人员的积极贡献。我国

---

[1] 常钦. 科技助力，农业发展更有活力［N］. 人民日报，2024-02-22（11）.
[2] 徐婕，于巧玲，胡林元. 乡村振兴背景下我国科技工作者当前的使命与挑战［J］. 科技中国，2023（5）：30-34.

已经构建了一个从国家层面到各个省、市、县的农业科技创新团队。截至 2021 年，我国农业科研机构拥有科研人员 7.23 万名，此外，有 575 万名农业技能人员取得了国家职业资格证书，专业从事农技推广服务的人员也超过了 50 万名，自党的十八大以后，全国已经累计派遣了 28.98 万名科技特派员。[①]

目前，我国农业科研机构科研人员总数整体偏少，且农业科技创新人才特别是高端农业科技创新人才基本上都集中在层级较高的农业高校或科研院所，"居高不下"问题相对突出。我国农业农村科技创新人才培养还存在政策保障机制不健全、创业创新平台存在短板、人才培养供需不契合等问题。培养掌握先进生产力、创造先进生产力的农村科技创新人才可从以下几个方面着手。

①发挥高校主体作用，大力培养农业农村科技创新人才。深化学校内部教育改革，培养推进乡村全面振兴需要的创新型人才。依托高等农业院校，认真研究"三农"建设对农业农村科技创新人才培养的新要求，根据农村工作实际，制定发布涉农专业和乡村振兴急需人才清单，完善涉农职业目录，深化教育改革、优化专业课程设置，真正培养出下得去、留得住、用得上、干得好的服务农村经济发展的农业农村科技创新人才。

②充分利用农村现有人才资源，大力培养农村科技创新骨干。农村基层干部作为党的基层组织建设的重要组成部分，是党领导

---

① 徐婕，于巧玲，胡林元. 乡村振兴背景下我国科技工作者当前的使命与挑战 [J]. 科技中国，2023（5）：30-34.

农村工作的桥梁和纽带。① 充分发挥涉农高校在培养新农村人才战略中在人才培养和技术方面的优势，通过资源的引进和输出，培养一批政治素养高、能真正引领农民致富的农村干部。持续优化驻村工作队人员结构，充实选派驻村力量，第一书记明确自身工作职责并根据驻地实际和村办企业发展情况开展农业科技创新人才培养工作。

③完善激励机制，强化农业农村科技创新人才服务保障。有条件地区可设置引进人才津贴、优惠落户政策、支持参与技术入股村办企业等。统筹考虑农业农村科技创新人才在职称聘任及晋升方面的需求，认可他们参与科技扶贫、科技服务农村等公益性社会服务活动的工作量。健全农业农村科研立项、成果评价、成果转化机制，完善科技人员兼职兼薪、分享股权期权、领办创办企业、成果权益分配等激励办法。加强对农业农村科技创新人才的职业评估。加大对涉农技术培训补助力度，可通过技能比赛等形式提高农业农村科技创新人才的培训积极性。

④强化平台建设，促进农业农村科技创新人才培养的有效结合。依托现代农业产业技术体系、农业科技创新联盟、现代农业产业科技创新中心等平台，发现人才、培育人才、凝聚人才，加强农业企业科技人才培养。依托科技小院等平台，有序引导科技创新人才返乡入乡创业。不断优化和实施涉农专业学生的学费优惠政策，提供奖助学金，鼓励吸引优秀毕业生到农村工作，明确在农村地区服务一定年限的优秀毕业生可以减免助学贷款，实现

---

① 龙健飞，常慕佳，曹卢波. 高等农业院校在新农村人才战略中的作用与实现途径[J]. 教育与职业，2009（3）：30-34.

政策引导、专业选择、就业服务的贯通连接，为农村经济社会发展培养更多的农业农村科技创新人才。

（三）培养农业农村科技推广人才，推进科技兴农

农业科技推广人才是推动农业科技发展的主力军。当前农村经济发展需要大量专业人才来推广科技创新成果以及新兴技术的应用，指导农业生产、传授农业技术和操作经验、利用新媒体等手段加强技术交流互动，多渠道帮助解决农业生产和科技成果转化。农业农村科技推广人员是"科技兴农"计划的先锋和核心力量，他们作为连接农业科技与我国数以亿计的分散农民之间的纽带，有责任将前沿的科技成果传递给这些分散的农业生产者，从而获得经济回报。[①]

当前我国农业农村科技推广人才培养存在的问题主要有：农业科技推广经费投入不足，基础设施建设落后、培训资金缺乏；农业科技推广人才培养顶层设计有偏差，培养体系不完善，涉农专业人才培养目标定位与地方经济发展定位不匹配，涉农专业社会认可度相对较低，人才供给无法满足社会需求；人才培养理念未与时俱进、培训方式单一、培训过程缺乏有效协调；现有基层农业农村科技推广人员普遍高龄化、知识固化，他们的服务领域目前多限于传统的人工栽培、养殖等方面，其现有的知识储备和技能水平难以解决新出现的新农业技术或个性化的农技问题。尤其是面对近年来日益壮大的新型农业经营主体对农业科技服务提

---

① 周德锋. 乡村振兴战略背景下基层农业技术推广人才培养存在的问题及策略探讨[J]. 农村实用技术，2021（12）：32-33.

出的专业化、多样化的技术需求，农业农村科技推广人才的缺口愈加凸显。因此，可以从以下几个方面加强农业农村科技推广人才的培育。

①有的放矢培养农业农村科技推广人才。找准农林院校农业领域专业技术人员的培养方向，集中培养复合型、实用技能型人才；扩大地方涉农高职院校政策定向培养规模，做到应培尽培；鼓励和支持社会各方面根据《中华人民共和国农业技术推广法》提供教育培训、技术支持、创业指导等服务[①]；建立进阶培养机制，满足农业农村科技推广人才的知识更新需求；制定合理培训计划，对本地区农业农村科技推广人才实行技术轮训；为农业科技推广技术骨干提供外出进修机会，加强系统培训；将现代农业发展理念融入农业农村科技推广人才培养过程，打破传统农业的局限，培养具有创新能力、前瞻性和国际视野的农业农村科技推广人才。

②创新农业农村科技推广人才培养模式。引导农林院校教师深入农村，立足于农业农村实际情况开展教学和科研；在实践教学环节，要因地制宜开展现场教学；开设专项培训班，如由农机服务公司开展面向种植大户的分层次农业技术人员培训，面向农民推广的农机具要轻便实用、省工省力、维修方便，满足新型农业经营主体的多层次需求，提升其可持续发展能力。引导农业农村科技推广人员在以基层为导向开展农业科技推广工作的过程中，充分发挥现代技术的优势，改变原有的知识传输方式，通过信息化技术的使用精准提供服务。推行责任明确、包村包户的推广员

---

① 马建富，李芷璇. 乡村振兴背景下农村职业教育的价值取向与改革框架［J］. 职业技术教育，2020，41（33）：7-14.

制度，将农业科技推广工作落实到户，实现更加精准的指导。还可充分利用互联网技术，使人们足不出户地通过互联网了解农业技术，让互联网技术沿着特有的信息高速公路将农业技术传递给农民、服务于农民。

③激发农业农村科技推广人才工作热情。通过将赏罚分明的奖惩机制落到实处，对取得突出成绩的农业技术推广人员的突出表现表示认可、进行奖励，对渎职的农技推广人员进行惩罚，将物质与精神激励统一起来充分激发农技推广人员的工作热情。在将现行政策落到实处的同时，进一步制定完善科学的激励制度，不断提升农技推广人员的工作积极性。及时公布赏罚标准，并将标准贯穿考评的全过程和各方面，让农业科技人员在公平的环境下，迸发更多的激情和热情。鼓励和支持各级涉农主体广泛参与，加强组织内部的管理和监督，并增加资金支持。创新激励策略，优化农业技术推广人员的工作环境。积极地倡导和支持包括农业科研机构、教育机构、公益性推广机构、涉农企业、农民合作社以及新型农业经营主体等在内的多元化参与者共同参与。此外，还可鼓励各级人民政府购买专业化和标准化的农业科技推广服务项目。

（四）发展壮大科技特派员队伍，激发农村创新创业动能

科技特派员制度是习近平总书记在福建工作时亲自深入总结、大力倡导推动的一项具有开创性意义的农村工作新机制。党的十八大以来，约79万名科技特派员奔赴脱贫攻坚第一线，他们穿梭山林、躬耕田野，实现了对全国近10万个建档立卡贫困村科技

服务和创业带动全覆盖。[①]2021 年 3 月，习近平总书记在福建考察时指出："要深入推进科技特派员制度，让广大科技特派员把论文写在田野大地上。"[②] 自 2012 年开始，科技特派员的各项工作已多次被纳入中央一号文件中。2016 年，国务院发布了《关于深入推行科技特派员制度的若干意见》，首次从国家层面对科技特派员的工作进行了制度性的安排。科技特派员团队规模的持续扩大，为农村的经济增长注入了新的活力，为农业生产提供了科学的方向，为全面建设社会主义现代化国家和持续推进乡村全面振兴提供了坚实的科技后盾。

目前科技特派员工作新面临的问题与挑战主要有：缺乏专项经费支持，没有国家层面的科技特派员服务专项经费，一些人才项目或其他研发项目研发支持经费额度有限且使用限制较大，对科技特派员工作的激励力度不够；基层科技特派员管理机构不健全，职责不明确，科技特派员选聘、待遇、人员管理机制等缺乏统一有效的管理标准，使得科技特派员工作难以得到合理的评价和认定，职称评审和晋升政策难以落地；农业科技特派员提供的农业技术服务与市场需求不匹配，无法满足农业新型经营主体的实际需求等。在新阶段，可以从以下几个方面发展壮大科技特派员队伍。

---

① 人民网．总书记叮嘱"把论文写在田野大地上"［EB/OL］．（2022-12-22）［2024-04-17］．http://cpc.people.com.cn/n1/2022/1222/c64387-32591447.html．

② 新华网．习近平在福建考察时强调　在服务和融入新发展格局上展现更大作为　奋力谱写全面建设社会主义现代化国家福建篇章［EB/OL］．（2021-03-25）［2024-04-17］．http://www.xinhuanet.com/politics/leaders/2021-03/25/c_1127254519.htm．

①优化数字信息配置人员，确保供需对接匹配。充分运用现代信息科技，并根据农村的实际发展情况，最大化地使用大数据来配置农业科技特派员，确保农业科技特派员的供需能够顺利对接。在此基础上，增加经费的投入和项目经费的比重，强化高质量农业科技特派员的培训，并优化科技特派员团队结构。严格把关，加大选派力度，争取做到科技特派员全方位全领域覆盖；扩大选任专业范围，不仅限于农业相关专业，以多学科人才合作推动农村一二三产业融合，打破地域限制，实现不同区域人才优势互补。

②夯实科技特派员培训平台，健全科技特派员培训制度。建设科技特派员培训基地，构建层次分明的科技特派员培训网络；引导农业龙头企业等发挥自身优势为科技特派员培训提供有利条件，提高科技特派员观摩见习效率；利用科技特派员网络培训平台，共享科技振兴乡村的信息、经验，开展农业相关的职业技术教育。严格选聘科技特派员培训导师，选聘既有丰富的乡村服务实践经验又有深厚理论功底、善于讲授的导师；培训内容要基于乡村长远发展大计，突出绿色发展主题，除生产技术培训外，也要强化现代企业管理、农村电子商务、市场营销策略等知识的教育和相关法规政策讲解；鼓励高等院校、各类职业教育培训机构等社会力量积极参与开展培训。

③强化管理与服务保障，调动农村科技特派员积极性。加强基层党组织建设，为科技特派员提供服务保障；健全常态化资金投入制度，激发科技特派员开展创业技术服务的积极性；积极探

索创新政策，优化考评体系、保障工资收入，保持科技特派员干事创业的闯劲；善抓典型，加强宣传，以优秀科技特派员的事迹激发一线科技特派员的斗志。加强区域交流，推动不同区域科技特派员之间的合作，联合多方创新力量，推动创新资源导入，塑造创新创业新优势；推动科技特派员派出单位与驻地单位之间的合作，充分利用企业、高校、科研院所等派出单位的技术优势，结合驻地单位的实践便利条件，在促进科技成果转化的同时增强农村创新创业动能；推动科技特派员以技术、信息、管理等方式参与村集体组织的生产分配，形成利益共同体，加快农村市场化建设，实现互利共赢。

第五章
充分发挥多元主体在乡村人才培养中的作用

　　《关于加快推进乡村人才振兴的意见》（中办发〔2021〕9号）指出，坚持多元主体、分工配合。推动政府、培训机构、企业等发挥各自优势，共同参与乡村人才培养，解决制约乡村人才振兴的问题，形成工作合力。[①]乡村人才培养的主体多元化，涉及面广，包括高等教育、面向农村的职业教育、各级党校（行政学院），以及农业广播电视学校等培训机构、企业等。在乡村人才培养的过程中，不同主体具有不同优势，也存在各自的短板，必须通过政策制定、投入带动、管理创新等，充分调动不同主体参与乡村人才培养的主动性、积极性，形成不同主体优势互补、多元主体协同推进的乡村人才培养体系新格局，以乡村人才培养的工作合力推动实现乡村全面振兴。

[①] 新华社. 中共中央办公厅　国务院办公厅印发《关于加快推进乡村人才振兴的意见》[EB/OL].（2021-02-23）[2024-04-17]. https://www.gov.cn/zhengce/2021-02/23/content_5588496.htm.

一、完善高等教育人才培养体系

高等教育是我国教育体系的重要组成部分，承担着为推动乡村全面振兴培养各类人才的职责使命。高等教育源源不断地为乡村输送人才，是保持乡村人力资本存量持续增长的关键一环，其在激发乡村活力，促进乡村产业兴旺方面发挥了重要作用。党的二十大报告提出了加快建设教育强国的战略目标和加快建设高质量教育体系的具体要求。2024 年《中共中央　国务院关于学习运用"千村示范、万村整治"工程经验　有力有效推进乡村全面振兴的意见》中指出，要加强高等教育新农科建设，加快培养农林水利类紧缺专业人才。发挥普通高校、职业院校、农业广播电视学校等作用，提高农民教育培训实效。推广科技小院模式，鼓励科研院所、高校专家服务农业农村。[①] 高等教育体系中与"三农"关联最为紧密的是高等农业教育，农业农村部、教育部、财政部、人力资源社会保障部等有关部门高度重视农科人才队伍建设和高等农业教育发展，采取了诸如加强涉农高校耕读教育、改造提升现有涉农专业、建设一批新兴涉农专业、拓宽农业传统学科专业边界等一系列措施。

受我国城乡二元结构的影响，高等教育在服务乡村振兴过程中的优势作用还未能完全发挥，主要表现在：涉农学科的专业体

[①] 新华社. 中共中央　国务院关于学习运用"千村示范、万村整治"工程经验有力有效推进乡村全面振兴的意见 [EB/OL]. （2024-02-03）[2024-04-17]. https://www.xuexi.cn/lgpage/detail/index.html?id=2814303291263977719&amp；item_id=2814303291263977719.

系设置不能完全满足农业新产业新业态的发展需求、对乡村全面振兴前瞻性布局不够，导致农科人才的培养出现供需矛盾；涉农学科人才培养模式创新力度不足，耕读文明教育、"三农"情怀培养、生态文明思想教育仍需强化；知识结构体系更新较慢，协同育人机制不够完善，农科人才实践创新能力较弱；毕业生就业方向选择有"离农"倾向等方面。因此，可以从以下方面加强高等教育涉农人才培养，推动更多优秀农科毕业生到广袤乡村建功立业。

（一）科学构建涉农高校教育新范式

2019 年，全国 50 多所涉农高校的 100 多位书记校长和农林专家给习近平总书记写信，汇报了在浙江安吉围绕新时代农林学科建设开展研讨的情况。习近平总书记在回信中指出"中国现代化离不开农业农村现代化，农业农村现代化关键在科技、在人才。新时代，农村是充满希望的田野，是干事创业的广阔舞台，我国高等农林教育大有可为。希望你们继续以立德树人为根本，以强农兴农为己任，拿出更多科技成果，培养更多知农爱农新型人才，为推进农业农村现代化、确保国家粮食安全、提高亿万农民生活水平和思想道德素质、促进山水林田湖草系统治理，为打赢脱贫攻坚战、推进乡村全面振兴不断作出新的更大的贡献"。① 这为涉农高校办学指明了方向。

---

① 新华网. 习近平回信寄语全国涉农高校广大师生：以立德树人为根本　以强农兴农为己任［EB/OL］.（2019-09-06）［2024-04-17］. https://www.xuexi.cn/lgpage/detail/index.html?id=4740811454114011217.

①融合教育内容，实现传统性、时代性、科技性相通。涉农高校要广泛开展耕读教育，打造既有传统文化厚度又有时代特征、实用科技的综合性耕读教育内容体系，促进涉农高校学生知识、素养、情怀提升。在专业教学内容中融合优秀农耕文化、农业新业态新技术、贯穿马克思主义劳动观的课程思政教育，潜移默化地提升学生"三农"情怀。

②统筹教育方式，促进通识课、专业课、实践课互补。涉农高校在课程设置上要注重理论课程、实践课程和通识课程的相互融合。其中，理论课程要强调学理性，主要以农耕文化的讲授和农业现代技术为主要内容；实践课程应强调操作性，充分利用实习实训、"三下乡"、创新创业等多种实践教学资源，让师生充分参与到春耕秋收等常规劳作中，做到学以致用，在劳动中建立对农事的情感认同。

（二）全面加强涉农高校耕读教育

2021年，中央一号文件以文件形式明确提出"开展耕读教育"，同年教育部印发的《加强和改进涉农高校耕读教育工作方案》（教高函〔2021〕10号），就如何开展耕读教育作出了总体部署。涉农高校耕读教育是涉农高校探索高等农业教育"中国模式"的新方向。2021年教育部印发《加强和改进涉农高校耕读教育工作方案》（教高函〔2021〕10号），建成59门耕读教育相关国家级一流课程，编写出版《耕读教育十讲》等新农科新形态教材，指导推动 53 所涉农高校，建成 325 个耕读教育实践基地。[①]构建新时代耕读教育体系，推进高等农林教育创新发展，可侧重于：加大涉农高校耕读教育课程设置，开设耕读教育必修课程，推动具有鲜明耕读教育特征、理论与实践结合紧密的优秀课程建设，打磨耕读精品课程体系；推动耕读教育教材与课程一体化建设，充分发挥教材在课程建设中的关键作用，大力推动耕读教育优质教材编写，加大对已有优质教材的选用和推广力度，以耕读教育系列教材立项为抓手，共建共享校际优质课程与教材；打造耕读教育实践基地，创新耕读教育实践模式，鼓励涉农高校利用自身学科特色和办学优势来制订耕读教育方案，使耕读教育实践基地的品牌化建设既具有鲜明地域特征又具有独特的学科特色。

（三）持续推动涉农人才订单定向培养

教育部、农业农村部等四部门联合印发的《关于加快新农科建设　推进高等农林教育创新发展的意见》（教高厅〔2022〕1 号）明确提出，鼓励校地合作，探索推进涉农专业订单定向人才培养计划，实施"入学有编、毕业有岗"改革试点。科学引导综合性高校以前沿、基础农学研究为主设置涉农学科，基本目的是培养高端人才和产出高端创新性成果，聚焦重大项目、平台和成果，避免与地方农林院校争夺有限的办学资源和生存空间。

---

① 农业农村部网. 对十四届全国人大一次会议第 0210 号建议的答复摘要［EB/OL］.（2023-09-14）［2024-04-17］. http：//www.moa.gov.cn/govpublic/KJJYS/202309/t20230918_6436623.htm.

二、加快发展面向农村的职业教育

习近平总书记在 2021 年全国职业教育大会上指示强调，在全面建设社会主义现代化国家新征程中，职业教育前途广阔、大有可为。① 职业教育是培养技术技能人才、促进就业创业创新、推动中国制造和服务上水平的重要基础。据统计，目前我国职业院校 70% 以上的学生来自农村，"职教一人，就业一人，脱贫一家" 曾经是阻断贫困代际传递见效最快的方式。职业教育既注重 "富口袋" 的技术技能培养，又注重 "富脑袋" 的观念转变、思维优化，能够打造全领域覆盖、多层次兼备、结构合理的乡村人才队伍，理应在担当与服务乡村振兴方面大有可为。②

近年来，党中央高度重视面向农村的职业教育发展，农业农村部 "百万高素质农民学历提升行动" 启动实施后，多部门围绕促进农业职业教育发展，出台了一系列政策措施。如教育部等六部门联合印发《高职扩招专项工作实施方案》（教职成〔2019〕12号），农业农村部办公厅与教育部办公厅联合印发《关于做好高职扩招培养高素质农民有关工作的通知》（农办科〔2019〕24 号）等国家职业教育改革实施方案，对树立职业教育产业育人导向，更好地服务经济社会发展起到了重要作用。但我国农业职业教育的

---

① 新华社. 习近平对职业教育工作作出重要指示［EB/OL］.（2021-04-13）［2024-04-17］. https://www.gov.cn/xinwen/2021-04/13/content_5599267.htm.

② 人民政协报. 让职业教育在乡村振兴中 "大有可为" ——全国政协 "充分发挥职业教育在乡村振兴中的作用" 调研综述［EB/OL］.（2022-08-03）［2024-04-17］. http://www.cppcc.gov.cn/zxww/2022/08/03/ARTI1659496597138226.shtml.

发展依然面临脱农离农、高素质农民培养出现断层等一系列问题，农业职业教育的发展难以适应推进乡村全面振兴对人才的需求。这些问题出现的原因主要有：政策宣讲还不够到位，目前少数地区对农业职业教育扩招这项工作意义认识不足，宣传媒体渠道较少宣传力度不够；农民子弟学习仍然有顾虑，社会对职业教育毕业的学生仍然存在不少偏见；农业职业教育报名程序和系统使用相对比较烦琐复杂；农业职业教育存在专业设置不够科学合理、专业教学内容不适应现代农业发展等问题。为实现农业职业教育在招生、培养、就业等方面的创新发展，实现人才培养与产业需求间的无缝对接。可以从以下几个方面加快发展面向农村的职业教育。

（一）统筹发展农村职业教育与培训，提高农村职业院校办学水平

统筹普通高中和中等职业教育的协调发展，采取灵活多样的形式办好农村职业院校，将农村职业院校建设成为人力资源开发、农村劳动力转移培训、技术培训与推广、扶贫开发和普及高中阶段教育的重要基地，确保农村职业院校教育的基础性地位；扩大农村职业院校中高素质农民的招生范围，充分利用学校自身资源优势，真正建立以产业为导向的人才培养模式，适应农业农村发展需求；加强教学与生产流程的结合，尤其要重视农民实践技能的培训；整合各种政策资源，通过结对帮助、实地交流、平台建设和技术指导等多种方式，显著加强农村职业院校办学基础水平。

（二）优化农村职业教育区域布局，提升农村职业院校专业与产业的适应性

2022 年 12 月 21 日，中共中央办公厅、国务院办公厅印发《关于深化现代职业教育体系建设改革的意见》，提出要"坚持以教促产、以产助教、产教融合、产学合作，延伸教育链、服务产业链、支撑供应链、打造人才链、提升价值链，推动形成同市场需求相适应、同产业结构相匹配的现代职业教育结构和区域布局"。① 优化农村职业教育区域布局，是推动职业教育领域产教融合、提升职业教育服务地方经济社会发展能力的新范式。首先，地方政府要因地制宜地分析区域经济特点，根据区域产业经济发展需求量身定制职业教育发展模式；其次，农村职业院校要深挖区域特色，创立符合区域发展要求又极具自身办学特色的职业教育品牌；第三，农村职业院校要设置既符合区域产业发展需求又与自身办学特色相契合的特色专业，打造优质专业教育；第四，农村职业院校要持续做好做实区域产业行业发展现状和实际需求的调研工作，有效衔接教学内容与产业需求，提升课程的社会服务性。

（三）推动更多社会力量参与农村职业教育，深化产教融合校企合作

宣传贯彻落实《国务院关于鼓励社会力量兴办教育　促进民

---

① 新华社. 中共中央办公厅　国务院办公厅印发《关于深化现代职业教育体系建设改革的意见》[EB/OL].（2022-12-21）[2024-04-17]. https://www.gov.cn/zhengce/2022-12/21/content_5732986.htm.

办教育健康发展的若干意见》（国发〔2016〕81号）和《中共中央　国务院关于促进民营经济发展壮大的意见》等文件精神，优化农村职业教育投资环境，通过独办、合办、技术投资等多种方式，鼓励引导各种社会力量参与农村职业教育；通过深化产教融合校企合作，提升职业院校办学能力，促进形成多元办学、产教融合的职业教育发展格局；通过举办校企共同参与的创新技术比赛、校企联合招生、共建培训中心等形式，搭建创新的校企合作平台。

（四）促进城乡职业教育均衡发展，显著提高农村职业院校师资队伍水平

师资队伍建设是关系到农村职业教育发展的重要因素，在促进乡村振兴战略提质增效、助力乡村振兴动能转化中起着重要作用。因此，要建立城乡互动互补的格局，积极引导城乡职业学校开展多种形式的联合办学，打通教育资源壁垒，鼓励城乡职业学校之间的专业技术人才开展委托管理等探索；采用购买服务的方式，鼓励和支持城市中懂技术、有经验的优秀教师定期到农村职业院校服务，对长期服务乡村的人员的职务晋升、职称评定方面予以适当倾斜；对接县域企业的实际需求，落实精准培训，采用财政支持的方式，允许农村职业院校聘请企业中高层次技能型人才到学校担任实践指导教师，支持学校根据需要聘任专兼职教师，在提升课堂技能培训效果的同时扩大职业教师队伍的来源。

（五）围绕乡村振兴新业态、新职业，通过灵活办学探索现代农业人才培养新模式

鼓励和支持农村职业院校建立农民学院、农民创业孵化基地等平台。开发一批基于新媒体营销的农业创新课程，聘请本土农技专家做专业带头人，聘请技术能手来授课。建立传统课堂、云课堂、"三农"实训基地"三位一体"的开放式课堂体系，把课堂搬到田野中。邀请高校的教授、农业行业专家和在农村创新创业实践中经验丰富的"土专家"等精心设计每期公开课内容，就乡村振兴战略实施的有关政策、"三农"主要工作以及企业融资、一二三产业融合发展、惠农助农政策、农产品营销新思路、直播带货营销策略和电商案例分享等农民急需掌握的政策、实用技能进行详细授课，通过公开课为农民提供实实在在的就业创业"干货"，从而提升农民就业创业能力。

三、依托各级党校（行政学院）培养基层党组织干部队伍

党的力量来自组织。其中，基层党组织是党的肌体的"神经末梢"，是确保党的路线方针政策和决策部署贯彻落实的基础。强化基层党组织干部队伍建设是推进乡村全面振兴的必然要求，《"十四五"农业农村人才队伍建设发展规划》（农人发〔2021〕9号）对此作出了周密部署。党校事业是党的事业的重要组成部分。党校是党教育培训党员领导干部的主渠道，是领导干部锤炼党性，

提高素质的大熔炉。习近平总书记指出："市县两级党校大约承担了 90% 以上基层党员干部教育培训任务，是教育培训基层党员干部的主力军。要从长计议，把这些党校都办好。"①，"新形势下，我们必须更加重视干部教育培训工作，必须更加重视党校工作。党校工作只能加强，不能削弱。"② 各级党校对于党员干部而言，起着思想指导、提升动力、提高能力和个人修养的核心作用。要以习近平总书记关于党校工作重要论述为指引，依托各级党校（行政学院）培养基层党组织干部队伍，才能达到高质量教育培训党员干部、高水平服务党和国家事业发展的目标。

2024 年，中央组织部从代中央管理党费中划拨 3.18 亿元，对基层党组织开展党员教育培训工作进行补助，帮扶因公牺牲的党员、干部家庭，以及支持 160 个国家乡村振兴重点帮扶县依托县级党校组织开展农村基层干部乡村振兴专题培训和农村党员集中轮训等。③ 当前，我国基层党组织干部培训中仍存在对基层组织干部培训重要性认识不够，县级党校（行政学校）培训主渠道作用发挥不够好等问题。应进一步发挥好各级党校（行政学院）在培养基层党组织干部队伍中的作用。

---

① ② 习近平. 在全国党校工作会议上的讲话［J］. 求是，2016（9）：3-13.
③ 新华社. 中央组织部从代中央管理党费中划拨 3.18 亿元用于支持开展党员教育培训等工作［EB/OL］.（2024-01-20）［2024-04-17］. https://www.xuexi.cn/lgpage/detail/index.html?id=927552236083605793& item_id=927552236083605793.

（一）发挥主渠道、主阵地作用，分类分级开展"三农"干部培训

作为党员干部和其他基层人才培训的主要场所，基层党校的核心职责之一便是对广大乡村党员干部进行系统的培训和教育，目的是提高他们的思想觉悟和工作能力。基层党校是党委重要的构成部分，是在党委直接领导下对理论干部和领导干部进行技能培训提升的重要机构，是基层党员干部轮训提升的主要渠道。通过在基层党校进行干部的培训，可以提高基层党员干部的理论知识、增强党性修养和创新工作方法，可以广泛而有效地提高乡村干部的专业能力和政治素养，从而更有效地引导乡村居民摆脱贫困，并为乡村振兴战略的实施和推进提供必要的支持和保障。显而易见，乡村基层党校的核心任务之一，便是为乡村的发展培育出高质量的基层专才。要充分发挥党校（行政学院）在培训中的主渠道、主阵地作用，分级分类对"三农"干部进行有针对性的培训，按照缺什么就补什么，需要什么样的知识和技能就开展什么样的课程培训的原则，切实提升培训的实效性。

（二）以县级党校（行政学校）为主体，加强乡村干部队伍培训

政治训练和专业化能力训练是乡村干部队伍培训的重点，各级党委要明确职责分工，按照有关规定，以县级党校（行政学校）为主体，加强乡村干部队伍培训，按照乡镇、村干部和驻村干部的培训应该由上级组织部门负责，乡镇党政正职培训由市级组织部门负责，乡镇干部和驻村干部的业务专题培训由县级组织部门

牵头负责的基本原则，采取分阶段、分批次的方式对村党组织书记、村委会主任、村级集体经济组织负责人、村务监督委员会主任以及驻村第一书记开展培训；乡镇党委有责任确保村内其他干部以及驻村工作人员的培训工作得到有效执行。基层党校应严格制订培训计划和实施方案，对培训班次、调训人员、课程设置、师资安排等做好统筹规划，并采用直接组织、定时调度和随机抽查等方法来确保其得到有效实施。

（三）创新培训模式，延伸教育资源链条和覆盖面

《中国共产党党校（行政学院）工作条例》要求党校（行政学院）应当努力创新教学方式，加强在线学习平台建设，积极发展网络培训，推行线上线下相结合的混合教学模式。[①] 我国在科技方面取得了飞速进展，特别是在信息技术领域，每天都有新的变化。互联网平台以及大数据、云计算等技术正在越来越广泛地融入我们的工作、生活和学习中。各级党校（行政学院）应顺应时代潮流的变化，利用新兴技术和平台，整合利用网络教学资源和原有的校内教学资源，拓宽干部教育培训渠道、创新教学方式方法、优化教学管理服务质量，提高教学的针对性和时效性，[②] 将党校（行政学院）、干部学院的教育资源延伸覆盖至村和社区，打通乡村人才培训的"最后一公里"。

[①] 中共中央印发《中国共产党党校（行政学院）工作条例》[N]. 人民日报，2019-11-04（3）.

[②] 谢一帆，宁金，韦武智. "互联网＋"视域下深化党校教学改革的思路 [J]. 中共山西省委党校学报，2016（6）：115-118.

四、充分发挥农业广播电视学校等培训机构作用

农民教育培训是中国特色农业现代化技术的一项基础性工作，长期以来，农村职业院校、农业广播电视学校、农村成人文化技术培训学校（机构）、农技推广机构、农业科研院所等培训机构，在为农民提供科技教育培训、提高农民的科技意识和农业生产能力方面发挥了重要作用。尤其是农业广播电视学校，它依托全国农业广播电视学校四级体制五级办学体系的平台，围绕产业办学，促进乡村振兴；培育高素质农民，促进乡村人才振兴；强化思想道德教育，促进乡村文明振兴；开展绿色理念教育，促进乡村生态振兴；培养村级组织带头人，促进乡村组织振兴；推进农民职业教育，提高农民学历层次。随着农业现代化的发展，这些培训机构在机构设置、人员力量和发挥作用等方面有所弱化，如基础设施薄弱，培训场所条件较差；师资力量薄弱，教学手段落后；培训对象年龄偏大，培训质量难以提高等，逐渐难以满足乡村发展的需要。要充分发挥农业广播电视学校等培训机构作用，加强创新服务能力，促进农民教育培训工作科学化、规范化，提升其履职能力和办学水平，可从以下两个方面入手。

（一）充分发挥培训机构主体作用，加强对本土人才的培养

支持农村职业院校、农业广播电视学校、农村成人文化技术培训学校（机构）、农技推广机构、农业科研院所等培训机构，加强对高素质农民、能工巧匠等本土人才培养。结合乡村振兴人才

的实际需求，充分发挥培训机构的主体作用，设置合理班次、科学课程，重点培养合作社、家庭农场等新型经营主体经营者、农村青壮年、返乡农民工、退伍军人、回乡大学生等；结合乡村振兴的产业需求"订单式"设置培训内容，根据地域农时和农业生产关键时间节点，采取灵活多样的培训模式，可以依托全国农业科教云平台和云上智农 App 等官方"线上"平台，利用微信、抖音、视频号等现代媒体模式做好网上技术培训与指导服务；适当加大各级财政对农业培训机构的建设投入，增加设施设备，改善培训条件，以适应新时代农民教育培训工作的需要。

（二）探索建立农民学分银行，推动农民培训与职业教育有效衔接

农民学分银行能够使学员自由选择学习的时间、地点和内容，能够在不同的专业、学校、地区以及学历教育和非学历继续教育之间搭建一个互通的农民职业教育通道。全国性农民学分银行主要实现形式是用弹性学习制累积学分，它将技能培训与学历教育结合起来，突破传统的专业限制和学习时段限制之间的壁垒。学员获得学分的学习形式多样，其中农民学分银行通过半工半读、轮换学习以及分阶段学习等方法，为农民学生提供了灵活的学习途径。通过积累和验证一定量的学分，农民学生可以获得相应的学位或职业资格。农民学分银行的建立不仅激发了农民的学习热情，还促进了各种农民教育培训之间的有效连接，提升了教师的专业水平。此外，它还促进了中等职业学校之间教学资源的共享，并在不同层级的学分银行之间实现了学分的互认，为学历教育与

非学历教育之间建立了沟通桥梁。

五、支持企业参与乡村人才培养

推进乡村全面振兴，离不开各方面力量的共同参与。各类企业对推进乡村全面振兴，特别是乡村产业振兴起着非常重要的带动作用。如龙头企业与集体经济的融合发展，可以充分调动集体经济参与乡村振兴的积极性、主动性和创造性；各类企业可以为乡村产业振兴提供必要的市场条件，如产业发展所需的原始资本、科学的生产经营管理模式、成熟的生产技艺等；各类企业在乡村产业振兴中可以利用自身优势，充分挖掘、整合、盘活乡村的自然资源和人力资源，激活生产要素潜能，提升乡村产业的技术含量和市场竞争力，促进资源向价值的转变等。不管是企业自身在农村的发展，还是乡村产业的发展，关键因素依然是人，企业参与乡村人才培养和促进企业自身发展某种意义上来讲，是一个良性互促的关系，所以，必须充分发挥企业在乡村人才培养中的积极作用。

全国工商联发布的《中国民营企业社会责任报告（2023）》显示，广大民营企业积极投身乡村振兴，踊跃参与"万企兴万村"行动。调研企业中，有4783家企业参与了"万企兴万村"行动。其中，32.5%的企业设有负责乡村振兴的专职部门；51%的企业提供了就业帮扶；39%的企业助力发展特色农业；31%的企业帮助培养乡村人才。[①] 面对我国推进乡村全面振兴过程中出现的人才困境，可以支持各类企业从以下几个方面助力。

（一）依托实训基地，强化技术培训

引导农业企业依托原料基地、产业园区等建设实训基地，推动和培训农民应用新技术。按照农业农村部印发的《关于促进农业产业化龙头企业做大做强的意见》（农产发〔2021〕5号），以及教育部办公厅、农业农村部办公厅等四部门联合印发的《关于加快新农科建设推进高等农林教育创新发展的意见》（教高厅〔2022〕1号）等文件精神，支持龙头企业积极开展校企合作协同育人，与涉农高校和职业院校合作共建实践实训基地、耕读教育基地，依托生产基地、产业园区等加强农村实用人才培训。主动对接农村、林区一二三产业融合发展和行业产业发展新要求，建设一批新型农林科教合作实践教学基地，以产教融合的方式着力加强学生实践能力培养。

（二）立足自身优势，联农带农增收

鼓励农业企业依托信息、科技、品牌、资金等优势，带动农民创办家庭农场、农民合作社，打造乡村人才孵化基地。积极采取有力举措，突出抓好农民合作社和家庭农场两类农业经营主体发展，支持新型农业经营主体开展粮食规模生产，引导支持新型

---

① 央视财经. 全国工商联发布《中国民营企业社会责任报告（2023）》[EB/OL].（2024-01-02）[2024-04-17]. https://www.xuexi.cn/lgpage/detail/index.html?id=4514527398909633666& item_id=4514527398909633666.

农业经营主体高质量发展。积极鼓励那些希望长期稳定从事农业的小农户，根据他们的产业特性和个人能力，发展成为适当规模的家庭农场。积极探索"家庭农场＋农民合作社"的融合发展新模式，鼓励家庭农场共同创建合作社，从而真正提升农业经营实体的生产和经营效益。助力农民合作社更好地连接家庭农场，与市场对接，推动现代农业的发展，进一步提高家庭农场的质量和效益，实现联农带农增收目标。

（三）深化产教融合，协同创新育人

支持农业企业联合科研院所、高等学校建设产学研用协同创新基地，培育科技创新人才。搭建产教融合育人平台，积极发挥农业农村部与教育部共建部属涉农高校，以及与省级人民政府共建省属涉农高校作用，指导支持各共建高校围绕农业农村发展需求强化学科建设、优化专业布局，在涉农人才培养、农业科技创新、服务乡村基层方面积极作为。积极组织农业企业、农民合作社等参与高素质农民培育工作。支持企业、高校联合开展产学合作协同育人项目，深化产教深度融合，增强协同育人实效。

第六章
建立健全推进乡村全面振兴人才支撑体制机制

推进乡村全面振兴人才支撑体系建设是一项系统工程，涉及乡村人才培养、引进、使用、管理、评价、激励、保障等各环节，需要调动人、财、物等各种资源并统筹协调，必须建立有效的体制机制，以明确推进乡村全面振兴人才支撑体系建设各环节中的权责划分、关系统筹、路径选择、改革重点、激励措施等，以有效运转的体制机制推动和实现乡村人才振兴，为推进乡村全面振兴提供高效系统、扎实有力的人才支撑。

党的十八大以来，以习近平同志为核心的党中央高度重视乡村人才振兴，通过制定政策、完善相关党内法规、推动相关立法等多种方式和途径，从顶层设计上不断建立健全推进乡村全面振兴人才支撑的体制机制。在政策制定方面，中共中央办公厅、国务院办公厅专门印发《关于加快推进乡村人才振兴的意见》（中办发〔2021〕9号），明确要"完善机制、强化保障"，持续加强乡村各类人才培养、引进、管理、使用、激励等各方面的体制机制改革。在党内法规建设方面，中共中央制定了《中国共产党农村工作条例》《中国共产党农村基层组织工作条例》等党内法规，为推进乡村全面振兴人才支撑体系建设提供了制度和组织保障。在立法方面，在党中央集中统一领导下，全国人大制定出台了《中华人民共和国乡村振兴促进法》，专章规定了乡村振兴的人才支撑，明确提出"国家健全乡村人才工作体制机制"，并就建立健全相关体制机制及有关部门责任进行了明确规定。各省、自治区、直辖市也制定了相关的政策和制度，比如，为贯彻落实中共中央、国务院以及全国人大等出台的有关政策、法规、条例等，各地结合实际陆续制定了本地区范围内的实施意见，先后制定出台本省、自治区、直辖市的《乡村振兴条例》或《实施〈中华人民共和国乡村振兴促进法〉办法》，乡村振兴人才支撑体制机制不断完善。许多地区也围绕推进乡村全面振兴人才支撑体制机制建设，进行了扎实、深入、有效的创新实践，为完善推进乡村全面振兴人才支撑体制机制提供了多样化的实践基础。

需要清醒意识到，全面实施乡村振兴战略的深度、广度、难度都是巨大的，这一伟大实践对人才的支撑保障作用提出了新的更高要求，也对人才支撑的体制机制建设提出了新的更高要求。而我国在乡村人才工作体制机制建设方面依然还存在不少问题，主要表现为：我国现有人才支持政策统筹协调不够，推动人才向乡村流动的机制不健全，农业农村人才的培育、引进、使用、激励政策措施有待强化，等等。^①对此，要在强化人才支持政策统筹的基础上，充分发挥各地及广大基层干部群众的积极性、主动性和首创精神，积极开展创新实践，破除不利于人才发展的各种障碍，加快形成有利于乡村本土人才蓬勃发展的乡村人才培养机制、有利于充分发挥各类人才作用的乡村人才使用机制、有利于乡村人才充分聚集各施所能的乡村人才激励机制、有利于乡村人才脱颖而出的竞争机制和服务保障机制，具体从以下八个方面进一步建立健全推进乡村全面振兴人才支撑体制机制。

一、抓好首要关键：健全农村工作干部培养锻炼制度

推进乡村全面振兴人才支撑体系建设，首先就要抓住干部这个首要和关键因素，把培养锻炼农村工作干部作为重点并形成常态化的体制机制。推进乡村全面振兴，使命艰巨而光荣，需要大量优秀干部特别是优秀年轻干部投身农村基层的广阔天地，在奋发作为中出成绩、长才干，充分发挥其在推进乡村全面振兴中的中坚作用。应该说，党和国家一直非常重视农村工作干部的培养，特别是党的十八大以来，农村工作干部培养锻炼制度建设有了更大进展，农村基层干部队伍得到了充实，整体素质得到了提升。但这项制度建设是一个长期持续的过程，还需要在实践中不断完善和加强。

---

① 农业农村部网. 农业农村部《"十四五"农业农村人才队伍建设发展规划》的通知［EB/OL］.（2021—12—17）［2024—04—23］. https：//www.gov.cn/zhengce/zhengceku/2022—01/27/content_ 5670819.htm?eqid=a2cdee6f0000019100000002648ac3a6.

（一）健全农村工作干部培养锻炼制度的体制机制建设情况

党的二十大报告明确提出要"健全培养选拔优秀年轻干部常态化工作机制，把到基层和艰苦地区锻炼成长作为年轻干部培养的重要途径"[1]。《中国共产党农村工作条例》规定："加强农村工作干部队伍的培养、配备、管理、使用，健全培养锻炼制度，选派优秀干部到县乡挂职任职、到村担任第一书记，把到农村一线工作锻炼、干事创业作为培养干部的重要途径，注重提拔使用实绩优秀的农村工作干部。"[2]《关于加快推进乡村人才振兴的意见》（中办发〔2021〕9号）明确指出要完善县级以上机关年轻干部在农村基层培养锻炼机制。[3]

在中央统一的体制机制建设指导框架下，各省、自治区、直辖市进一步制定了更为具体的政策规定，形成了省级层面的体制机制建设方案和措施。陕西省《关于加快推进乡村人才振兴的实施意见》规定，要开展"千名优秀干部到一线"行动，"有计划地选派县级以上机关有发展潜力的年轻干部到乡镇任职、挂职，多渠道选派干部到乡村振兴第一线、服务群众最前沿干事创业、提升本领"。同时提出要"持续推进省级机关相关干部与基层干部双

---

① 习近平. 高举中国特色社会主义伟大旗帜　为全面建设社会主义现代化国家而团结奋斗——在中国共产党第二十次全国代表大会上的报告（2022年10月16日）[M]. 北京：人民出版社，2022：67.

② 新华社. 中共中央印发《中国共产党农村工作条例》[N]. 光明日报，2019-9-2（1）.

③ 新华社. 中共中央办公厅　国务院办公厅印发《关于加快推进乡村人才振兴的意见》[EB/OL].（2021-02-23）[2024-04-23]. https://www.gov.cn/zhengce/2021-02/23/content_5588496.htm?eqid=9e0092590010b2050000000664917e10.

向交流任职"。① 安徽省《关于加快推进乡村人才振兴的实施意见》规定，要"把到农村一线工作锻炼作为培养干部的重要途径"，"统筹选派县级以上机关优秀年轻干部到乡村振兴重点乡镇任职、挂职"，特别提出"对在艰苦地区、关键岗位工作表现突出的干部优先重用"。同时规定要"选优配强涉农部门领导班子和市县分管乡村振兴的领导干部，注重提拔使用政治过硬、实绩突出的农村工作干部"。②

（二）健全农村工作干部培养锻炼制度的创新实践

体制机制建设是一个实践、创新、总结的循环发展过程，良好的体制机制有赖于充分、活跃的创新实践。在健全农村工作干部培养锻炼制度方面，各地结合实际，开展了深入的创新实践。

1. 广西的创新实践

从 2012 年开始，由组织部门统筹，广西壮族自治区开始持续从自治区、市、县三级机关和企事业单位选派优秀干部到贫困村担任党组织第一书记，覆盖当时所有建档立卡的贫困村，每两年进行一次轮换。经过多年实践，广西形成了一整套精选严管第一书记的经验做法，取得了很好的成效。广西的经验做法主要有以下三点。

---

① 陕西省人民政府网. 关于加快推进乡村人才振兴的实施意见［EB/OL］.（2022-01-13）［2024-04-23］. http：//www.shaanxi.gov.cn/xw/sxyw/202201/t20220113_2207273.html.

② 安徽省农业农村厅网. 中共安徽省委办公厅 安徽省人民政府办公厅印发《关于加快推进乡村人才振兴的实施意见》的通知［EB/OL］.（2021-11-08）［2024-04-23］. http：//nync.ah.gov.cn/snzx/tzgg/559 78991.html?ivk_sa=1024320u&wd=&eqid=a83fe94500004ec9000000066461f822.

一是精选。通过一整套工作机制和流程，选派最合适、最优秀的人到农村担任第一书记，并进行任前的针对性教育培训。首先是注重因村因需选派，尽力选派最合适的人。具体做法是：先由乡镇进行调研，基本摸透各个贫困村大致最需要什么样的人才，县级组织部门进行核实和梳理汇总，再由自治区党委组织部门综合考虑贫困村的实际需求和派出单位的职能特点，统筹选派合适人选，尽量做到定向选派。其次是注重选优配强，全力选派优秀人才。广西在人选的条件上作了较为严格的规定，包括政治素质、工作作风、身体条件、专业能力等基本条件，明确规定优先考虑有农村工作经验或涉农专业特长的干部，切实做到把高素质的年轻干部派驻到脱贫攻坚和乡村振兴的一线。2017 年的一项统计数据显示：广西壮族自治区区级单位选派的 854 名第一书记中，45 岁以下、大学本科以上学历的占 89.1%，其中，有 12 名博士和 37 名选调生；有 608 名来自发改、财政、交通、水利、国土、农业、电力、商务、文化、体育等帮扶资源雄厚的部门。① 最后是注重教育培训，对第一书记人选进行任前的精准培训。第一书记来自各级各类机关企事业单位，虽然综合素质和专业水平较高，但大多数人对基层情况没有深入了解，特别是存在不熟悉扶贫政策、不懂基层党建、不擅长群众工作等问题和情况。对此，广西在第一书记下派前，会专门组织对其进行有针对性的集中教育培训，由自治区党委领导亲自动员讲话，相关职能部门分管领导专题授课，学员带着问题进行深入研讨交流等多种方式，使他们准确掌握驻

---

① 广西壮族自治区党委组织部. 广西 精选严管 发挥第一书记排头兵作用 [J]. 农村工作通讯，2017（2）：29-31.

村的相关规定和做好乡村工作的基本技能。

二是严管。通过制定严格的管理办法,确保第一书记履职尽责、发挥作用。2017 年,广西出台了新的贫困村党组织第一书记（驻村工作队员）管理办法,明确要注重用制度管人,建立公开承诺、工作纪实、教育培训、工作例会、定期汇报、考勤和请销假、巡回督导、召回撤换等 8 项管理制度,[①] 全面加强对第一书记（驻村工作队员）的管理,确保他们履职尽责充分发挥排头兵作用。通过有效的制度管理,教育和引导第一书记紧密结合所驻村的实际情况,聚焦建强基层组织、推动精准脱贫、为民办事服务、提升治理水平等主要任务开展工作,对内依托村"两委"搞好工作,有效进行分工合作,充分尊重、有力发挥村干部和党员的积极性和主动性,对外充分发挥桥梁纽带作用。

三是厚爱。加强对第一书记的关心关爱,强化制度激励,并为第一书记的奋发作为广泛搭建平台。加强人文关怀,坚持上下联动、共同抓好第一书记的工作对接、跟踪联系和关心关爱,积极帮助第一书记解决困难和后顾之忧,如参照兄弟省区标准提高第一书记生活补助标准,让第一书记能够切实安心在基层干事创业。强化制度激励,制定出台《脱贫摘帽激励办法》,明确规定优先提拔重用在基层干得好的第一书记,充分发挥制度激励效应。广泛搭建平台,搭建由第一书记兼任驻村工作组组长、统筹协调各类驻村力量的工作平台,确保形成驻村帮扶工作的强大合

---

① 广西新闻网. 第一书记召回撤换制度是广西脱贫攻坚新战法［EB/OL］.（2017-01-12）［2024-04-23］. http://www.gxnews.com.cn/staticpages/20170112/newgx5876cc27-15962821.shtml.

力；支持第一书记以"党支部+"模式创立农业合作社、农业协会等党群致富联合体和农村产业发展平台，团结带领村民脱贫致富、共同发展；支持第一书记建立信息交流平台和农村电商发展平台，借力"互联网+"电商企业的平台技术和商业模式，发挥第一书记品牌效应，搭建"第一书记+农村电商"平台，创建产业联盟，促进跨区域交流合作；为第一书记搭建争取社会帮扶的平台，实施"党旗领航·电商扶贫"行动，开展"千家民营企业扶助千个贫困村"活动，在广西卫视开设《第一书记》公益栏目，由第一书记发挥桥梁纽带作用，为所驻村广泛争取社会帮扶①。

广西在培养锻炼第一书记上的成效是显著的。十多年来，广西广大第一书记扎根农村基层，在全区最边远、条件最艰苦、环境最恶劣的地方奋发作为，与农村基层群众并肩作战，涌现出黄文秀等一大批优秀典型，为广西实现全面脱贫的目标任务立下了汗马功劳，以实际行动赢得了群众的信任和组织的肯定。

2. 福建宁德的创新实践

福建宁德着力健全农村工作干部培养锻炼制度，在深入调查研究的基础上，出台有针对性的政策意见并开展扎实的创新实践。首先是深入开展调查研究。宁德市委组织部门对全市干部状况进行了深入调研和分析总结，形成了比较系统深入的调研报告。调研报告表明：全市35岁以下机关年轻干部中，三分之二没有农村工作经历，不少年轻干部对基层情况不熟悉，在群众工作方法上也存在明显短板。这为下一步拿出有针对性的政策措施提供了重

---

① 广西壮族自治区党委组织部. 广西　精选严管　发挥第一书记排头兵作用 [J]. 农村工作通讯，2017（2）：29-31.

要的参考。然后在调查研究的基础上出台政策意见并开展创新实践。2022年，宁德出台了《关于大力弘扬"四下基层"优良传统组织年轻干部到乡村一线培养锻炼的意见》，从创新干部培养、深化干群联系、健全人才流动、完善成果转化等4个方面，建立健全年轻干部培养锻炼长效机制。在具体的创新实践方面，一是畅通年轻干部培养锻炼渠道。分批次把年轻干部派下去，放到农村开展为期3个月的实践锻炼，力争在3年内覆盖35岁以下没有乡村工作经历的年轻干部，使广大年轻干部深入基层一线了解农村基层情况并深化与农村基层群众的联系。二是健全年轻干部基层培养锻炼方案和工作机制。按照"一县一主题"组织编写《宁德市年轻干部"四下基层"教材选辑》实践教材，完善相关课程体系，打造100多个实践基地，遴选110多名经验丰富的领导干部、退休老干部等担任实践导师，实行"导师帮带"制度，及时解疑释惑。三是完善年轻干部培养锻炼的跟踪机制。建立优秀年轻干部信息库，有针对性地加强跟踪培养，在提拔使用、职级晋升中优先考虑。2022年以来，宁德有一大批被选派到基层进行实践锻炼的优秀年轻干部脱颖而出，58人被提拔使用，66人获得职级晋升，43人交流到重要岗位重要部门使用，13人当选"两代表一委员"。①

（三）进一步健全农村工作干部培养锻炼制度的着力点

健全农村工作干部培养锻炼制度，就是要不断完善在农村基

---

① 付文，施钰. 基层壮筋骨 一线长才干［N］. 人民日报，2023-06-06（18）.

层培养锻炼干部特别是年轻干部的机制，为乡村全面振兴源源不断地输送能力突出、敢作敢为、善作善为的优秀干部。应着力从以下两个方面健全相关体制机制。

一是持续完善年轻干部在农村基层培养锻炼机制。很多年轻干部，特别是刚从学校走上工作岗位的年轻干部，学历高、理论水平高、专业能力高，但经验缺乏、实践锻炼不足，缺少与人民群众的深入联系沟通，对基层情况不够熟悉了解，特别需要在农村基层、在推进乡村全面振兴中锤炼成长。各地要结合实际，积极开展创新实践，及时总结经验，并进行制度化提升，形成一整套符合实际情况、运转顺畅、效果明显的选派机制和激励体制，鼓励、引导、推动优秀年轻干部持续不断投身乡村振兴一线，贴近群众接地气、熟悉基层见世面、经历风雨长才干，实现个人综合能力水平的跨越式提升，在推进乡村全面振兴中建功立业。

二是不断畅通选派各类优秀干部到农村干事创业的渠道。乡村全面振兴对干部的需求是巨大的，很多农村基层还存在着干部能力素质跟不上时代发展需要等问题，对此，应当积极拓展渠道，通过建立完善干部信息库，发挥各种制度合力，灵活运用交流任职、挂职锻炼等方式，打破各种限制和条条框框，使各部门、各单位有志于投身乡村振兴事业、有能力做好农村基层工作的干部，都有机会、有渠道参与到选派中去，使他们的才华抱负在推进乡村全面振兴的伟大事业中得以展现，激发其潜能，实现其价值，推动农业农村经济社会全面发展，帮助广大农民提高生活品质，增强获得感、幸福感、安全感。

二、激发内生动力：完善乡村人才培养制度

完善乡村人才培养制度，培养能够扎根基层、投身乡村振兴事业的各类人才，是激发乡村振兴内生动力、推进农业现代化的长远之计。很长一段时间内，与工业化、城镇化的快速推进过程相关，乡村优质人力资源大量向城市转移，很多农村基层面临着"空心化"的困境，乡村振兴内生动力不足的问题突出。近年来，国家持续加大对农业农村的支持力度，与此同时，我国城镇化水平的大幅提高[1]也使得城市对乡村的辐射带动能力越来越强，[2]城乡融合发展的前景更为广阔，乡村潜在的发展空间越来越大，这一局势为广大乡村培养人才提供了良好的环境条件。当前，乡村人才缺乏的问题还是仍然比较突出，人才的素质有待提高，人才的结构有待优化。最近的一次全国农业普查主要数据即2017年第三次全国农业普查主要数据公报显示，农业生产经营人员年龄结构整体偏大（年龄55岁及以上占33.6%，年龄35岁以下仅占19.2%）、受教育程度整体偏低（大专及以上仅占1.2%，高中以上也仅占8.3%，绝大部分是初中及以下学历），其总人数是3.1422亿，意味着年龄55岁以上的超过1亿人，而年龄35岁以下的仅

---

① 2022年，我国城镇化率达到65.22%。参见：国家统计局. 中华人民共和国2022年国民经济和社会发展统计公报［EB/OL］.（2023-02-28）［2024-04-23］. https://www.stats.gov.cn/sj/zxfb/202302/t20230228_1919011.html.

② 王文强. 以体制机制创新推进乡村人才振兴的几点思考［J］. 农村经济，2019（10）：22-29.

有 6000 万人，大专及以上学历的仅有 300 多万人。[①] 在这种情况下，完善乡村人才培养制度，以有效的体制机制推动各类乡村人才的规模化聚集发展，为乡村振兴源源不断地培养各类人才，才能为推进乡村全面振兴提供有力的人才支撑，最大限度激发乡村振兴的内生动力。

（一）完善乡村人才培养制度的体制机制建设情况

2019 年制定的《中国共产党农村工作条例》规定要建立"农村人才定向委托培养制度"，"培养一支有文化、懂技术、善经营、会管理的高素质农民队伍，造就更多乡土人才"。[②]《关于加快推进乡村人才振兴的意见》指出，要"加大公费师范生培养力度"，"推动职业院校（含技工院校）建设涉农专业或开设特色工艺班""支持中央和国家机关有关部门、地方政府、高等学校、职业院校加强合作，按规定为艰苦地区和基层一线'订单式'培养专业人才"。2021 年 3 月 6 日，习近平总书记在看望参加全国政协十三届四次会议的医药卫生界、教育界委员时指出，要加强中西部欠发达地区教师定向培养和精准培训。[③]2021 年 7 月，教育部等九部门联合印发了《中西部欠发达地区优秀教师定向培养计划》

---

① 中华人民共和国中央人民政府网. 第三次全国农业普查主要数据公报（第五号）[EB/OL].（2017-12-16）[2024-05-07]. https://www.gov.cn/xinwen/ 2017-12/16/content_5247683.htm.

② 新华社. 中共中央印发《中国共产党农村工作条例》[N]. 光明日报，2019-9-2（1）.

③ 习近平在看望参加政协会议的医药卫生界教育界委员时强调 把保障人民健康放在优先发展的战略位置 着力构建优质均衡的基本公共教育服务体系 [N]. 人民日报，2021-03-07（1）.

即"优师计划"，直击制约中西部欠发达地区的优秀教师培养等关键问题，明确教育部直属师范大学与地方师范院校采取定向方式，每年为832个脱贫县和中西部陆地边境县中小学校培养1万名左右师范生，构建高质量公费师范生培养体系，满足中西部地区中小学优质师资需求，从源头上改善中西部欠发达地区中小学教师队伍质量，培养造就大批优秀教师。①

　　在完善乡村人才培养制度方面，省一级层面也有许多更为具体的政策规定。江苏省《关于加快推进乡村人才振兴的实施意见》明确，要进一步完善科教结合、产教融合等协同育人模式。将耕读教育相关课程作为涉农专业学生必修课，建设一批新兴涉农专业，开展涉农专业大学生农业创新创业培训。持续开展定向师范生培养和订单定向农村医学生培养。实施高素质农民、在职农技人员学历提升行动，全面推广"定向委培"，开展"半农半读"农民中高等学历教育，每年选送一批优秀农技骨干到院校研修深造。鼓励职业院校开设乡村技术技能特色专业和特色班。鼓励引导农业企业等下沉智力资源，为乡村振兴储备专业人才。支持电商平台、电商协会开展电子商务师职业技能培训和认定。加强农村"两后生"技能培训。定期举办乡村振兴职业技能大赛、省级乡土人才技艺技能大赛和乡土人才建设成果展，组织乡土人才高级研修班。依托江苏省终身教育学分银行，探索农民学分银行建设，

---

① 中华人民共和国教育部网. 教育部等九部门关于印发《中西部欠发达地区优秀教师定向培养计划》的通知［EB/OL］.（2021-07-26）［2024-04-23］. http://www.moe.gov.cn/srcsite/A10/s7011/202108/t20210803_548644.html.

推动农民培训和职业教育有效互通和衔接。①陕西省《关于加快推进乡村人才振兴的实施意见》规定，构建高水平卓越农林拔尖创新人才培养体系，推进新农科建设力度。加大对涉农专业建设支持，培养乡村振兴相关方面专业人才，提高乡村服务保障能力。推动特岗计划与优秀农村教师定向培养计划相结合。实施"菁彩青农"农村青年人才培养工程和高职院校探索乡村振兴百千万学历继续教育工程。推动职业院校与基层行政事业单位、用工企业共建产业学院、产教园区，采用订单班、企业冠名班、企业新型学徒制培训等方式，定向培养乡村人才。②

（二）完善乡村人才培养制度的创新实践

青海省的创新实践。青海省针对藏区水利专业人才严重匮乏的实际，会同水利部合作推动有关院校在玉树等藏族自治州开展水利专业人才"订单式"培养，通过定向招生、专班培养、定向就业等方式培养本土水利专业人才。在此基础上，青海省在深度贫困地区，围绕教育、卫生、基础设施建设等方面发展需要，大力推广水利人才"订单式"培养模式，极大缓解了当地专门人才匮乏的局面。③

---

① 中共江苏省委新闻网．江苏印发《关于加快推进乡村人才振兴的实施意见》［EB/OL］．（2021-12-03）［2024-04-23］．http：//jsnews.jschina.com.cn/swwj/202112/t20211203_2905167.shtml.

② 陕西省人民政府网．关于加快推进乡村人才振兴的实施意见［EB/OL］．（2022-01-13）［2024-04-23］．http：//www.shaanxi.gov.cn/xw/sxyw/202201/t20220113_2207273.html.

③ 仲组轩．让更多人才到艰苦边远地区和基层一线建功立业［J］．求是，2019（24）：48-55.

湖南省的创新实践。2023 年 5 月，湖南省发布《关于做好基层林业特岗人员定向培养工作的通知》，采取本科提前批录取，单独编班教学，免缴学费，毕业有岗有编的形式，为基层定向培养林业特岗人员。位于湖南省长沙市的中南林业科技大学作为培养院校之一，2023 年，该校首届"基层林业特岗"计划最终录取了林学、经济林、森林保护、风景园林等四个专业的学生 338 人，该校针对基层林业特岗生制订了专门的培养方案和培养目标，强化实践性和针对性。同时积极与相关企业建立人才培养战略联盟，共同搭建平台，建设乡村振兴实践教学共享平台，强化学生实践应用能力培养。①

浙江省宁波市的创新实践。浙江省宁波市全面推进乡村人才队伍建设，制定乡村人才振兴工作要点，明确了到 2025 年基本建立起完善高效的乡村人才支撑体系，充分发挥各类人才在推进农业现代化和实现共同富裕等方面的驱动支撑作用。围绕上述目标，主要从以下几个方面开展创新实践：一是加强各类乡村人才的培训。围绕经营管理型、专业生产型和技能服务型等不同类型的乡村人才，系统开展有针对性的职业技能培训。二是为各类乡村人才和创新创业营造良好环境。比如，举办农村创业创新项目创意大赛，积极扶持大学生在农业生产领域的创业实践，积极培育农创客。三是有效发挥宁波高校科研院所的作用，加强农业科技人才队伍建设。协调宁波市农科院、宁波大学、浙江万里学院、浙大宁波理工学院等高校和科研院所，组建科技创新联盟，在农业

---

① 刘镇东，黄京. 院士校长当"邮差"，为他送来通知书［N］. 三湘都市报，2023-7-28（A04）.

各领域遴选首席专家并建设农业产业技术团队，协同推进农业农村科技创新与转化应用。①

（三）进一步完善乡村人才培养制度的着力点

下一步，应着力从定向培养和继续教育两个方面完善乡村人才培养制度。

1. 持续加强乡村人才定向培养制度建设

要持续不断加强乡村人才定向培养，强化制度设计和具体举措，充分有效整合社会培训资源，有针对性地培养各类乡村人才，切实提升各类乡村人才的专业素质和能力水平，努力造就一大批能够扎根乡村的各类人才，为推进乡村全面振兴提供强大、持久的人才保障。

一是完善面向乡村定向培养师范生的制度设计和落实。教育是提高人口质量的关键途径，良好的教育水平是提高乡村人口素质、推进乡村人才培养能力的根本途径和基础保障。当前，农村尤其是偏远艰苦地区基础教育水平落后，义务教育阶段教师资源紧缺，定向师范生是解决这一问题的重要措施和政策。所谓定向，指的是"定向招生、定向培养、定向就业"，由政府出资，师范院校制订培养计划，专门为农村地区培养义务教育阶段师资力量。要推动各类师范院校加大公费定向师范生培养力度，推动特岗计划②与公费师范生培养相结合。

---

① 孙吉晶，穆静，严舒玮. 我市建立较完善农村人才培养体系［N］. 宁波日报，2023–06–11（1）.
② 即农村义务教育阶段学校教师特设岗位计划。

二是完善面向乡村定向培养涉农专业技能人才的制度设计和落实。乡村人才培养，一个重要方面就是涉农人才的规模化、持续性培养，这就需要充分发挥包括农林院校在内的各类职业院校（技工院校）的作用。当前，职业院校在涉农专业设置上还不够丰满、精准，不仅如此，涉农专业学生毕业从事本专业的实际比率也很低，"学农不务农"的现象突出。据统计，近年来，每年农科毕业生约2万人，但是在基层就业的不足1500人，仅占就业总人数的7.5%。①造成这种现象的原因，一方面是因为一些学农毕业生不愿意进入基层工作，而另一方面也是因为信息、机制不畅通导致一些愿意务农的学生"入农无门"。要推动职业院校有针对性地建设更多涉农专业或开设特色工艺班，与基层行政事业单位、用工企业精准对接，定向培养具有相关专业特长的乡村人才。特别是要推进"订单式"培养乡村专业人才，通过政府、高校、职业院校等各方合作，有效整合资源，建立城乡、区域、校地之间人才培养合作与交流机制，以"订单式"方式为农村基层一线推进乡村全面振兴培养各类符合实际需求的专业化人才。

2. 不断完善乡村人才继续培养教育制度

乡村人才培养要注重培养的长期性、可持续性，建立健全常态化、持续性乡村人才培养机制。努力拓展艰苦边远地区和基层一线人才成长空间，积极为基层一线专业技术人才继续教育创造条件，完善教育学时、经费投入、课程开发、培训基地建设等人才激励政策和措施。支持产业园区、农民专业合作社、行业协会、

---

① 刘镇东，黄京. 院士校长当"邮差"，为他送来通知书［N］. 三湘都市报，2023-07-28（A04）.

龙头企业等主动承担培训任务，将乡村科技带头人、能工巧匠纳入师资队伍，在培养师资、培养方式、培养平台上探索多样化模式。[①] 支持艰苦边远地区和基层一线人才到上级对口单位、东部发达地区挂职锻炼和培训研修。充分利用现代信息技术开展乡土人才培养工作，实施继续教育数字化战略，搭建乡村专业人才教育培训网络课堂。

三、广聚源头活水：建立各类人才定期服务乡村制度

推进乡村全面振兴，必然需要群策群力、广泛凝聚智慧和力量，最大化发挥人才在推进乡村全面振兴过程中的支撑作用，其对各类人才的需求是多方面、全方位、体系化的。因此，推进乡村全面振兴人才支撑体系建设，不仅要持续激发内生动力，也需要各种人才资源的持续性输入，通过灵活运用外来的各种优良人才资源，广泛聚集源头活水，为推进乡村全面振兴提供强有力、源源不断的人才支撑。特别是在当前乡村各类人才较为缺乏、人才资源还不够发达的情况下，灵活运用外来各类人才为农业农村发展提供高效便捷的服务，更是推进乡村全面振兴的必然需求和重要措施。显而易见，灵活引进外来各种优秀人才资源，建立各类人才定期服务乡村制度，不仅能够为乡村振兴提供直接的、强大的、广泛的人才供给和支撑，而且也会与乡村本土人才培养形成相辅相成的良性互动，能够为乡村本土人才培养提供更为有利

---

① 王文强. 以体制机制创新推进乡村人才振兴的几点思考［J］. 农村经济，2019（10）：22-29.

的外部条件。只有把完善乡村人才培养制度和建立各类人才定期服务乡村制度结合起来，形成制度合力，才能为推进乡村全面振兴提供更加多样灵活、扎实有效的人才支撑和保障。

当前，推进乡村全面振兴过程中，农村对各类专业人才的需求是巨大而迫切的。比如，在医疗卫生服务人才方面，不少地区县域医疗卫生服务水平与居民需求相比非常不对称，乡村医疗卫生岗位人才缺乏比较严重。在这种情况下，更为直接有效且便利的方式，就是建立并不断完善城市医疗卫生人才定期服务乡村制度，通过导向性、激励性以及约束性的指引，把更多的城市医疗卫生人才派到农村基层开展医疗卫生服务，一方面可以把更多的医疗资源带到乡村并直接服务于农村广大人民群众，另一方面也可以为乡村本土医疗卫生人才的培养提供条件和机会，有效提升县域特别是乡村医疗卫生服务能力，促进乡村医疗卫生体系不断健康发展。与此类似的，还有农村对教师和各类科技文化人才的迫切需求，都需要通过建立并完善各类人才定期服务乡村制度，直接缓解有关人才需求上的困难，并为农村培养各类本土专业人才提供有利条件。

（一）建立各类人才定期服务乡村制度的体制机制建设情况

《关于加快推进乡村人才振兴的意见》（中办发〔2021〕9号）指出，要建立城市医生、教师、科技、文化等人才定期服务乡村制度。中央有关部门结合部门专业人才服务乡村实际出台了具体的指导意见。2023年1月，国家卫生健康委根据《关于进一步深化改革促进乡村医疗卫生体系健康发展的意见》中提出的"统筹县域内医疗卫生人才资源，建立健全定期向乡村派驻医务人员工作机制"的要求，在原有政策的基础上，联合相关部门印发了《关于做好县域巡回医疗和派驻服务工作的指导意见》（国卫基层发〔2023〕5号）（以下简称《意见》），通过采取"固定设施、流动服务"等方式，因地制宜发展村级巡诊服务，面向乡、村两级做好派驻服务，推动服务重心下移、优质医疗资源下沉，提高农村居民享受医疗卫生服务的可及性、便利性。《意见》分别对村级巡诊服务和村级医疗派驻服务的适用范围、服务主体、服务时间、服务内容进行了详细的规定。村级巡诊服务主要针对的是县域内服务人口少、服务需求较小、不适宜配置固定村医的行政村等，一般由乡镇卫生院开展此项服务，乡镇卫生院确实力量比较薄弱、无法开展此项服务的，由县卫健委等部门统筹安排县级医疗机构提供此项服务。巡诊时间要相对固定，并根据农村居民生产生活特点进行合理安排，原则上每周至少2次，每次至少半天，通过巡诊车等形式向农村居民提供上门服务。村级医疗派驻服务主要针对的是服务人口多、服务需求较大、短期内招不到合格村医且相邻村服务难以覆盖的地区（行政村），也是由乡镇卫生院选派合格的医务人员开展此项派驻服务；在派驻服务时间上，要求派驻服务人员原则上每周在村卫生室工作时间不少于5日，每日不少于半天；在具体职责和服务内容上，主要是开展疾病诊疗、健康宣教等服务。[1]2023年9月，农业农村部、国家发展改革委等九

---

[1] 中华人民共和国中央人民政府网. 国家卫生健康委　国家中医药管理局　国家疾病预防控制局关于做好县域巡回医疗和派驻服务工作的指导意见 [EB/OL]. （2023-01-17）[2024-04-23]. https://www.gov.cn/zhengce/zhengceku/2023-03/17/content_5747175.htm.

部门联合印发了《"我的家乡我建设"活动实施方案》（农乡振发〔2023〕5 号），明确提出要动员能人回乡建设，引导专业人才、经济能手、文化名人等能人回乡参与家乡建设。鼓励引导退休教师、退休医生、退休技术人员、退役军人等回乡定居，当好产业发展指导员、村级事务监督员、社情民意信息员、村庄建设智囊员，等等。①

在省一级层面，各地也针对建立各类人才定期服务乡村制度，结合各自实际出台了更为具体的规定。安徽省《关于加快推进乡村人才振兴的实施意见》规定要"建立以社会保障卡为载体的'一卡通'服务管理模式，做好对返乡入乡人员的社会保障"。②陕西省《关于加快推进乡村人才振兴的实施意见》规定，"城市医生、教师、艺术系列等专业技术人才晋升高级职称前，必须完成要求的支援服务基层任务"。同时规定："在完成支援服务基层任务外，专业技术人才任现职期间到乡村服务满 1 年或与乡镇企事业单位建立 3 年及以上支援服务关系，可提前 1 年申报高一级职称资格。"③江苏省《关于加快推进乡村人才振兴的实施意见》规定："引导老党员、老干部、人大代表、经济文化能人等扎根乡村，鼓

---

① 农业农村部网. 关于修订《"我的家乡我建设"活动实施方案》的通知［EB/OL］.（2023-10-25）［2024-04-23］. http：//www.moa.gov.cn/govpublic/XCZXJ/202310/t20231024_6438921.htm.

② 陕西省人民政府网. 关于加快推进乡村人才振兴的实施意见［EB/OL］.（2022-01-13）［2024-04-23］. http：//www.shaanxi.gov.cn/xw/sxyw/202201/t20220113_2207273.html.

③ 安徽省农业农村厅网. 中共安徽省委办公厅 安徽省人民政府办公厅印发《关于加快推进乡村人才振兴的实施意见》的通知［EB/OL］.（2021-11-08）［2024-04-23］. http：//nync.ah.gov.cn/snzx/tzgg/ 55978991.html?ivk_sa=1024320u&wd=&eqid=a83fe94500004ec9000000066461f822.

励企业家、专家学者、规划师、离退休人员等以投资兴业、援建项目等多种方式投入乡村振兴，吸引农民工、大学生、退伍军人等返乡入乡创业。"江苏还通过建立"乡村振兴指导员"制度、健全退休人员返聘制度，鼓励即将退休的干部通过担任乡村振兴指导员等方式到乡村干事创业，支持符合条件的退休人员下乡继续服务。①

（二）建立各类人才定期服务乡村制度的创新实践

贵州省黎平县的创新实践。黎平县建立了农业、林业、医生、教师等人才定期服务乡村制度，坚持以经济开发区、工业农业园区等平台载体为重点，建立科技特派团和水稻、茶叶等 7 个产业技术小分队，引导 387 名农林专家、医生教师深入坝区、乡村、企业生产一线开展技术指导，推动人才在一线担当作为、锻炼成长。

湖南省新田县的创新实践。新田县坚持和深化科技特派员制度，组织农业、农机、科技等部门专业技术人才，深入产业一线、深入基层一线为农户送技术、做指导，指导建立产业基地 15 个，带动 15 家粮食种植合作社、26 个种粮大户发展，指导全县 34 个农业产业园建设。建立健全教育卫生系统骨干人才定期服务乡村制度，安排城区 200 余名骨干教师到乡村学校支教，支持副高职称医师支援乡镇卫生机构，安排 90 名优秀医师每周至少利用 1 天时间下基层服务，开展坐诊、业务讲座、教学查房等工作，手把

---

① 中共江苏省委新闻网. 江苏印发《关于加快推进乡村人才振兴的实施意见》[EB/OL]．（2021-12-03）[2024-04-23]．http://jsnews.jschina.com.cn/swwj/202112/t20211203_2905167.shtml.

手、面对面指导乡村医生提升医务水平。

（三）进一步建立健全各类人才定期服务乡村制度的着力点

进一步建立健全各类人才定期服务乡村制度，应着力建立并不断完善城市医生、教师、科技、文化等各类人才定期服务乡村的制度和机制。具体包括以下三个方面。

一是强化各类人才定期服务乡村的常态化平台和渠道机制建设。在常态化平台建设方面，可探索成立乡村振兴顾问团，以此为平台整合各个领域的人才，支持和引导退休专家和干部继续发挥余热服务推进乡村全面振兴。在畅通渠道方面，支持专业技术人才通过项目合作、短期工作、专家服务、兼职等多种形式到基层开展服务活动，等等。

二是强化各类人才定期服务乡村的配套制度建设。特别是加强教师、医生等专业人员定期服务乡村的配套制度落实，切实弥补农村在教育和医疗卫生方面的短板。比如，在中小学教师、医疗卫生人员职称评审和晋升制度中，落实相关基层工作服务经历的要求，中小学教师晋升高级职称原则上要有1年以上农村基层工作服务经历，执业医师晋升副高级技术职称，应当有累计1年以上在县级以下或者对口支援的医疗卫生机构提供医疗卫生服务的经历。

三是强化各类人才定期服务乡村的保障机制建设。支持和鼓励符合条件的事业单位科研人员按照国家有关规定到乡村和涉农企业创新创业，全面建立高等院校、科研院所等单位的专业技术人员到乡村挂职、兼职、离岗创新创业制度，充分保障其在职称评审、工资福利、社会保障等方面的权益，鼓励社会各界人士投身乡村建设。其他到基层开展服务活动的各类专业技术人才，在基层时间累计超过半年的视为基层工作经历，作为职称评审、岗位聘用的重要参考。对县乡事业单位专业性强的岗位聘用的高层次人才，可采取协议工资、项目工资、年薪制等灵活多样的分配方式，合理确定薪酬待遇。

四、强化激励导向：健全鼓励人才向艰苦地区和基层一线流动激励制度

推进乡村全面振兴人才支撑体制机制建设，一方面要畅通渠道和途径，实现乡村各种人才的规模化、常态化供给和外来各类人才的持续化、机制化输入，另一方面要完善激励和引导，通过明确的政策导向、有效的制度激励、多样化的措施体系，不断强化艰苦地区和基层一线对各类人才的吸引力，使本土能够培养越来越多的高素质人才，且能够留下来不流失；使更多外来各类人才愿意扎根艰苦地区和基层一线干事创业、发光发热做贡献。

（一）健全鼓励人才向艰苦地区和基层一线流动激励制度的体制机制建设情况

习近平总书记在党的十九大报告中强调，鼓励引导人才向边远贫困地区、边疆民族地区、革命老区和基层一线流动。2019年6月，中共中央办公厅印发了《关于鼓励引导人才向艰苦边远地区和基层一线流动的意见》，明确要"进一步完善人才培养吸引

流动和激励保障机制，鼓励引导更多优秀人才到艰苦边远地区和基层一线贡献才智、建功立业"。① 事实上，新中国成立后，党中央就积极发挥社会主义制度能够集中力量办大事的优势，采取屯垦戍边、"三线"建设等重要举措，为艰苦边远地区和基层一线集聚了一大批各行各业优秀人才。改革开放以来，国家积极健全艰苦边远地区和基层一线人才帮扶协作机制，持续加大对西部地区扶持支援力度，有力促进了西部等艰苦边远地区的发展。近年来，国家也通过政策鼓励引导各类人才返乡下乡创新创业，国务院办公厅在 2015 年、2016 年先后印发了《国务院办公厅关于支持农民工等人员返乡创业的意见》（国办发〔2015〕47 号）《国务院办公厅关于推进农村一二三产业融合发展的指导意见》（国办发〔2015〕93 号）《国务院办公厅关于支持返乡下乡人员创业创新促进农村一二三产业融合发展的意见》（国办发〔2016〕84 号），明确重点领域、发展方向、政策措施和各部门责任，大力推进农民工、中高等院校毕业生、退役士兵和科技人员等返乡下乡创业创新，为推进乡村全面振兴注入人才活力。数据显示，截至 2019 年初，农村返乡下乡创业创新人员达 780 万人，其中农民工 540 万人，其他返乡下乡人员 240 万人。平均年龄 45 岁左右，高中和大中专以上学历的占到 40%。其创新创业涉及农产品加工流通、休闲旅游、电子商务等新产业新业态，广泛涵盖农村一二三产业融

---

① 新华社. 中共中央办公厅印发《关于鼓励引导人才向艰苦边远地区和基层一线流动的意见》[EB/OL].（2019-06-19）[2024-04-23]. https://www.gov.cn/zhengce/2019-06/19/content_5401652.htm.

合领域。[1]

在省一级层面，各地也根据自身实际出台了鼓励人才向基层一线流动的具体规定。湖南省印发了《促进人才向基层流动实施方案》，从加强基层人才培养、优化编制人事管理、创新基层人才评价、提高基层人才待遇、强化基层人才激励、鼓励柔性引才用才、提高服务保障水平等七个方面做出了具体规定。[2]新疆维吾尔自治区印发《关于贯彻落实鼓励引导人才向艰苦边远地区和基层一线流动意见的实施方案》，共提出"引、育、用、流"4个方面18条具体措施，鼓励引导更多优秀人才在新疆基层创新创业。[3]

（二）健全鼓励人才向艰苦地区和基层一线流动激励制度的创新实践

甘肃省的创新实践。甘肃省近年来积极在搭建人才到艰苦边远地区和基层一线干事创业平台上开展创新实践，紧紧抓住"一带一路"建设、西部大开发战略新格局等重大机遇，聚焦节能环保、清洁能源、数据信息等十大生态产业发展，推进兰州新区、兰白国家自主创新示范区、兰白科技创新改革试验区建设，推进大学科技园建设，带动人才、技术和资金的集中汇聚，积极为各类人才搭建公共服务、孵化服务、技术创新、就业服务等创新创

---

① 吴佩. 返乡下乡创业创新为乡村注入新动能——农业农村部新闻发言人广德福就返乡下乡创业创新情况答记者问［N］. 农民日报，2019-01-11（1）.

② 湖南省人民政府网. 湖南印发《促进人才向基层流动实施方案》［EB/OL］.（2019-07-29）［2024-04-23］. http://www.hunan.gov.cn/hnyw/zwdt/201907/t20190729_5407064.html.

③ 天山网. 新疆出台18条具体措施鼓励人才向基层流动［EB/OL］.（2019-12-11）［2024-04-23］. http://news.ts.cn/system/2019/12/11/035998903.shtml.

业平台；积极争取国家重点实验室等重大科技创新平台，为各类人才施展才华、发挥作用搭建了广阔平台。[①]

海南省的创新实践。海南省积极主动探索新的人才流动机制，在畅通人才向艰苦边远地区和基层一线流动渠道上积极作为，充分利用资源优势、环境优势和政策优势，坚持以用为本，在柔性引才上下功夫，吸引集聚了大批"候鸟"人才，助推海南自贸区、自贸港建设，仅博鳌超级医院"1+X"共享平台就柔性引进了17个院士专家团队。取得了很好效果。[②]

（三）进一步健全鼓励人才向艰苦地区和基层一线流动激励制度的着力点

长期以来，艰苦地区和基层一线由于发展空间不足、待遇不高等原因，引才留才都有一定困难，本土人才不一定留得住，外来人才有可能不愿来。艰苦边远地区和基层一线陷入"越艰苦人才越难来，人才越不来越艰苦"的怪圈。推进乡村人才振兴，把更多的人才聚集在农村基层投身推进乡村全面振兴伟大实践，最根本的是要建立健全系统有效的激励制度，发挥激励导向性作用，使在基层一线工作特别是长期扎根基层一线的人员，在政治上受重视、社会上受尊重、经济上得实惠，激励更多人才扎根基层一线建功立业。具体应从以下三个方面着力推进相关体制机制建设。

---

① 李元平. 引导人才向艰苦边远地区和基层一线流动 [J]. 党建研究，2021（10）：15–17.

② 仲组轩. 让更多人才到艰苦边远地区和基层一线建功立业 [J]. 求是，2019（24）：48–55.

　　一是在留住和用好本土人才上下功夫。要把留住和用好本土人才作为破解艰苦边远地区和基层一线人才匮乏问题的根本解决之道和重要任务，进一步完善激励制度，将政策、资金等资源向在艰苦边远地区和基层一线干事创业的人才适度倾斜，在政治重视、社会尊重、经济实惠等方面给予激励，为人才发展创造良好条件，让更多人才真正愿意在艰苦边远地区和基层一线扎根工作。要适当放宽在基层一线工作的专业技术人才职称评审条件，对长期在基层一线和艰苦边远地区工作的，加大爱岗敬业表现、实际工作业绩及工作年限等评价权重，落实完善工资待遇倾斜政策。要根据事业需要选拔推荐基层一线优秀专家到各级党委和人大、政府、政协机关及群团组织、社会组织等任职。要落实完善工资待遇倾斜政策，完善艰苦边远地区津贴政策，较大幅度提高艰苦边远地区和基层一线人才工作生活待遇，争取从根本上扭转艰苦边远地区和基层引才留才难的局面。要落实好国家提高科技人员成果转化收益政策措施，通过提高科研成果转化收益的方式，鼓励艰苦边远地区和基层一线人才创新创造创业。

　　二是在搭建干事创业平台、畅通人才流动渠道上下功夫。要搭建人才到艰苦边远地区和基层一线干事创业平台，鼓励有关地区积极依托和整合本地特有的自然人文资源、特色优势产业和有关科研项目等，通过发挥产业和科技项目集聚效应，积极打造事业发展平台，让各类人才干事有舞台、创业有机会、发展有空间。要畅通人才向艰苦边远地区和基层一线流动渠道，坚持从艰苦边远地区和基层一线实际出发，完善人才管理政策，完善编制管理、职称评审、人才招录和柔性流动政策，符合条件的可适当放宽条件、降低门槛，为人才引得进、留得住、用得好提供制度保障。

三是在强化体制机制建设上下功夫。要进一步健全艰苦边远地区和基层一线人才帮扶协作机制。加大人才项目支持力度，如博士服务团、"西部之光"访问学者等人才工程项目。中央和国家机关有关部门实施的人才计划和工程项目，可以针对艰苦边远地区实际需求采取设立专岗、专项或者单列名额等办法，向艰苦边远地区和基层一线倾斜。加大中央财政科技计划（专项、基金等）支持力度，为艰苦边远地区和基层一线吸引培养优秀科技人才。不断完善东、中部地区对口支持西部地区人才开发机制。

五、推进人才统筹：建立县域专业人才统筹使用制度

党的二十大报告指出，"人才是第一资源"。这里的资源，从经济学、管理学的角度来看，指的是能够为经济社会发展提供基础支撑和动力源泉的各种客观存在。资源是需要积累的，也是需要统筹整合的。事实上，统筹整合是发挥资源最大作用的必然要求。人才作为资源，只有统筹规划、统筹使用才能充分发挥其最大作用和最优价值。从统筹规划的角度来讲，中央层面必须有总体的人才政策和规划，各省、市、县也要有贯彻落实中央要求、同时更切合本地实际的人才规划或实施方案。从统筹使用的角度来讲，专业人才的具体使用总是在第一线的，但实现专业人才资源价值最大化的统筹使用，则须在具有足够人才规模、比基层一线视野更广阔的层级实施，与此同时，这一层级也必须是能够贴近人才、广泛接触各类专业人才的层级，所以，这一层级放在县

级是最合适的。

（一）建立县域专业人才统筹使用制度的体制机制建设情况

在建立县域专业人才统筹使用制度上，《关于加快推进乡村人才振兴的意见》提出要"积极开展统筹使用基层各类编制资源试点，探索赋予乡镇更加灵活的用人自主权"，同时明确要推进义务教育阶段教师"县管校聘"，加强县域卫生人才一体化配备和管理，等等。①2020 年，中央一号文件明确规定，全面推行义务教育阶段教师"县管校聘"。②2023 年 7 月 6 日，在国务院新闻办举行的"权威部门话开局"系列主题新闻发布会上，教育部综合改革司表示，将推进教师"县管校聘"改革，完善交流轮岗保障与激励机制，比如将到农村学校任教作为申报高级职称的必要条件和选任中小学校长的优先条件，对培养输送优秀骨干教师的学校给予奖励支持。③

在建立县域专业人才统筹使用制度上，省一级层面也有更为具体的政策和制度规定。安徽省《关于加快推进乡村人才振兴的实施意见》规定，"积极开展统筹使用基层各类编制资源试点，鼓励市县从上往下跨层级调剂行政事业编制，推动编制资源向基层

---

① 新华社. 中共中央办公厅　国务院办公厅印发《关于加快推进乡村人才振兴的意见 》[EB/OL].（2021-02-23）[2024-04-23]. https://www.gov.cn/zhengce/2021-02/23/content_5588496.htm?eqid=9e0092590010b2050000000664917e10.

② 中华人民共和国中央人民政府网. 中共中央　国务院关于抓好"三农"领域重点工作确保如期实现全面小康的意见 [EB/OL].（2020-01-02）[2024-04-23]. https://www.gov.cn/gongbao/content/2020/content_5480477.htm?ivk_sa=1024320u.

③ 高毅哲，欧媚. 加快建设教育强国　办好人民满意的教育 [N]. 中国教育报，2023-07-07（1）.

一线倾斜。全面实行中小学教师'县管校聘'管理改革,推广城乡学校共同体、乡村中心校模式,落实公办义务教育学校校长、教师交流轮岗制度。加强县域卫生人才一体化配备和管理,落实'两个允许',建立合理的薪酬制度,强化多劳多得、优绩优酬,实行村医'县招乡聘村用'"。①青海省制定出台了《青海省巩固拓展脱贫攻坚成果全面推进乡村振兴人才培育行动方案》,规定要推进义务教育阶段教师"县管校聘",推广城乡学校共同体、乡村中心校模式。全面推行"县管乡用,乡村一体"管理,医共体内部实行人员统一管理、统筹使用。县(市、区)、乡(镇)所属事业单位专业技术高级、中级、初级总体结构控制比例由 10∶40∶50 调整为 15∶45∶40。各县(市、区)可由主管部门或人力资源社会保障部门建立专业技术高级岗位统筹使用机制,可通过整数核定到各事业单位、尾数部分集中统筹的方式,重点向本县(市、区)因编制少而无法核定高级岗位的单位,以及艰苦边远地区的单位倾斜。②青海省还制定出台了《关于建立县域医共体人员统筹使用机制的指导意见》通知,按照"职能整合、专兼结合、一人多责"原则,在县域医共体内实行县管乡用、统一调配的统筹用人机制。青海省县域医共体人员统筹使用机制可概括为"四个统一",即统

---

① 安徽省农业农村厅网. 中共安徽省委办公厅　安徽省人民政府办公厅关于印发《关于加快推进乡村人才振兴的实施意见》的通知 [EB/OL]. (2021-11-08)[2024-04-23]. http://nync.ah.gov.cn/snzx/tzgg/55978991.html?ivk_sa=1024320u&wd=&eqid=a83fe94500004ec9000000066461f822.

② 青海省人民政府网. 18条政策措施推进乡村振兴人才培育行动 [EB/OL]. (2021-11-29)[2024-04-23]. http://www.qinghai.gov.cn/zwgk/system/2021/11/29/010397958.shtml.

一设置岗位、统一公开招聘、统一岗位竞聘、统一人员使用。[①]

（二）建立县域专业人才统筹使用制度的创新实践

在建立县域专业人才统筹使用制度的创新实践方面，浙江绍兴市在强化县域统筹、盘活用好县乡各类编制资源上进行了实践探索。绍兴市把强化县域统筹、盘活用好县乡各类编制资源作为人才体制机制改革着力点，在上虞区试点探索基层人员编制统筹改革，即实行乡镇行政人员与事业人员、乡镇之间编制、乡镇与部门派驻机构人员编制和中层职数的统筹使用，着力破解编制资源紧缺制约事业发展的瓶颈，积极推动基层治理赋能增效。一是在编制设置上强化统筹使用并适当向乡镇一线倾斜。编制资源实行全域统筹，将4451名县级部门编制与1386名乡镇编制有机融合，形成统一的基层编制总量池，统一管理、统一调配，破除编制"一核定终身"的僵化格局；打破县乡间层级壁垒，从基层编制总量池中统筹43名县级部门编制支持乡镇，推动292名县级部门派驻人员下沉基层一线，纳入乡镇统筹使用；将县乡长期未使用的编制资源集中起来，建立30名行政编制、39名事业编制和20个中层职数的基层编制职数周转池，重点保障因承担县级党委政府和上级部门重点工作任务或地区事业发展的用编用职需求。二是推动编制高效使用和精准管理。职能配置实行清单化，将"三定"规定职能转化为具体的、可操作性的权责事项，梳理公布

---

① 青海省人民政府新闻办公室.青海省县域医共体人员实行"县管乡用"机制［EB/OL］.（2020-10-13）［2024-04-23］. http://www.qhio.gov.cn/system/2020/10/13/013263175.shtml.

119 项基层治理"一件事"事项清单，嵌入基层智治系统试运行，推进县乡职能精细化运行管理；编制配置实行差异化，围绕构建乡镇党建统领、经济生态、平安法治、公共服务 4 个功能型平台运行机制，进一步强化乡镇编制资源差异化配置；人员管理实行岗位化，制定出台岗位管理办法，明确 10 大类 24 个岗位指导目录，推动身份管理向岗位管理转变。①

（三）进一步建立健全县域专业人才统筹使用制度的着力点

当前县域人才发展面临着很多困难。首先，县域人才发展并不均衡。我国地域广阔，地区经济发展不平衡，全国范围各县域之间在地理位置、人口总量、经济社会发展水平上都各不相同，在人才发展上也不均衡，特别是欠发达地区，经济社会发展水平有限，基础配套服务不强，人才缺乏较为严重。其次，县域人才规模投入压力较大。县域人才工作受制于资源、财力等制约，规模化人才资金投入有限，尤其是经济实力偏弱的县域，自主制定的人才政策跟发达地区相比几乎没有吸引力，面临人才政策失灵的尴尬处境。对此，一方面要有更高层面的政策和资金倾斜，另一方面要进一步建立健全县域专业人才统筹使用制度，实现专业人才在县域范围内的统筹使用和价值最大化，有针对性地解决县域人才发展面临的困境。

建立县域专业人才统筹使用制度，重点是通过强化顶层设计，

---

① 中共绍兴市委机构编制委员会办公室. 绍兴市抓实"三化"举措持续盘活用好县乡各类编制资源［EB/OL］.（2022-12-06）［2024-04-23］. http://jgbz.sx.gov.cn/art/2022/12/6/art_1478857_58899244.html.

深化人才体制机制改革，将县域范围内的各类人才进行统筹调配使用，将更多的人才放到农村基层一线发光发热，使得各类人才在最合适的一线岗位上能够发挥最大化价值。具体来说，一是县域范围内的行政事业编制统筹。要积极开展统筹使用基层各类编制资源试点，探索赋予乡镇一级更加灵活的用人自主权，鼓励从上往下跨层级调剂行政事业编制，推动资源服务管理向基层倾斜。二是县域范围内的各类专业人才统筹。要推进义务教育阶段教师"县管校聘"，推广城乡学校共同体、乡村中心校模式；要加强县域卫生人才一体化配备和管理，在区域卫生编制总量内统一配备各类卫生人才，强化多劳多得、优绩优酬，鼓励实行"县聘乡用"和"乡聘村用"。

六、支持人才发展：完善乡村高技能人才职业技能等级制度

在推进乡村全面振兴过程中，随着经济社会的发展，科学技术不断进步，农村新产业新业态不断涌现，农业转型升级持续加速，农业从"体力活"变为"技术活"，这就对从事农业生产的农民的专业素质提出了更高的要求，对从事相关产业的各类人才的专业能力提出了新的要求。实践中，各地也涌现出了一批刻苦钻研、技术高超、经验丰富的"种地能人"等与农业现代化相关的高技能人才，他们的价值和贡献应该得到充分的认可和尊重，这样才能充分激发其积极性创造性，发挥其示范引领和辐射带动作用。基于上述现实需求，要通过体制机制改革，完善乡村高技能

人才职业技能等级制度，制定符合实际的评价标准和等级，为农民提高专业能力素质提供制度化的进步空间，培养造就一大批适应现代化农业发展、综合素质优秀的乡村高技能人才，为推进乡村全面振兴、推动农业现代化、实现农业高质量发展提供扎实有力的人才支撑和人才保障。

（一）完善乡村高技能人才职业技能等级制度的体制机制建设情况

2019 年，人力资源社会保障部和农业农村部联合印发了《关于深化农业技术人员职称制度改革的指导意见》（人社部发〔2019〕114 号）（以下简称《意见》），明确规定农业技术人员是农业农村人才队伍的重要组成部分，是新时代实施乡村振兴战略、加快推进农业农村现代化的重要支撑力量。《意见》以形成设置合理、覆盖全面、评价科学、管理规范的农业技术人员职称制度为主要目标，从健全制度体系、完善评价标准、创新评价机制、促进评价与使用相结合等方面提出了一系列举措措施。首先，在健全制度体系方面，一是增设正高级职称序列，增设了正高级农艺师（正高级畜牧师、正高级兽医师）职称，同时保留农业技术推广研究员作为正高级职称，对长期在农业农村一线从事技术推广服务工作，符合条件的专业技术人员可申报农业技术推广研究员职称，畅通基层农业技术人员成长通道；二是优化职称专业设置，规定各地可以围绕实现农业农村现代化和实施乡村振兴战略的总目标和任务要求，设置各类职称专业，并可以结合本地实际进行动态调整。其次，在完善评价标准方面，一是坚持德才兼备，以德为先，严惩弄虚作假；二是突出业绩水平和实际贡献，不搞简单量化评价，重点评价农业技术人员技术创新、成果转化、技术推广、标准制定、决策咨询、解决实际问题等方面的能力，重大原创性研究成果可"一票决定"；三是实行国家标准、地区标准和单位标准相结合，鼓励各地方、各单位结合实际制定地区标准和单位标准，但地区标准、单位标准不得低于国家标准。再次，在创新评价机制方面，一是改进评价方式，完善以同行专家评审为基础的业内评价机制，综合运用考试、评审、考核认定、实践操作、业绩展示等多种评价方式，提高评价的针对性和科学性；二是畅通评价渠道，进一步打破户籍、地域、身份、档案等制约，创造便利条件，畅通各类生产经营主体中农业技术人员的职称申报渠道；三是建立绿色通道，对在农业各项事业中作出重大贡献或急需紧缺的优秀农业技术人员，可适当放宽学历、资历、年限等条件限制，直接申报评审高级职称；四是完善评审委员会建设，科学界定、合理下放职称评审权限，加强评审专家库建设，健全职称评审委员会工作程序和评审规则；五是加强事中事后监管，建立职称评审随机抽查、巡查制度，畅通意见反馈渠道，建立职称评审公开制度。最后，在促进评价与使用相结合方面，一是实现职称制度与用人制度的有效衔接；二是鼓励人才向艰苦边远地区和基层一线流动。[1]

在完善乡村高技能人才职业技能等级制度方面，省一级层面

---

[1] 中华人民共和国人力资源和社会保障部网. 人力资源社会保障部　农业农村部关于深化农业技术人员职称制度改革的指导意见［EB/OL］.（2019-10-26）［2024-04-23］. http://www.mohrss.gov.cn/xxgk2020/fdzdgknr/zcfg/gfxwj/rcrs/201911/t20191107_340635.html?keywords=.

也有着更为具体的政策规定。陕西省在《关于加快推进乡村人才振兴的实施意见》中规定，对有意愿自主开展技能人才评价的农业企业和开设涉农专业的技工院校优先进行职业技能等级认定机构备案。[①] 广西壮族自治区在《推动乡村人才振兴若干措施》中规定，完善乡村人才振兴激励机制，健全农村实用人才评价认定体系，探索农业农村人才以赛代评评价机制，提高市、县涉农事业单位中、高级专业技术岗位设置比例，组织开展"科技种养大王""最美农技员"等评选表彰活动。[②] 广东省为加快推动乡村人才振兴，完善农业农村专业人才职称评价体系，结合广东省实际，制订出台《广东省农业农村专业人才职称评价改革实施方案》，统筹推进农业技术人才、农业工程技术人才和乡村工匠专业人才等三个类别职称评价改革，力图涵盖乡村一线方方面面的专业人才。在具体评价标准上，注重考察农业农村专业人才的技术性、实践性和创新性，尤其是解决实际问题的能力，避免过于学术化倾向。对于农业技术人才，重点评价技术创新、成果转化、技术推广、决策咨询、解决实际问题等方面的能力；对于农业工程技术人才，重点评价其发明创造、技术推广应用、工程项目设计、工艺流程标准开发转化等方面的能力；对于乡村工匠专业人才，重点评价技能技艺掌握程度和在农业技术推广、带头致富、脱贫攻坚等方

---

① 陕西省人民政府网. 关于加快推进乡村人才振兴的实施意见［EB/OL］.（2022-01-13）［2024-04-23］. http：//www.shaanxi.gov.cn/xw/sxyw/202201/t20220113_2207273.html.

② 记者王艳群，通讯员钟声宇. 广西六部门合力加快乡村振兴人才培养［N］. 广西日报，2021-03-21（1）.

面的贡献。^①特别是全国首创开展的乡村工匠专业人才职称评价有着三个方面的明显特点：在评价对象上，聚焦开发 100 多万农村实用人才资源，让活跃在乡村一线的"土专家""田秀才"等人才能脱颖而出。在评价标准上，重点突出实践、实操能力考核，围绕社会效益、经济效益、带动能力和群众认可度设置评价条件。在评价与使用上，明确乡村工匠专业人才职称只适用乡村基层一线，流动到事业单位的，其职称不作为聘用的有效依据。

（二）完善乡村高技能人才职业技能等级制度的创新实践

近年来，各地围绕完善乡村高技能人才职业技能等级制度开展了多样化的创新实践。

2017 年，浙江首次放开职业农民参评副高；2020 年，浙江首次进行农业正高级职称评审，4 人成为浙江省首批正高级职称的"职业农民"。^②除了浙江外，山东、河北、甘肃、吉林等省市也都开展了职业农民职称评审试点，主要面向种养大户、家庭农场、农民专业合作社、农业社会化服务组织中从事农业专业技术的骨干人员，涵盖种植、养殖、农产品加工、农业机械、农民专业合作服务等领域，围绕社会效益、经济效益、技术水平、带动能力和群众认可度等设置评价指标体系，将能否带领技艺传承、带强

---

① 广东省人力资源和社会保障厅网. 广东省人力资源和社会保障厅　广东省农业农村厅关于印发《广东省农业农村专业人才职称评价改革实施方案》的通知［EB/OL］.（2021-02-23）［2024-04-23］. https://hrss.gd.gov.cn/zcfg/zcfgk/content/post_3231712.html.
② 记者许雅文，通讯员高晓晓. 4 位浙江农民获评正高职称［N］. 浙江日报，2020-07-15（3）.

产业发展、带动群众致富作为职称评审的重点。对于特别优秀的乡土人才，一些地方还建立了职称评审"绿色通道"。[①]

2021 年，江苏省宿迁市制定了《宿迁市乡土人才职业技能等级认定实施办法》，共七章十五条，明确了乡土人才职业等级认定的适用范围和基本要求；规定了用人单位和第三方评价机构开展职业技能等级评价活动的条件；明确评价对象为乡土人才，包括在传统工艺、古建技艺、现代农技等领域掌握特殊技艺技能的能工巧匠、生产能手、经营能人和其他各类需要认定技能等级的人员；规定了评价标准和评价方式及内容；规定了职业技能等级认定的工作程序。[②]

2023 年，宁夏回族自治区印发出台了新修订的《宁夏回族自治区"塞上技能大师"和"自治区技术能手"评选奖励办法》，对新业态新职业新领域及乡村振兴等领域人才在资格要求上适当放宽，并向基层一线和九个中南部县（区）适度倾斜。办法包括开辟绿色通道，以及对在新领域、新业态、新职业从业的高技能人才，在乡村振兴中作出重大贡献的基层一线高技能人才等，具有高级工职业资格（职业技能等级）即可参评"自治区技术能手"，同时对具有特殊职业技能的"奇才怪才"、有独门绝技的民间艺人和乡村工匠、自治区及国家级非遗传承人，在本地区、本行业具

---

① 农业农村部网. 关于政协第十四届全国委员会第一次会议第 02851 号（社会管理类 214 号）提案答复的函［EB/OL］.（2023-08-08）［2024-04-23］. http://www.moa.gov.cn/govpublic/KJJYS/202308/t20230811_6434110.htm.

② 宿迁市人民政府网. 关于印发《宿迁市乡土人才职业技能等级认定实施办法》的通知［EB/OL］.（2021-04-22）［2024-04-23］. https://www.suqian.gov.cn/cnsq/xxgkjycy/202104/8e8f8c9503444157af775a5bc47414c.shtml.

有较大影响力并对产业发展、文化传承及在带徒传技方面作出重要贡献的，可不受职业资格（职业技能等级）等限制参评"自治区技术能手"。[①]

（三）进一步完善乡村高技能人才职业技能等级制度的着力点

进一步完善乡村高技能人才职业技能等级制度有三个方面的着力点。一是在组织农民参加各类技能评价上提供平台、机制和规则。要积极建设各类技能评价平台，因地制宜制定科学合理的评价标准、评价规则等，广泛组织农民参加职业技能鉴定、认定和职业技能竞赛等多种技能评价。二是针对农业、农民的实际情况，灵活创新评价方式和机制。要突破传统评价方式的桎梏，积极探索"以赛代评""以项目代评"等技能评价方式；要突出灵活性、实用性，对于符合条件的高技能人才可以直接认定相应技能等级。三是针对实绩突出人员，建立健全绿色通道或破格规定。要强化制度机制建设，完善绿色通道、破格认定等有关规则和条件，并按照有关规定对有突出贡献、业绩突出的高技能人才破格评定相应技能等级。

---

① 宁夏回族自治区人力资源和社会保障厅网. 自治区人力资源和社会保障厅　自治区党委人才工作领导小组办公室　财政厅　总工会关于印发《宁夏回族自治区"塞上技能大师"和"自治区技术能手"评选奖励办法》的通知［EB/OL］.（2023-03-20）［2024-04-23］. http://hrss.nx.gov.cn/xxgk/zcj/zcfg/tfwj/202303/t20230320_4002352.html.

七、优化人才评价:建立健全乡村人才分级分类评价体系

推进乡村全面振兴人才支撑,需要发挥各类人才的聚集化效应,实现"群英荟萃",充分发挥各类人才的价值和作用。而要做到这一点,就必须认识到,各类人才涉及专业不同、领域不同,其评价标准也应该不同,用同一个标准去统一评价所有的人才,既不符合实际也不公平。应该建立健全科学的乡村人才分级分类评价机制,为各类人才的发展提供与其专业相适应的评价标准和使用机制,激励引导各类乡村人才的职业发展,努力实现人尽其才,充分发挥各类人才的专业能力,调动人才创新创业积极性,为推进乡村全面振兴的人才支撑提供更为扎实有效的机制保障。当前,我国乡村人才分级分类评价体制机制建设不足,评价标准单一、手段趋同等问题较为突出,亟须通过改革创新建立健全相关体制机制。

(一)建立健全乡村人才分级分类评价体系的体制机制建设情况

2018 年,中共中央办公厅、国务院办公厅印发了《关于分类推进人才评价机制改革的指导意见》,明确提出要分类健全人才评价标准,坚持共通性与特殊性、水平业绩与发展潜力、定性与定量评价相结合,根据不同职业、不同岗位、不同层次人才特点和职责,分类建立健全涵盖品德、知识、能力、业绩和贡献等要素,科学合理、各有侧重的人才评价标准,从而健全科学的人才分类评价体系。具体而言,一是要改进和创新人才评价方式。主

要包括：评价主体多元化，积极发挥多元评价主体作用；评价手段多样化，提高评价的针对性和精准性；合理设置评价周期，遵循不同类型人才成长发展规律，科学合理设置评价考核周期；进一步畅通评价渠道，持续打破户籍、地域等限制；促进人才评价和项目评审、机构评估有机衔接，按照既出成果、又出人才的要求，完善在重大科研、工程项目实施、急难险重工作中评价、识别人才机制。二是要加快推进重点领域人才评价改革。主要包括：创新技术技能人才评价制度，着力解决评价标准过于追求学术化问题，分专业领域建立健全相关人才评价标准，重点评价技术技能人才掌握必备专业理论知识和解决工程技术难题、技术创造发明和推广应用、工程项目设计和工艺流程标准开发等实际能力和业绩；创新基层人才评价激励机制，对长期在基层一线和艰苦边远地区工作的人才，加大爱岗敬业表现、实际工作业绩、工作年限等评价权重，健全以职业农民为主体的农村实用人才评价制度，完善教育培训、认定评价管理、政策扶持"三位一体"的制度体系。[1]2022 年，科技部、教育部等八部门联合印发了《关于开展科技人才评价改革试点的工作方案》，按照创新活动类型构建以创新价值、能力、贡献为导向的科技人才评价体系，激发各类科技人才创新活力。[2]

---

[1] 中华人民共和国中央人民政府网. 中共中央办公厅、国务院办公厅印发《关于分类推进人才评价机制改革的指导意见》[EB/OL].（2018-02-26）[2024-04-23]. https://www.gov.cn/gongbao/content/2018/content_5271732.htm.

[2] 中华人民共和国中央人民政府网. 科技部等八部门印发《关于开展科技人才评价改革试点的工作方案》的通知 [EB/OL].（2022-09-23）[2024-04-23]. https://www.gov.cn/zhengce/zhengceku/2022-11/10/content_5725957.htm.

在建立健全乡村振兴人才分级分类评价体系上，省一级层面也有着更为具体的政策规定。陕西省规定，加强职称制度改革，探索推行技术标准、专题报告、发展规划、技术方案、试验报告等视同发表论文的评审方式，对符合陕西省高级职称考核认定办法的乡村发展急需紧缺人才，实行职称评审绿色通道，采取考核认定的方式直接晋升高级职称，不受单位岗位结构比例限制。① 安徽省也明确规定，探索推行技术标准、专题报告、发展规划、技术方案、试验报告等视同发表论文的评审方式；同时指出，对乡村发展急需紧缺人才，可以设置特设岗位，不受常设岗位总量、职称最高等级和结构比例限制；对引进的高层次人才，符合相关规定的进入高级职称评审绿色通道。②

（二）建立健全乡村人才分级分类评价体系的创新实践

围绕建立健全乡村人才分级分类评价体系，各地也积极开展相关创新实践。2023 年 5 月，四川成都崇州市发布了《崇州市乡村振兴人才评价指标体系》，结合本地人才队伍现状，积极探索构建符合农业产业发展需要，精准科学、导向明确、竞争择优的人才评价体系，努力让乡村"偏才""专才""匠才"竞相涌现。《崇州市乡村振兴人才评价指标体系》分为 3 章，从评价对象、评价

---

① 陕西省人民政府网. 关于加快推进乡村人才振兴的实施意见［EB/OL］.（2022-01-13）［2024-04-23］. http：//www.shaanxi.gov.cn/xw/sxyw/202201/t20220113_2207273. html.

② 安徽省农业农村厅网. 中共安徽省委办公厅 安徽省人民政府办公厅印发《关于加快推进乡村人才振兴的实施意见》的通知［EB/OL］.（2021-11-08）［2024-04-23］. http：//nync.ah.gov.cn/snzx/tzgg/ 55978991.html?ivk_sa=1024320u&wd=&eqid=a83fe945 00004ec9000000066461f822.

指标、评价方式三个关键性问题入手，构建乡村振兴人才评价指标体系。在评价对象上，《崇州市乡村振兴人才评价指标体系》重点把握五类人才，即"农业生产经营、农村二三产业发展、乡村公共服务、乡村治理、农业农村科技"等人才群体，精准圈定具体领域，全面摸排各类种植大户、养殖能手和手工艺人，整合为现代职业农民、乡创带头人、乡村工匠、新乡贤等 10 个类型。在评价指标上，《崇州市乡村振兴人才评价指标体系》选取了 3 个维度即"基本素质、职业绩效、个体声誉"，通过层层分解细化，搭建起"9 大评价要素、32 项评价内容、108 项评分细则"于一体的"三素三效三认"评价指标体系，重点考察参评人的个人品行、技艺水平、业绩贡献和带动能力。在评价方式上，《崇州市乡村振兴人才评价指标体系》以多元评价为导向，以"结构化数据 + 非结构化数据"为基础，编制"评价指标条目池""实绩量化赋分表"，构建资格审核、背景审查和动态管理机制。通过"人才自评打分—属地镇街核分—部门联动审分—公示公开亮分"，分层认定崇州市乡村振兴"特优""高级""骨干"人才；实行"三年一周期、每年一考核"，着力打造"各尽其才、各展其能、各有作为"的人才发展环境。[①]

（三）进一步建立健全乡村人才分级分类评价体系的着力点

建立健全乡村振兴人才分级分类评价体系有以下两个着力点：一是人才评价标准要灵活多样，推进评审标准和评审方式多

---

① 宋凯. 成都崇州举办"天府粮仓·群雁栖乡"乡村振兴人才高质量发展大会 [N].
人力资源报，2023-05-29（B3）.

样化。要破除"唯论文""唯学历"等怪圈,坚持把论文写在祖国大地上、把成果用在乡村振兴中,探索推行技术标准、专题报告、发展规划、技术方案、试验报告等视同发表论文的评审方式。二是人才使用要不拘一格,推进乡村人才使用更加便捷高效。对乡村发展急需紧缺的人才,可以设置特设岗位,不受常设岗位总量、职称最高等级和结构比例等方面的限制。

八、强化服务保障:提高乡村人才服务保障能力

习近平总书记在党的二十大报告中指出,"必须坚持系统观念。万事万物是相互联系、相互依存的。"推进乡村全面振兴人才支撑体系建设,要坚持系统观念,不仅要完善各类人才的培养、引进、使用、管理、评价、激励等制度体系,而且也要从更宏观、更系统的高度去完善服务保障和基础支撑能力,进一步加强乡村人才服务保障各项体制机制建设,大力推进与乡村人才队伍建设有关的信息交流、规律研究、数字建设、服务管理、市场媒介等各种网络、平台、基础设施建设,切实提高乡村人才服务保障能力和乡村人才服务公共效能。

(一)提高乡村人才服务保障能力的体制机制建设情况

《"十四五"农业农村人才队伍建设发展规划》明确指出,要完善基础支撑,组织开展农业农村人才发展理论与规律系统研究,搭建政府、市场、社会、人才等多元主体共同参与的交流平台。搭建农业农村人才数字化平台,建立全国农业农村人才数据

库，为农业农村人才培育、管理、使用、服务、流动等提供精准化、系统化数据基础。[①]

在提高乡村人才服务保障能力上，省一级层面也结合实际制定了更为具体的政策，如陕西省规定，加强乡村人才的管理服务工作，鼓励引导各类人力资源服务机构为乡村人才提供职业介绍、求职、招聘等中介服务。[②]

（二）提高乡村人才服务保障能力的创新实践

围绕提高乡村人才服务保障能力，各地也开展了多样化的创新实践。河南信阳新县精准建立人才信息库，出台《关于加快推进人才强县战略的实施意见》，明确要求建立专业技术人才、农村实用人才、外出创业就业人才等六类人才信息库，要求各乡镇区、县直单位、社会组织，分行业分类别开展大走访、大调研，深入挖掘统计各类人才；对人才信息库实行动态管理机制，每季度补充调整一次，及时将各行各业涌现出来的优秀人才归纳入库；以建立人才信息库为契机，健全领导干部联系人才制度；通过分析、梳理人才信息库数据，及时发现全县人才队伍存在问题和工作短板，不断提升人才工作管理和服务水平。山东淄博桓台县构建了"指挥中心—服务站—服务点"三级人才服务网络，县级层面成

---

① 中华人民共和国中央人民政府网. 农业农村部关于印发《"十四五"农业农村人才队伍建设发展规划》的通知［EB/OL］. （2021-12-17）［2024-04-23］. https://www.gov.cn/zhengce/zhengceku/2022/01/27/content_5670819.htm?eqid=a2cdee6f0000019100000002648ac3a6.

② 陕西省人民政府网. 关于加快推进乡村人才振兴的实施意见［EB/OL］. （2022-01-13）［2024-04-23］. http://www.shaanxi.gov.cn/xw/sxyw/202201/t20220113_2207273.html.

立指挥中心，在人才工作领导小组成员单位及各镇（街道）设立服务站，在村（社区）及人才比较集中的企业设立服务点，构建起三级人才服务网络，将服务覆盖面扩展到不同类型、不同领域；成立全县人才咨询服务组和人才服务队，配齐服务站站长、服务点组长，负责服务信息接收、分派，提供法律维权、社会保障、招聘服务、技能培训、政策解答等服务。重庆市万州区积极加强劳务经纪人培训，努力培育打造一支服务基层助力乡村人才振兴的专业化队伍。新疆、云南等地积极培养农村经纪人，通过他们整合资源、跑办市场、解决销售难题，一手牵农民、一手联市场，促进农户和市场有效连接，为乡村振兴注入更大活力。

（三）进一步提高乡村人才服务保障能力的着力点

具体而言，提高乡村人才服务保障能力，主要是要着力完善乡村人才服务保障制度机制，具体应从以下几个方面着手。

一是加强乡村人才工作信息化建设。首先要做好乡村人才信息库建设，要在完善乡村各类人才具体标准的基础上，对乡村人才信息进行采集、分类统计和登记管理，形成系统完备的人才信息库，明确乡村发展规划中人才的补充方向，用好人才，避免乡村人力资源的浪费[①]。其次要加强人才工作数字化管理，完善人才管理部门网站、信息服务交流网络平台建设，为乡村各类人才发展提供便捷有效的信息化服务。

二是建立健全乡村人才管理与服务网络体系。构建面、线、点

---

① 光明网. 高启杰，赵晓园. 加强人才队伍建设，助力乡村振兴［EB/OL］.（2021-04-18）［2024-04-23］. https://m.gmw.cn/baijia/2021-04/18/34772220.html.

有效结合的县乡村三级人才服务网络，打造优质、高效、便捷的人才发展生态。要落实好党委联系服务专家制度，各级党委要根据本地区实际，分层分类确定联系服务专家对象。要与专家密切联系沟通，尊重专家个性特点，帮助专家解决其面临的各种实际困难和问题。

三是完善乡村人才管理服务的市场体系。当前，我国正深化人才体制机制改革，推动构建统一、开放的人才市场体系，要以此为机借势大力发展乡村人才服务业，放宽人才服务业准入限制，培育和引进乡村人才公共服务机构，推进专业性、行业性乡村人才市场建设，构建各类乡村专业人才的供求机制和竞争机制，大力引导各类市场主体为乡村人才提供中介、信息等服务。

建立健全推进乡村全面振兴人才支撑体制机制，是一个需要长期坚持、不断优化的过程。在党管人才的原则之下，在中央政策确定的目标和方向之下，它需要各类主体在乡村一线广泛深入开展各种形式的有益探索和创新实践，不断以鲜活的、扎实的具体模式和行动方案，在畅通推进乡村全面振兴人才支撑体制机制"最后一公里"上持续耕耘、不懈努力，并以生动有效的实践经验为更高层次政策的调整提供有力支撑。与此同时，健全推进乡村全面振兴人才支撑体制机制，必然需要完善标准体系、健全法律法规，要发挥各方优势、广泛凝聚共识推进乡村人才振兴相关标准体系的精准化建设，要强化法治意识，以法治护航推进乡村全面振兴人才支撑体制机制建设，结合实际谋划推进全国性、地区性人才立法，为建立健全推进乡村全面振兴人才支撑体制机制提供更为规范化的法治保障。

第七章
强化推进乡村全面振兴人才支撑保障措施

推进乡村全面振兴人才支撑体系建设，必须在坚持党的全面、系统、整体领导下，加强乡村人才工作的组织领导和统筹协调工作机制建设，进一步强化乡村振兴的政策保障，加强乡村引才聚才的各类平台建设，制定乡村人才专项规划，营造乡村人才发展良好环境，实现推进乡村全面振兴人才支撑的组织保障、政策保障、平台保障、规划保障和环境保障。

一、加强组织领导

如前所述，推进乡村全面振兴人才支撑体系建设是一项系统工程，推进这项系统工程，其繁杂艰巨性是不言而喻的。因此，要确保这一系统工程有效推进，必须领导有力、组织高效，以强大的领导力找准方向、明确目标、强化指导、明确原则、推进协调，以高效的组织力明确责任、细化分工、强化流程、深化监督，有力、有序、有效保障推进乡村全面振兴人才支撑体系建设。在坚持党管人才的原则下，主要从以下几个方面加强组织领导。

（一）强化主体责任

　　各级党委要提高认识，将乡村人才振兴作为推进乡村全面振兴中的重要任务，切实承担起主体责任；建立完善省市县乡村"五级书记"抓人才振兴工作机制，各级党委负责人要承担起乡村人才振兴第一责任人的职责。要发挥主观能动性，深入学习领会习近平总书记关于人才工作的重要论述、习近平总书记关于"三农"工作重要论述等科学理论的核心要义，精准把握党中央关于乡村人才振兴决策部署的精神主旨，全面梳理总结实践中乡村人才振兴面临的问题、困境及其原因，系统分析推进乡村人才振兴所需要的各种有利因素，深入探索推进乡村人才振兴的工作重点、主要措施、体制机制等，制定更为具体细化的政策措施，推进更为扎实有效的创新实践，发挥更为有力的协调作用，凝聚更为强大的发展合力，为推进乡村全面振兴人才支撑体系建设提供有力保证。各地区各部门各有关单位要强化主体意识，切实履职尽责，全力推进乡村人才振兴各项工作。

　　要持续加强农村基层党组织建设，进一步发挥好基层党组织在农村各类经济、社会组织中的领导核心作用，切实提高基层党组织在乡村人才振兴工作中的组织力和行动力。《中国共产党农村基层组织工作条例》第二条明确规定："乡镇党的委员会（以下简称乡镇党委）和村党组织（村指行政村）是党在农村的基层组织，是党在农村全部工作和战斗力的基础，全面领导乡镇、村的各类组织和各项工作。必须坚持党的农村基层组织领导地位不动摇。"①
乡镇党委要领导和组织乡镇范围内的各项事业和工作，按照干部
管理权限对干部进行教育、培训、选拔、考核和监督工作，积极
做好人才服务和引进工作；村党组织要团结带领村民委员会、村
务监督委员会、各类组织及广大村民推进乡村发展、建设、治理
等各项工作，加强对村级范围内干部和有关组织负责人的教育、
管理和监督，注重培养村级后备力量，积极做好招才引智等工作。

（二）强化机制建设

推进乡村全面振兴人才支撑体系建设，涉及农业农村部门、
人力资源和社会保障、财政、金融、税务、自然资源等相关部门，
必须强化机制建设，以良好的体制机制推进乡村人才振兴各项工
作高效开展。具体包括以下几个方面。

第一，强化统筹协调。建立党委统一领导、组织部门指导、
党委农村工作部门统筹协调、相关部门分工负责的乡村人才振兴
工作联席会议制度，切实发挥组织协调作用，及时沟通、协调、
处理乡村人才振兴工作中面临的信息不对称、运转不畅及其他堵
点，深入研究、梳理、解决乡村人才振兴工作中面临的难点和问
题，全面总结乡村人才振兴工作的阶段性成效，科学设置下一步
工作重点，有力推进乡村人才振兴各项工作的扎实开展。

第二，强化分工合作。各级各部门各有关单位要在各自职责
范围内履行好推进乡村人才振兴工作的责任，强化责任落实；同

---

① 中共中央印发《中国共产党农村基层组织工作条例》[N]. 光明日报，2019-01-11
（2）.

时，各有关单位也要在履行责任的过程中积极加强相互间的沟通与合作，及时解决工作中出现的各种问题，形成各负其责、分工合作的高效率工作机制。

第三，强化流程管理。在推进乡村人才振兴工作中，相关工作必须落实到部门，明确责任人。各责任部门在推进具体工作中，要细化工作流程，根据工作实际形成基本的工作规范，明确工作目标、阶段性任务和具体实施步骤，同时做好工作总结，明确工作成效和改进方向，灵活高效推进各项工作。

第四，强化监督考核。中共中央办公厅、国务院办公厅专门印发《关于加快推进乡村人才振兴的意见》明确规定，"把乡村人才振兴纳入人才工作目标责任制考核和乡村振兴实绩考核"。对此，要建立科学、规范的考核指标体系，将考核结果作为干部选拔任用、评先奖优、问责追责的重要参考。建立动态监督考核机制，制定科学的动态监督考核指标体系，定期进行跟踪、评价、反馈和调整，以强有力的监督确保高效率完成各项目标任务。

（三）强化队伍建设

在推进乡村全面振兴人才支撑体系建设中，要发挥高效有力的组织领导作用，关键在于配备、使用、培养、锻炼优秀干部。党的干部是党和国家事业的中坚力量。习近平总书记指出："乡村振兴，关键在人、关键在干。必须建设一支政治过硬、本领过硬、作风过硬的乡村振兴干部队伍。"①

---

① 习近平. 坚持把解决好"三农"问题作为全党工作重中之重，举全党全社会之力推动乡村振兴 [J]. 求是，2022（7）：4-17.

选优配强农村工作干部队伍。要坚持正确用人导向，加强农村工作干部队伍的培养、配备、管理、使用。要选优配强涉农部门领导班子和市县分管乡村振兴的领导干部；要加强乡镇干部配备和使用，注重从表现优秀的村党组织书记、选调生、大学生村官等人才中选拔乡镇领导干部，乡镇党委主要领导应当具备与岗位相匹配的理论和政策水平，熟悉党务工作和"三农"工作，具有较强的组织协调和群众工作能力，在处理农村复杂问题上有经验、能作为；要大力选拔懂发展善治理、有干劲会干事的优秀人才进入村"两委"班子；要畅通晋升渠道，注重提拔使用政治过硬、实绩突出的农村工作干部，造就一支懂农业、爱农村、爱农民的农村工作队伍，提高新时代党领导农村工作的能力和水平。

加强对农村基层干部的教育培训。《中国共产党农村基层组织工作条例》第二十三条规定，"各级党组织应当注重加强农村基层干部教育培训，不断提高素质"。第三十三条第二款规定，"县、乡两级党委应当加强农村党员教育培训，建好用好乡镇党校、党员活动室，注重运用现代信息技术开展党员教育"。[①]农村基层干部应当认真学习和忠实践行习近平新时代中国特色社会主义思想，坚定执行党的政治路线，贯彻党的思想路线、新时代党的组织路线和党的群众路线，贯彻党的民主集中制，学习党的基本理论、基本路线、基本方略，学习形势政策、科学文化、市场经济、党内法规和国家法律法规等知识，学习必备知识技能，熟练掌握"三农"政策，熟悉农村情况。

---

① 中共中央印发《中国共产党农村基层组织工作条例》[N]. 光明日报，2019-01-11
（2）.

　　加强对农村基层干部的监督管理。《中国共产党农村基层组织工作条例》第三十四条、三十五条规定，党的农村基层组织应当严格党的组织生活。坚持"三会一课"制度，组织党员学习党的文件、上党课，开展民主议事、志愿服务等，党支部应当经常开展谈心谈话；党的农村基层组织应当坚持和完善民主评议党员制度，对优秀党员，进行表彰表扬；对不合格党员，加强教育帮助。[①]应当加强对党员的教育和监督，严格执行党的纪律，经常对党员进行遵纪守法教育。要推进监督管理制度化、常态化建设，鼓励农村基层组织在加强基层干部队伍监督管理上积极探索、开展创新实践，县级党委也应当在各地创新实践的基础上进行总结，在加强对农村基层干部的监督管理上形成符合本地实际的有效制度和有力措施。

二、强化政策保障

　　在推进乡村全面振兴的人才支撑体系建设中，离不开政策的保障作用。政策和策略是党的生命。历史和现实充分证明，我们党之所以能够统一思想、团结一致取得举世瞩目的辉煌成就，就在于我们党坚持马克思主义科学理论指导，坚持党的政治路线、思想路线、组织路线和群众路线，高瞻远瞩、见微知著，准确判断和把握形势，制定切合实际的目标任务和政策策略。在这个意义上，政策是宏大的、方向性的、指导性的，它必须通过更为具

---

① 中共中央印发《中国共产党农村基层组织工作条例》[N]. 光明日报. 2019-01-11（2）.

体的、微观的政策措施来落实。本论题所谓的"强化政策保障"，更倾向于具体、灵活、微观的政策措施，以及针对性强、具有宏观调控和微观管理作用的各种经济政策。

（一）推进党和国家政策的落地落实

在推进乡村人才振兴方面，中共中央、国务院已经制定印发了《关于加快推进乡村人才振兴的意见》等系列政策性文件，明确了当前一段时期内乡村人才振兴的目标任务、工作原则、重点任务、工作机制等，可以说，在政策保障这一方面，我们已经有了顶层设计，这一总的政策是在深入调查研究的基础上、综合考虑我国各地实际情况制定的，是各地推进乡村全面振兴人才支撑体系建设的纲领性文件，对推进我国乡村人才振兴具有重要指导意义。各地区各部门在贯彻落实党中央有关人才振兴的政策时，必须认识到总政策必然是宏观的、方向性的、指导性的，是为各地的创新实践提供方向性的政策指导和保障，而要真正贯彻落实好总政策，必须在吃透政策精神的基础上，广泛调查研究，深入基层一线发现并总结广大人民群众的创新实践，制定出更为具体灵活的政策措施，进一步激发基层的首创积极性，切实发挥政策的有效作用，也为中央层面进一步优化政策指导提供丰厚的实践素材。

推进党的国家政策落实落地，就是要着力解决政策落地的"最后一公里"问题。要针对"最后一公里"中面临的各种具体繁杂的问题和任务，动起脑子、迈出步子，拿出有针对性的政策措施，一项一项地解决问题，打通政策落地的"最后一公里"。

（二）积极运用财政、土地、金融等经济政策

强化政策保障，要积极发挥财政、土地、金融等政策功能，有效保障推进乡村全面振兴人才支撑体系建设。财政政策是国家制定的指导财政分配活动和处理各种财政分配关系的基本准则，在现代市场经济条件下，财政政策是实现宏观经济目标的工具。土地政策是国家在土地资源开发、利用、治理、保护和管理方面规定的行动准则，是处理各种土地关系的重要调节手段，一般包括地权政策、土地金融政策和土地赋税政策等。金融政策是政府或中央银行所采取的货币与信用政策的统称，主要包括货币政策、利率政策等。其中，货币政策是中央银行调整货币总需求的方针策略，以稳定货币供应和金融秩序，进而实现经济增长、物价稳定、充分就业等目标；利率政策是中央银行调整社会资本流通的手段，在一定程度上调节社会资本的流量和流向，从而导致产品结构、产业结构和整个经济结构的变化。

近年来，国家有关部委积极强化政策供给，为乡村培养各类人才提供政策支撑。2022 年 4 月，农业农村部办公厅、国家乡村振兴局综合司联合印发《社会资本投资农业农村指引（2022 年）》，其中明确鼓励社会资本投资的重点领域之一就是农业农村人才培养，创新投入方式、打造合作平台、营造良好环境，支持引导社会资本参与农业生产经营人才、农村二三产业发展人才、乡村公共服务人才、乡村治理人才、农业农村科技人才、乡村基础设施建设和管护人才等各类人才培养。鼓励社会资本依托各类平台建设实训基地，打造乡村人才孵化基地。2023 年 6 月，中国人民银

行等五部门联合印发《关于金融支持全面推进乡村振兴　加快建设农业强国的指导意见》（银发〔2023〕97号），提出要"建立完善多层次、广覆盖、可持续的现代农村金融服务体系，增强金融服务能力，助力全面推进乡村振兴、加快建设农业强国"，提出要创新特色金融产品和服务，全力支持旅游休闲等乡村生活性服务业发展；加大中长期贷款投放，合理满足现代农业产业园、农业现代化示范区建设等融资需求；探索建立健全信用评级、风险控制等信贷管理机制，助力发展新产业新业态；持续加大信贷资源投入，深化银企对接，带动更多农民工、灵活就业人员等重点群体创业就业；鼓励各地加强乡村金融人才培养，推动县乡"三农"工作人员与金融从业人员双向交流。

各省也结合自身实际提出或明确了相应的政策保障措施。云南省规定，要统筹安排年度新增建设用地指标用于乡村人才创业生产经营，在土地政策上有了更为具体的规定。江苏省在财政、金融政策保障上明确了更为具体的支持力度，包括将农民教育培训经费按规定列入各级预算，提高相应的补助标准；设立相关财政支农项目，积极支持乡村人才创新创业；鼓励乡村振兴投资基金等对符合条件的乡村人才领办创办的农业企业投资，给予财政贷款贴息；在政策上加强对乡村医生、基层医疗卫生机构全科医生的待遇保障，落实基层卫生骨干人才协议工资制等政策；在政策上稳定提高乡村教师待遇，落实省乡镇工作人员补贴政策；对符合条件的大学生和返乡农民工创业给予一次性创业补贴；乡村人才创办各类农业经营实体享受税收政策优惠以及农业补贴政策；鼓励银行业金融机构对乡村人才给予量身定制的低息信用贷款，优先推介乡村人才创业创新项目给金融机构；通过已经依法登记的集体经营性建设用地入市、农村集体经济组织以集体建设用地使用权入股联营、城乡建设用地增减挂钩等方式，支持各类乡村人才发展新产业、新业态，优先保障返乡入乡人员农村三产融合发展用地需求，等等。

积极运用财政、土地、金融等经济性政策，就是要强化财政、土地、金融等政策性工具的供给，具体主要从以下三个方面着手：一是积极运用财政政策，加强对乡村人才振兴投入的财政支持，支持涉农企业加大乡村人力资本开发投入。二是积极运用土地政策，以用地指标为抓手对各类乡村人才发展新产业新业态进行政策倾斜。三是积极运用金融政策，推进农村金融产品和服务创新，鼓励各类金融机构服务乡村振兴，引导工商资本投资乡村事业，带动人才回流乡村。此外，还要加强上述政策工具之间的统筹协调，实现政策间的协同配合和同向发力，最大限度地发挥政策的支撑作用。

三、搭建乡村引才聚才平台

平台是空间，是机会，是孵化器。推进乡村全面振兴人才支撑体系建设，需要广泛搭建各种平台，为各类人才在乡村振兴中施展才华提供广泛空间和充分机会，为其在乡村振兴中成长成才成功提供多种机遇和有力支持，以多样化平台为乡村振兴引才聚才，全面强化乡村振兴的人才支撑作用。具体而言，搭建乡村引才聚才平台，主要包括人才创新平台建设和人才服务平台建设两个方面。

（一）乡村振兴人才创新平台建设

乡村振兴人才创新平台包括农业产业园、农业科技园区、农村创业创新园区等平台。

农业产业园，是在具有一定资源、产业和区位等优势的农区内划定相对较大的地域范围优先发展现代农业，由政府引导、企业运作，用工业园区的理念来建设和管理，以推进农业现代化进程、增加农民收入为目标，以现代科技和物质装备为基础，实施集约化生产和企业化经管，集农业生产、科技、生态、观光等多种功能为一体的综合性示范园区，是农业示范区的高级形态。2017 年，农业部、财政部联合印发了《关于开展国家现代农业产业园创建工作的通知》（农计发〔2017〕40 号），指出"国家现代农业产业园是在规模化种养基础上，通过'生产+加工+科技'，聚集现代生产要素，创新体制机制，形成了明确的地理界限和一定的区域范围，建设水平比较领先的现代农业发展平台"，明确"建成一批产业特色鲜明、要素高度聚集、设施装备先进、生产方式绿色、经济效益显著、辐射带动有力的国家现代农业产业园"，给予充分的中央财政政策支持，并要求各省给予一定程度的配套财政政策支持。根据中央电视台有关报道，截至 2023 年 2 月，农业农村部、财政部累计支持创建了 250 个国家现代农业产业园，带动各地建设 7000 多个省市县产业园[①]。

---

① 央视网 .2023 乡村振兴如何开局？看现代农业产业园助力蘑菇尽显"科技范"〔EB/OL〕.（2023-02-16）〔2024-04-17〕.https://content-static.cctvnews.cctv.com/snow-book/index.html?item_id=9969649591118221266.

农业科技园区，是指在特定的区域内，推动农科教、产学研紧密结合，农业生产要素优化配置，加速农业科技成果的转化和产业化，不断提高农业生产力，逐步实现农业现代化的一种新型发展模式；农业科技园区的实质是现代农业的探索园区，是农业生产方式转变过程中的带动力量。按照建设和运营主体的差异，农业科技园区有政府主导型、企业主导型、科研单位主导型三种模式。2018年2月，科技部、农业部等六部门共同制定了《国家农业科技园区发展规划（2018—2025年）》（以下简称《规划》），明确国家农业科技园区的建设定位是"集聚创新资源，培育农业农村发展新动能，着力拓展农村创新创业、成果展示示范、成果转化推广和职业农民培训的功能"。提出了农业科技园区建设的目标：到2020年，构建层次分明、功能互补、特色鲜明、创新发展的农业科技园区体系，其中，国家农业科技园区要发挥引领作用；到2025年，把园区建设成为农业科技成果培育与转移转化的创新高地，农业高新技术产业及其服务业集聚的核心载体，农村大众创业、万众创新的重要阵地，产城镇村融合发展与农村综合改革的示范典型。《规划》还围绕农业科技园区建设部署了一系列重点任务，并提出了系列保障措施。特别是在政策支持方面，明确要加强中央财政支持，结合中央财政科技计划（基金、专项等）管理改革，支持园区开展农业科技成果转化示范、创新创业；鼓励国家重点研发计划农业领域项目优先在园区研发试验、科技示范；明确要加强金融政策支持，创新科技金融政策和信贷投放方式，通过PPP（政府和社会资本合作）等模式吸引社会资本支持园区基础设施建设，鼓励政策性、商业性金融机构为符合条件的农业科技园示范区建设项目提供信贷支持；明确要加强政策激励，提出要及时总结推广园区创新驱动发展涌现出的新典型、新模式、新机制，同时加大对先进单位和个人的表彰力度；等等。

农村创业创新园区，是指依托现有各类园区建设的创业创新园区（基地），主要支持农民工、中高等院校毕业生、退役士兵、科技人员、农村青年和农村能人等返乡下乡本乡人员创业创新，加快构建农村创业创新平台和服务体系。2016 年，农业部办公厅发布了《关于建立全国农村创业创新园区（基地）目录的通知》，提出要通过建立全国农村创业创新园区（基地）目录的方式，每年向全社会公布和推介，为返乡下乡本乡人员创业创新提供可选择的场所和便利的服务，帮助园区扩大宣传，实现园区资源条件的充分利用。由于农村创业园区（基地）是在现有各类农业产业园区、农业科技园区、休闲农业园区、文化产业园区、创意产业园区、科技孵化基地等基础上建立的，实际上也对各类园区进行了再评价、再推介，充分发挥政策的叠加效应。

各地要持续加强乡村振兴各类人才创新平台建设，强化政策支持和措施保障，鼓励和支持有关企业、科研院所入园建设科研创新平台，以平台为基地吸引汇聚高层次人才、急需紧缺人才，形成符合本地实际的成功模式，为全国层面进一步优化乡村振兴人才创新平台提供良好的经验借鉴和实践基础。

（二）乡村振兴人才服务平台建设

乡村振兴人才服务平台包括人才驿站、人才服务站、专家服务基地、青年之家、妇女之家等各类人才服务平台。实践中，各地也结合本地实际，探索建设各类人才服务平台，有的是综合性的人才服务平台，有的是专业性的人才服务平台，有的是针对特定人群如专家、青年、妇女等的人才服务平台，可以说是八仙过海、各显神通。

综合性人才服务平台。重庆市南川区鸣玉镇打造"乡村振兴人才驿站"，依托"招才引智、服务产业、人才互动"三大平台，建立引才、育才、聚才机制，着力打破乡村振兴人才要素制约，激活人才引擎，赋能乡村振兴。在招才引智上，镇主要领导带队深入校、企、科研机构，以当地资源禀赋为基础，精准对接机构专家研究需求，靶向引进专业机构，组建专家智库，建立专家工作站，开展"校地共建""村企联建"，利用外部力量破解乡村发展难题；同时，实行"乡镇分管领导＋联络专员"跟踪服务机制，为专家开展培训指导、调研谋划以及项目落地等做好后勤保障工作。在服务产业上，推动专家育人才、人才强产业。围绕"稻、渔、豆、油"四大产业，实行"一产业一团队"发展模式，建立"一个专家团队＋一支本土农技队伍＋一批新型职业农民"的培育机制，以"帮培模式"和"名师授课"的方式，定期邀请各类专家集中授课，实现线上线下联动教学，有的放矢培育一支掌握前沿农业技能的本土队伍，为推动乡村振兴培养一支有活力的生力军。在人才互动上，围绕"乡贤互动、竞赛互动、研学互动"，凝聚人才干事创业活力。

专业性的人才服务平台。湖南新宁县在该县高桥镇建立新宁县脐橙产业人才服务站，为推进脐橙产业人才交流、培训、服务提供平台。人才服务站聚焦乡村振兴和产业发展需求，充分发挥广大本土专家人才引领作用，积极宣传推介人才政策，定期组织开展专题研讨会，解决制约产业发展的重点难点问题，开展技术指导服务，大力培养农村实用技术人才，协助引进人才项目，积极推动技术创新，为新宁县特色产业发展提供智力支持。新宁县还将围绕服务文旅、脐橙、烤烟等特色产业，整合本土人才资源，陆续再建立五个产业人才服务站，着力解决乡村振兴人才总量不大、质量不优的问题，持续做优做强农业特色产业，奋力谱写新宁乡村产业振兴新篇章。

服务特定人群的人才服务平台。如山东省兰陵县长城镇建立青年人才服务站，依托新时代文明实践站建设，以镇团委、镇青工委为组织基础，旨在为青年人才提供便利服务，团结青年人才为推动乡村振兴建设贡献力量。依托青年人才服务站的纽带作用，通过专题培训、主题座谈会、参访交流、政策解读、咨询指导等途径，举办各类活动，及时了解青年人才的生产经营现状，让优秀的青年代表分享创业经验和学习工作感悟，更好地做好"引才"和"赋能"工作。

相对于人才创新平台对于政策、规划、财政支持等的系统化需求，人才服务平台更具有灵活性，也更适合各地充分发挥主观能动性，开展创新实践。各地要结合本地实际、灵活有效开展工作，加强各类人才服务平台建设，为乡村人才提供政策咨询、职称申报、项目申报、融资对接等各类服务，以更多接地气的人才服务平台为各类乡村人才提供更为有效、更深入人心的服务。

四、制定乡村人才专项规划

大国发展，规划先行。中国之治的一个重要密码就是编制和实施国民经济和社会发展五年规划。新中国成立之后，1953 年我国开始实施第一个五年计划，从"十一五"开始，五年计划改成了五年规划，目前我国正在实施"十四五"规划。在这个过程中，在中国共产党的领导下，我们迎来了从站起来、富起来到强起来的伟大飞跃，实现了第一个百年奋斗目标。可以说，远期有战略、中期有规划、年度有部署，三者有机结合、互相补充，为推动我国经济社会持续快速健康发展发挥了重要作用。同理，在推进乡村全面振兴人才支撑体系建设中，制定乡村人才专项规划是重要保障措施。人才政策的保障作用和人才专项规划的保障作用虽然是互相加持、相向而行的，但两者显然各有其功能和作用。人才政策主要是提供方向性的指导、各类平台的政策支撑，以及各种优惠的政策激励，具有很强的导向性功能。而人才专项规划则是在深入研究的基础上，系统分析人才发展相关问题、原因，部署工作目标、指导原则、重点任务、具体措施、工作机制等，是落实人才政策的必然要求，也是推动人才工作系统集中精确化操作的必然要求和有力保障，具有很强的行动性功能。

乡村人才专项规划的主要内容。制定乡村人才专项规划，是在调查研究的基础上，在建立乡村人才信息科目和需求目录等基本资料库的基础上，对乡村人才振兴的目标、任务、措施、机制进行系统的规定和谋划，制定行动方案，推动"三农"工作人才队伍建设制度化、规范化、常态化。2021年12月，农业农村部编制了第一部关于全国农业农村领域人才队伍建设的规划——《"十四五"农业农村人才队伍建设发展规划》，规划对我国农业农村人才的现状进行了调研，指出经过"十三五"时期的努力，全国农业农村人才总量不断扩大、结构明显优化、素质大幅提升，引领农业农村发展的作用充分彰显，为"十四五"期间进一步推动农业农村人才队伍发展奠定了良好的基础。规划明确了"十四五"期间，农业农村人才队伍建设的主要目标是培优、做强、壮大，坚持"三分、三创、三促"的总体思路，全方位培养、引进、用好人才。所谓"三分、三创、三促"，即坚持分类施策、分层推进、分工协作，构建分级负责、分工合作、上下联动的良好工作局面；坚持创建平台、创新机制、创设抓手，构建人才培育、引进、使用、激励的体制机制；坚持促进人才下乡、促进人才返乡、促进人才兴乡，吸引各类人才在乡村振兴中建功立业。对于"十四五"期间农业农村人才培育重点对象，规划根据不同人才队伍的功能定位，把农业农村人才划分为主体人才、支撑人才和管理服务人才3类10支人才队伍，同时针对不同种类人才队伍的特点及其作用，分别制定不同的建设目标和差别化政策措施。同时，聚焦培育建强3类10支人才队伍，谋划实施9项人才培育重大工程、专项行动和提升计划，如创新谋划"顶天""立地"两个重大人才工程，打造农业领域战略人才力量，培育乡村产业振兴带头人。在促进人才发展的制度安排上，规划聚焦人才的培育、引进、使用、激励等关键环节，加大政策、机制、项目投入力度。

根据《"十四五"农业农村人才队伍建设发展规划》（农人发〔2021〕9号）要求，各省（自治区、直辖市）农业农村部门要结合实际编制农业农村人才队伍建设发展规划或实施方案。对此，各省（自治区、直辖市）农业农村部门首先要系统开展调查研究，至少包括两个方面，一是对理论和政策的调查研究，要认真学习乡村人才振兴的有关指导理论、系统梳理乡村人才振兴相关政策，只有这样，规划才能有正确的政治基础和精准的目标定位。同时要对总体规划即《"十四五"农业农村人才队伍建设发展规划》进行深入的分析研究，为制定符合地域实际的农业农村人才队伍建设规划奠定坚实的基础。二是对乡村人才发展现实情况的调查研究，不仅是要了解基本情况，而且要通过更为科学化的方式全面获取并掌握各种基础数据，在这个基础上，要对基本情况和基础数据进行分类归纳、分析研判、总结提炼，对标实施乡村振兴战略需要，评估乡村人才供求总量和结构，细分乡村人才供求缺口，建立科学有效的乡村人才信息库和需求目录。在系统调查研究的基础上，要进一步落实规划的任务要求，结合本地实际提出更为具体的工作目标、重点任务、具体措施、工作机制等规划内容。

五、营造良好环境

推进乡村全面振兴人才支撑体系建设，还离不开良好的环境保障。这里的环境主要包括两个方面，一是物质和经济意义上的硬环境，也就是通过开展乡村建设活动，建好农村基础设施和公共服务设施，改善农村发展条件，提高农村生活便利化水平，吸引城乡人才留在农村。二是制度和社会人文意义上的软环境，即推进乡村治理体系和治理能力现代化，推动形成文明乡风、良好家风、淳朴民风；开展乡村各类优秀人才评选评比、树立乡村人才先进典型并进行表彰奖励，加强宣传和舆论引导，在全社会营造重视、关心、支持乡村各类人才发展的良好氛围，激励各类人才到农村基层一线扎根奉献，在农村广阔天地大施所能、大展才华、大显身手。

（一）持续加强乡村建设，为推进乡村全面振兴人才支撑体系建设提供良好的硬环境

要深入实施乡村建设行动，不断加强农村基础设施建设和公共服务体系建设，持续改善村容村貌和人居环境，建设美丽宜居乡村，为推进乡村全面振兴人才支撑体系建设提供良好的硬环境。

深入实施乡村建设行动，要深入学习借鉴浙江"千万工程"经验并灵活运用于具体实践中去。习近平总书记在浙江工作时亲自谋划、亲自部署、亲自推动了"千村示范、万村整治"工程（简称"千万工程"）这一项重大决策，浙江 20 年持之以恒、锲而不舍地推进，造就了万千美丽乡村，造福了万千农民群众，创造了农业农村现代化的成功经验和实践范例。要借鉴浙江"千万工程"经验，深入贯彻新发展理念，因地制宜、实事求是，尽力而为、量力而行，深化农村人居环境整治，促进城乡融合发展，发展乡村优势特色产业，推动农业农村绿色低碳发展，加强农村精神文明建设，提升乡村治理效能。

深入实施乡村建设行动，要强化规划引领。结合各地实际，综合考虑土地、产业、生态环境保护、历史文化传承等一系列条件因素，科学编制县域村庄布局规划，因地制宜、分类推进村庄建设。要对乡村生活空间进行优化布局，对农业生产空间、乡村生态空间等进行严格保护。

深入实施乡村建设行动，要提升乡村基础设施和公共服务水平。以农民就地过上现代文明生活为出发点和落脚点，健全城乡基础设施统一规划、统一建设、统一管护机制，推动市政公用设施向郊区乡村和规模较大中心镇延伸，全力抓好农村道路交通、农田水利、饮水安全、新型能源、数字网络等基础设施建设；推进城乡基本公共服务标准统一、制度并轨，积极推进城乡医疗卫生、文化教育、市场服务等公共服务均等化水平，增加农村教育、医疗、养老、文化等服务供给，全面提升乡村基础设施完备度和公共服务便利度。

深入实施乡村建设行动，要不断改善农村人居环境。着力解决"垃圾围村"和乡村黑臭水体等突出环境问题，推进农村生活垃圾就地分类和资源化利用，梯次推进农村生活污水治理，因地制宜深入推进农村厕所革命，深入开展村庄清洁和绿化行动，不断提高乡村人居环境舒适度。

（二）持续优化乡村治理，为推进乡村全面振兴人才支撑体系建设提供良好的软环境

要持续推进乡村治理体系和治理能力现代化，加快构建党组织领导的自治、法治、德治相结合的乡村治理体系，建设充满活力、和谐有序的善治乡村，为推进乡村全面振兴人才支撑体系建设提供良好的软环境。

持续推进乡村治理体系和治理能力现代化，要加快构建党组织领导的自治、法治、德治相结合的乡村治理体系①。要加强农村基层党组织建设，建立健全以基层党组织为领导、村民自治组织和村务监督组织为基础、集体经济组织和农民合作组织为纽带、其他经济社会组织为补充的村级组织体系。要提升乡村治理效能，压实乡镇政府综合治理、安全生产等方面的责任，规范村级组织工作事务，健全乡村治理工作协同运行机制，深入开展乡村治理体系建设试点示范和乡村治理示范村镇创建，推广运用"积分制""清单制"等形式，建设法治乡村。要深入推进平安乡村建设，加强群防群治力量建设，创新完善乡村矛盾纠纷多元化、一站式解决机制；深化农村网格化管理服务，推进农村基层管理服务精细化；健全农村扫黑除恶常态化机制。

持续推进乡村治理体系和治理能力现代化，要不断加强新时代农村精神文明建设。要着重提升农民科技文化素质，不断健全农民教育培训体系，培育高素质农民队伍。要加强思想道德建设，实施公民道德建设工程，拓展新时代文明实践中心建设，深化群众性精神文明创建活动，特别是要加强农村青少年思想道德教育，让精神引领和道德力量深度融入乡村治理。要推进乡村优秀文化繁荣发展，加强历史文化名村名镇、传统村落、少数民族特色村寨等历史文化传承保护，继承发扬优秀传统乡土文化，振兴传统

---

① 新华社. 中共中央办公厅　国务院办公厅印发《关于加强和改进乡村治理的指导意见》[EB/OL].（2019-06-23）[2024-04-23]. https://www.gov.cn/zhengce/2019-06/23/content_5402625.htm.

农业节庆；创新实施文化惠民工程，加强乡镇综合文化站、村综合文化中心、文体广场等基层文化体育设施建设；发展乡村特色文化产业。

持续推进乡村治理体系和治理能力现代化，要积极开展创新实践。各地各部门要积极发挥主观能动性，紧密结合实际进行创新实践，持续营造重视、关心、支持乡村各类人才发展良好氛围，形成乡村人才聚集勃发的良好环境，挖掘、开发乡村独特文化内涵，不断提高乡村对各类人才的吸引力。一是要强化宣传引导，激励各类人才到基层一线创新创业、发光发热。要在符合国家有关规定的前提下，面向乡村各类人才，评选表彰一批先进典型，充分发挥传统媒体和新媒体作用，对先进典型人物和事迹进行多种形式的广泛宣传，带动和激励更多人才到基层一线扎根奉献。要结合各地经济社会和产业发展等实际情况，开展乡村各类优秀专业人才评选评比，形成百鸟争鸣、人才辈出的良好态势，营造出力争上游、追求卓越、昂扬向上的良性发展环境。要从娃娃抓起，在农村开发学农实践基地和其他相关劳动实践基地，加强青少年劳动教育，让学生动手实践，在锻炼中培养正确的劳动价值观，牢固树立劳动最光荣的观念，在磨炼中培养良好的劳动品质，形成勤俭、奋斗、创新、奉献的劳动精神。二是要着力文化开发，吸引各类人才到乡村生产生活、实现个人价值和社会价值的相互契合。要植根传统乡村文化，把长期实践过程中形成的良好家风、淳朴民风、文明乡风等公序良俗保护好、传承好，通过群众喜乐见闻的形式宣传好，不断挖掘有影响力、有代表性的乡村文化素材，彰显乡村独特文化魅力，从而增强乡村对人才的吸引力和感召力。要大力弘扬新时代乡村文化，坚持以社会主义核心价值观为导向，积极引导移风易俗，坚决破除封建迷信、盲目攀比等陈规陋习，弘扬新时代文明风尚，不断增强各类人才对乡村发展的理解和认同，不断激发各类人才投身乡村振兴伟大实践的热情和活力。

从更广泛意义上来讲，营造良好环境，还要不断完善城乡融合发展体制机制，建立健全城乡要素平等交换、双向流动政策体系，促进要素更多向乡村流动，增强农业农村发展活力。要持续深化农业农村各项制度性改革，进一步巩固完善农村基本经营制度，完善农村承包地所有权、承包权、经营权分置制度，进一步放活经营权；深化农村宅基地制度改革试点，探索宅基地所有权、资格权、使用权分置实现形式；积极探索实施农村集体经营性建设用地入市制度；深化农村集体产权制度改革，完善产权权能，将经营性资产量化到集体经济组织成员，发展壮大新型农村集体经济。要多管齐下加强对农业农村发展的保障和支持，健全农业农村投入保障制度，加大中央财政转移支付、地方政府债券等支持农业农村力度；健全农业支持保护制度，构建新型农业补贴政策体系，完善粮食最低收购价政策；完善农村用地保障机制，保障设施农业和乡村产业发展合理用地需求；健全农村金融服务体系，完善金融支农激励机制，发展农业保险，等等。

参考文献

［1］习近平. 习近平著作选读：第一卷［M］. 北京：人民出版社，2023.

［2］习近平. 习近平著作选读：第二卷［M］. 北京：人民出版社，2023.

［3］习近平. 决胜全面建成小康社会　夺取新时代中国特色社会主义伟大胜利——在中国共产党第十九次全国代表大会上的报告［M］. 北京：人民出版社，2017.

［4］习近平. 高举中国特色社会主义伟大旗帜　为全面建设社会主义现代化国家而团结奋斗——在中国共产党第二十次全国代表大会上的报告［M］. 北京：人民出版社，2022.

［5］习近平. 习近平谈治国理政［M］. 北京：外文出版社，2014.

［6］习近平. 习近平谈治国理政：第一卷［M］. 北京：外文出版社，2018.

［7］习近平. 知之深　爱之切［M］. 石家庄：河北人民出版社，2016.

［8］习近平. 习近平扶贫论述摘编［M］. 北京：中央文献出版社，2018.

［9］习近平. 加快建设农业强国　推进农业农村现代化［J］. 求是，2023（6）.

［10］习近平. 坚持把解决好"三农"问题作为全党工作重中之重，举全党全社会之力推动乡村振兴［J］. 求是，2022（7）.

［11］习近平．在全国党校工作会议上的讲话［J］．求是，2016（9）．

［12］习近平在中央人才工作会议上强调　深入实施新时代人才强国战略　加快建设世界重要人才中心和创新高地［N］．人民日报，2021-09-29（1）．

［13］习近平在看望参加政协会议的医药卫生界教育界委员时强调　把保障人民健康放在优先发展的战略位置　着力构建优质均衡的基本公共教育服务体系［N］．人民日报，2021-03-07（1）．

［14］中共中央文献研究室．十六大以来重要文献选编（上）［M］．北京：中央文献出版社，2005．

［15］中共中央文献研究室．十七大以来重要文献选编（上）［M］．北京：中央文献出版社，2009．

［16］中共中央文献研究室．十七大以来重要文献选编（中）［M］．北京：中央文献出版社，2011．

［17］中共中央文献研究室．江泽民论有中国特色社会主义（专题摘编）［M］．北京：中央文献出版社，2002．

［18］毛泽东生平和思想研讨会组织委员会编．毛泽东百周年纪念——全国毛泽东生平和思想研讨会论文集（中）［M］．北京：中央文献出版社，1994．

［19］中共中央文献研究室．邓小平论教育［M］．北京：人民教育出版社，2004．

［20］［日］平松守彦著，王翊译．一村一品运动［M］．石家庄：河北人民出版社，1985．

［21］［日］田代洋一著，杨秀平，王国华，刘庆彬译．日本的形象与农业［M］．北京：中国农业出版社，2010．

［22］［法］孟德拉斯著，李培林译. 农民的终结［M］. 北京：社会科学文献出版社，2010.

［23］［美］舒尔茨著，曹延亭译. 教育的经济价值［M］. 长春：吉林人民出版社，1982.

［24］［德］黑格尔著，范扬，张企泰译. 法哲学原理［M］. 北京：商务印书馆，1961.

［25］［英］戴安娜·莉. 牛津学术英语词典［M］. 北京：商务印书馆，2018.

［26］张书岩. 通用规范字典·辞海版［M］. 上海：上海辞书出版社，2017.

［27］汉语大字典编纂处. 50000词现代汉语词典·第三版［M］. 成都：四川辞书出版社，2019.

［28］吴康零，吴畏. 领导科学词典［M］. 成都：四川省社会科学院出版社，1988.

［29］王通讯. 人才学通论［M］. 天津：天津人民出版社，1985.

［30］叶忠海. 人才学概论［M］. 长沙：湖南人民出版社，1983.

［31］赵恒平，雷卫平. 人才学概论［M］. 武汉：武汉理工大学出版社，2009.

［32］中央人才工作协调小组办公室，中共中央组织部人才工作局.《国家中长期人才发展规划纲要（2010—2020年）》学习辅导百问［M］. 北京：党建读物出版社，2010.

［33］中共云南省委党校. 毛泽东同志论农民问题［M］. 昆明：云南人民出版社，1960.

［34］郭晓鸣，张克俊，虞洪，等. 实施乡村振兴战略的系统认识与道路选择［J］. 农村经济，2018（1）.

［35］朱泽．大力实施乡村振兴战略［J］.中国党政干部论坛，2017（12）.

［36］蒋永穆．基于社会主要矛盾变化的乡村振兴战略：内涵及路径［J］.
社会科学辑刊，2018（2）.

［37］李建军，杨丽娟．乡村振兴战略实施的"基础设施"和重要机
制［J］.贵州社会科学，2019（9）.

［38］叶兴庆．新时代中国乡村振兴战略论纲［J］.改革，2018（1）.

［39］李长学．"乡村振兴"的本质内涵与逻辑成因［J］.社会科学家，
2018（5）.

［40］徐美银．乡村振兴战略的科学内涵、动力机制与实现路径研究［J］.
农业经济，2019（12）.

［41］马义华，曾洪萍．推进乡村振兴的科学内涵和战略重点［J］.农村经
济，2018（6）.

［42］刘儒，刘江，王舒弘．乡村振兴战略：历史脉络、理论逻辑、推进路
径［J］.西北农林科技大学学报（社会科学版），2020（2）.

［43］杨谦，孔维明．习近平乡村振兴战略研究［J］.马克思主义理论学科
研究，2018（4）.

［44］陈冬仿，桂玉．乡村振兴战略的政治经济学逻辑解析［J］.学习论
坛，2020（12）.

［45］叶敬忠，张明皓，豆书龙．乡村振兴：谁在谈，谈什么？［J］.中国
农业大学学报（社会科学版），2018（3）.

［46］何磊．新时代乡村振兴战略的主攻方向与实践要求——学习习近平
关于乡村振兴战略重要论述［J］.中国延安干部学院学报，2019（3）.

［47］袁彪．基于精准扶贫视角下的乡村振兴发展路径探索［J］.农业经
济，2018（7）.

［48］陈龙．新时代中国特色乡村振兴战略探究［J］．西北农林科技大学学报（社会科学版），2018（3）．

［49］丁忠兵．乡村振兴战略的时代性［J］．重庆社会科学，2018（4）．

［50］王木森，唐鸣．马克思主义共享理论视角下的乡村振兴战略：逻辑与进路［J］．新疆师范大学学报（哲学社会科学版），2019（5）．

［51］范建华．乡村振兴战略的理论与实践［J］．思想战线，2018（3）．

［52］赵军．关于实施乡村振兴战略的几点思考［J］．中国生态农业学报（中英文），2019（2）．

［53］刘守英．乡村现代化的战略［J］．经济理论与经济管理，2018（2）．

［54］邓雁玲，雷博，陈树文．实施乡村振兴战略的逻辑理路分析［J］．经济问题，2020（1）．

［55］韩长赋．大力实施乡村振兴战略［J］．紫光阁，2018（1）．

［56］刘威，肖开红．乡村振兴视域下农村三产融合模式演化路径——基于中鹤集团的案例［J］．农业经济与管理，2019（1）．

［57］杨世伟．绿色发展引领乡村振兴：内在意蕴、逻辑机理与实现路径［J］．华东理工大学学报（社会科学版），2020（4）．

［58］蔡克信，杨红，马作珍莫．乡村旅游：实现乡村振兴战略的一种路径选择［J］．农村经济，2018（9）．

［59］张培奇，胡惠林．论乡村振兴战略背景下乡村公共文化服务建设的空间转向［J］．福建论坛（人文社会科学版），2018（10）．

［60］范根平．乡村振兴的理论逻辑起点、价值意义及实现路径［J］．长春师范大学学报，2020（3）．

［61］徐延章．乡村振兴战略中公共文化传播策略［J］．图书馆，2020（12）．

［62］曹桂茹，王新城．基于乡村振兴战略的农村社会治理创新目标与路径

研究［J］. 农业经济，2020（6）.

［63］谢天成，王大树. 乡村振兴战略背景下促进农民持续增收路径研究
　　　［J］. 新视野，2019（6）.

［64］张阳丽，王国敏，刘碧. 我国实施乡村振兴战略的理论阐释、矛盾剖
　　　析及突破路径［J］. 天津师范大学学报（社会科学版），2020（3）.

［65］聂继红，吴春梅. 乡村振兴战略背景下的农村基层党组织带头人队伍
　　　建设［J］. 江淮论坛，2018（5）.

［66］郭雅敏. 乡村振兴背景下大学生农村创业现状及路径探析［J］. 长春
　　　师范大学学报，2021（3）.

［67］唐丽霞. 新型职业农民培育要有新思路［J］. 人民论坛，2021（9）.

［68］曾福生，卓乐. 实施乡村振兴战略的路径选择［J］. 农业现代化研
　　　究，2018（5）.

［69］张勇. 农村宅基地制度改革的内在逻辑、现实困境与路径选择——
　　　基于农民市民化与乡村振兴协同视角［J］. 南京农业大学学报（社
　　　会科学版），2018（6）.

［70］刘天琦，宋俊杰. 财政支农政策助推乡村振兴的路径、问题与对策
　　　［J］. 经济纵横，2020（6）.

［71］刘玉娟，丁威. 乡村振兴战略中乡村人才作用发挥探析［J］. 大连干
　　　部学刊，2018，34（8）.

［72］王东辉，姚成姣，王璟. 论乡村振兴战略实施中农村基层人才队伍建
　　　设［J］. 长春工程学院学报（社会科学版），2022，23（1）.

［73］龚毓烨. 乡村振兴急需人才类型分析［J］. 求知，2019（4）.

［74］刘雯. 我国农村人才流失的原因及对策建议［J］. 人才资源开发，
　　　2015（10）.

［75］时旭梅．乡村振兴战略背景下乡土人才队伍建设探析——以广元市利州区为例［J］．延边党校学报，2019，35（6）．

［76］罗俊波．推动乡村振兴需补齐"人才短板"［J］．人民论坛，2018（30）．

［77］何玉婷，王苑义．乡村振兴战略背景下乡村人才队伍建设研究［J］．产业与科技论坛，2022，21（11）．

［78］高鸣．加强乡村振兴人才队伍建设［J］．中国人才，2022（4）．

［79］王晓东．论新时代乡村建设行动中的人才队伍建设［J］．山西农经，2022（17）．

［80］马茜茜．乡村振兴战略背景下的乡村人才队伍建设研究［J］．山西农经，2022（15）．

［81］刘路军．乡村振兴战略下乡村人才建设存在的问题及其对策探究［J］．南方农业，2019，13（Z1）．

［82］莫广刚．以乡村人才振兴促进乡村全面振兴［J］．农学学报，2019，9（12）．

［83］陆凤桃，黄智刚．乡村振兴背景下农村人才队伍建设的思考［J］．黑龙江人力资源和社会保障，2021（17）．

［84］宋海山．乡村振兴战略下黑龙江省农业人才队伍建设问题研究［J］．河南农业，2019（29）．

［85］陈建武，张向前．我国"十三五"期间科技人才创新驱动保障机制研究［J］．科技进步与对策，2015，32（10）．

［86］李秋红，田世野．农业人才供给侧改革与新农村建设［J］．理论与改革，2016（4）．

［87］母亚茹，吴虹．乡村人才队伍建设思考［J］．合作经济与科技，2022（6）．

［88］夏建刚，邹海燕．人才概念内涵探析［J］．中国人才，2003（4）．

［89］李维平．对人才定义的理论思考［J］．中国人才，2010（23）．

［90］张世高．关于人才定义［J］．党建与人才，1997（2）．

［91］王德劲．人才及其相关概念辨析［J］．西北人口，2008（2）．

［92］方建中，周建波．江苏自主创新的人才支撑体系研究［J］．唯实，
　　　2006（10）．

［93］刘召峰，孙大伟．历史性自觉与马克思主义人才理论的奠基和发
　　　展——马克思、列宁、毛泽东人才思想述论［J］．贵州社会科学，
　　　2015（11）．

［94］杨东梅，沈有禄．农民工职业技能培训供需状况调查研究［J］．中国
　　　职业技术教育，2019（21）．

［95］常亚慧，李阳．农村教育"去农化"运作的实践逻辑［J］．济南大学
　　　学报（社会科学版），2020（2）．

［96］田雨露，郭庆海．家庭农场区域发展特征及生成条件分析［J］．经济
　　　纵横，2022（10）．

［97］吴东立，张思檬．龙头企业与农民合作社的共生演化机理及仿真研
　　　究：基于Logistic增长模型［J］．山东师范大学学报（社会科学版），
　　　2022，67（6）．

［98］刘越山．《全国乡村产业发展规划（2020—2025年）》解读之二农业
　　　农村部：乡村产业今年目标任务——拓出农业新业态　展出乡村新
　　　空间［J］．经济，2020（8）．

［99］高建军，张瞳光，董婧．乡村振兴背景下农村创新创业带头人培育问
　　　题研究［J］农村经济与科技，2022，33（09）．

［100］张建伟，图登克珠．乡村振兴战略的理论、内涵与路径研究［J］．

农业经济，2020（7）.

［101］陈佳铭. 乡村教育人才队伍建设探究［J］农村·农业·农民（B版），2023（8）.

［102］林梦泉，龚桢梽. 浅谈我国学位授权审核的发展历程、作用与经验［J］. 学位与研究生教育，2009（2）.

［103］广西壮族自治区党委组织部. 广西　精选严管　发挥第一书记排头兵作用［J］. 农村工作通讯，2017（2）.

［104］王佳伟，廖文梅，邹佳敏. 乡村振兴人才培养的研究热点领域与发展趋势——以"一村一名大学生"工程为例［J］. 江西广播电视大学学报，2022，24（4）.

［105］张小永，史永博，王慧茵. 乡村振兴背景下农村远程教育深度发展初探——以"一村一名大学生计划"为例［J］. 陕西广播电视大学学报，2021，23（1）.

［106］孙增兵. 农村经营管理人才培养模式构建途径浅析［J］. 南方农业，2020，14（27）.

［107］夏永林，叶超. 关于实验技术人员的作用与培养的再思考［J］. 实验技术与管理，2005（9）.

［108］乡村人才振兴热土引人才扎根生长［J］. 农村工作通讯，2022（20）.

［109］徐婕，于巧玲，胡林元. 乡村振兴背景下我国科技工作者当前的使命与挑战［J］. 科技中国，2023（5）.

［110］王文强. 以体制机制创新推进乡村人才振兴的几点思考［J］. 农村经济，2019（10）.

［111］仲组轩. 让更多人才到艰苦边远地区和基层一线建功立业［J］. 求是，2019（24）.

［112］龙健飞，常慕佳，曹卢波．高等农业院校在新农村人才战略中的作用与实现途径［J］．教育与职业，2009（3）．

［113］周德锋．乡村振兴战略背景下基层农业技术推广人才培养存在的问题及策略探讨［J］．农村实用技术，2021（12）．

［114］马建富，李芷璇．乡村振兴背景下农村职业教育的价值取向与改革框架［J］．职业技术教育，2020，41（33）．

［115］谢一帆，宁金，韦武智．"互联网＋"视域下深化党校教学改革的思路［J］．中共山西省委党校学报，2016（6）．

［116］李元平．引导人才向艰苦边远地区和基层一线流动［J］．党建研究，2021（10）．

［117］新华社．习近平在全国组织工作会议上强调　建设一支宏大高素质干部队伍确保党始终成为坚强领导核心［J］．党建，2013（7）．

［118］陈崇阳．黄河三角洲农高示范区的人才支撑体系研究［D］．乌鲁木齐：新疆大学，2019．

［119］余雅洁．重庆市生态功能区发展战略的人才支撑体系研究［D］．重庆：中共重庆市委党校，2015．

［120］杨小芳．完善辽宁省科技特派行动人才支撑体系对策研究［D］．沈阳：东北大学，2013．

［121］甄晓焕．福建省现代农业发展中农业科技人才支撑体系研究［D］．福州：福建农林大学，2015．

［122］詹文文．农村实用人才队伍建设的问题与对策研究［D］．南昌：江西农业大学，2016．

［123］胡鑫．乡村振兴战略人才支撑体系建设研究［D］．吉林：吉林大学，2021．

［124］李浩. 打造乡村振兴的"主力军"——《2022 年全国高素质农民发展报告》发布［N］. 农民日报，2023-01-13（6）.

［125］孟德才，刘知宜. 乡村工匠迎来新的发展机遇期——对话付文阁，夏显力，梁放［N］. 农民日报，2022-12-01（8）.

［126］敖蓉. 劳务品牌带动高质量就业［N］. 经济日报，2022-11-28（1）.

［127］李桂杰. 劳务品牌助农民工高质量就业［N］. 中国青年报，2023-04-28（1）.

［128］颜安. 劳务品牌如何成乡村就业"金名片"［N］. 重庆日报，2022-01-10（8）.

［129］申少铁，程焕，吴君. 走近大学生乡村医生［N］. 人民日报，2023-08-25（19）.

［130］中共中央印发《中国共产党农村工作条例》［N］. 光明日报，2019-09-02（1）.

［131］刘镇东，黄京. 院士校长当"邮差"，为他送来通知书［N］. 三湘都市报，2023-07-28（A4）.

［132］孙吉晶，穆静，严舒玮. 我市建立较完善农村人才培养体系［N］. 宁波日报，2023-06-11（1）.

［133］李飞. 韩长赋在农业农村人才工作座谈会上强调 加强新时代农业农村人才队伍建设 为乡村振兴提供人才支撑［N］. 农民日报，2019-03-01（1）.

［134］李浩. 上可高耸入云 下能植根大地——农业科技人才建设实现连天接地全面覆盖［N］. 农民日报，2022-08-15（1）.

［135］常钦. 科技助力，农业发展更有活力［N］. 人民日报，2024-02-22（11）.

［136］付文，施钰．基层壮筋骨　一线长才干［N］．人民日报，2023-06-06（18）．

［137］吴佩．返乡下乡创业创新为乡村注入新动能——农业农村部新闻发言人广德福就返乡下乡创业创新情况答记者问［N］．农民日报，2019-01-11（1）．

［138］高毅哲，欧媚．加快建设教育强国　办好人民满意的教育［N］．中国教育报，2023-07-07（1）．

［139］李涛，陈赛，张华清，何妍君．加强农业科技创新人才培养　推动农业现代化发展［N］．中国食品安全报，2024-03-06（B02）．

［140］中共中央印发《中国共产党党校（行政学院）工作条例》［N］．人民日报，2019-11-04（3）．

［141］王艳群，钟声宇．广西六部门合力加快乡村振兴人才培养［N］．广西日报，2021-03-21（1）．

［142］许雅文，高晓晓．4位浙江农民获评正高职称［N］．浙江日报，2020-07-15（3）．

［143］中共中央印发《中国共产党农村基层组织工作条例》［N］．光明日报，2019-01-11（02）．

［144］宋凯．成都崇州举办"天府粮仓·群雁栖乡"乡村振兴人才高质量发展大会［N］．人力资源报，2023-05-29（B3）．

［145］新华社．中共中央　国务院关于全面深化新时代教师队伍建设改革的意见［EB/OL］．（2018-01-20）［2024-05-11］．https://www.gov.cn/zhengce/2018-01/31/content_5262659.htm．

［146］武汉市人民政府办公厅网．市人民政府办公厅关于建立武汉市乡村责任规划师制度的通知［EB/OL］．（2023-01-13）［2024-05-

21］. https：//www.wuhan.gov.cn/zwgk/xxgk/zfwj/bgtwj/202301/
t20230113_2131995.shtml.

［147］农业农村部网. 中共中央　国务院关于学习运用"千村示范、万
村整治"工程经验有力有效推进乡村全面振兴的意见［EB/
OL］.（2024-01-01）［2024-02-17］. http：//www.moa.gov.cn/
ztzl/2024yhwj/zxgz_29632/202402/t20240204_6447014.htm.

［148］中华人民共和国中央人民政府网. 中央农村工作会议在京召
开　习近平对"三农"工作作出重要指示［EB/OL］.（2023-12-
20）［2024-03-22］. https：//www.gov.cn/yaowen/liebiao/202312/
content_6921467.htm.

［149］新华网. 政府工作报告——2024年3月5日在第十四届全国人民
代表大会第二次会议上［EB/OL］.（2024-3-12）［2024-03-28］.
http：//www.news.cn/politics/20240312/bd0e2ae727334f6b9f59e924c87
1c5c2/c.html.

［150］国家统计局网. 2022年农民工监测调查报告［EB/OL］.（2023-
04-28）［2024-04-23］. http：//www.stats.gov.cn/sj/zxfb/202304/
t20230427_1939124.html.

［151］国家统计局网. 2023年一季度居民收入和消费支出情况［EB/
OL］.（2023-04-18）［2024-04-23］. http：//www.stats.gov.cn/sj/
zxfb/202304/t20230418_1938712.html.

［152］中华人民共和国民政部网. 2022年民政事业发展统计公报［EB/
OL］.（2023-10-13）［2024-04-23］. https：//www.mca.gov.cn/
n156/n2679/index.html.

［153］农业农村部网. 关于政协第十四届全国委员会第一次会议

第 01841 号（教育事业类 156 号）提案的答复摘要［EB/OL］.
（2023-08-07）［2024-04-17］. http：//www.moa.gov.cn/govpublic/
KJJYS/202308/t20230811_6434111.htm.

［154］新华网.《2023 年全国高素质农民发展报告》发布　我国高素质农
民发展态势良好［EB/OL］.（2023-11-08）［2024-04-17］. http：//
www.news.cn/politics/2023-11/08/c_1129963639.htm.

［155］广西新闻网. 第一书记召回撤换制度是广西脱贫攻坚新战法［EB/
OL］.（2017-01-12）［2024-04-23］. http：//www.gxnews.com.cn/
staticpages/20170112/newgx5876cc27-15962821.shtml.

［156］农业农村部网. 关于印发《新型农业经营主体和服务主体高质量发
展规划（2020-2022 年）》的通知（农政改发〔2020〕2 号）［EB/
OL］.（2020-04-23）［2024-04-17］. http：//www.moa.gov.cn/
nybgb/2020/202003/202004/t20200423_6342187.htm.

［157］农业农村部网. 关于实施新型农业经营主体提升行动的通知［EB/
OL］.（2022-05-24）［2024-04-17］. http：//www.moa.gov.cn/
govpublic/NCJJTZ/202203/t20220325_6394049.htm.

［158］农业农村部网. 新型农业经营主体保持良好发展势头［EB/OL］.
（2023-12-19）［2024-04-17］. http：//www.moa.gov.cn/
ztzl/2023fzcj/202312/t20231219_6442993.htm.

［159］新华社. 中共中央办公厅　国务院办公厅印发《关于加快推进乡村
人才振兴的意见》［EB/OL］.（2021-02-23）［2024-04-17］. https：//
www.gov.cn/zhengce/2021-02/23/content_5588496.htm.

［160］人民日报海外版. 为农村电商发展再加把劲［EB/OL］.（2024-
03-18）［2024-04-17］. https：//www.xuexi.cn/lgpage/detail/index.

html?id=9094782676288642520&amp；item_id=9094782676288642520.

［161］新华社．中共中央办公厅印发《关于加强乡镇干部队伍建设的若干
意见》［EB/OL］.（2014-09-25）［2024-04-17］. https：//www.gov.
cn/zhengce/2014-09/25/content_2756965.htm.

［162］商务部网．商务部　中央网信办　发展改革委关于印发《"十四五"
电子商务发展规划》的通知［EB/OL］.（2021-10-09）［2024-
04-17］.http://m.mofcom.gov.cn/article/zcfb/zcwg/202202/
20220203282001.shtml.

［163］商务部网．商务部等9部门办公厅（室）关于印发《县域商业三
年行动计划（2023—2025年）》的通知［EB/OL］.（2023-07-27）
［2024-04-17］. https：//www.gov.cn/zhengce/zhengceku/202308/
content_6898207.htm.

［164］中国互联网络信息中心网．第53次《中国互联网络发展状况统计报
告》发布［EB/OL］.（2024-03-22）［2024-04-17］. https：//www.
cnnic.net.cn/n4/2024/0321/c208-10962.html.

［165］国家乡村振兴局网．关于推进乡村工匠培育工作的指导意见（国乡振
发〔2022〕16号）［EB/OL］.（2022-11-22）［2024-04-17］. https：//
www.jiangxi.gov.cn/art/2022/11/21/art_5210_4234069.html

［166］中华人民共和国中央人民政府网．中央农办、国家卫生健康委负责
人就《关于进一步深化改革促进乡村医疗卫生体系健康发展的意见》
答　问［EB/OL］.（2023-02-25）［2024-04-17］. https：//www.gov.
cn/xinwen/2023-02/25/content_5743248.htm.

［167］人民网．总书记叮嘱"把论文写在田野大地上"［EB/OL］.（2022-
12-22）［2024-04-17］. http：//cpc.people.com.cn/n1/2022/1222/

c64387-32591447.html.

[168]新华网. 习近平回信寄语全国涉农高校广大师生：以立德树人为根本　以强农兴农为己任[EB/OL]. （2019-09-06）[2024-04-17]. https：//www.xuexi.cn/lgpage/detail/index.html?id=474081145411 4011217.

[169]农业农村部网. 对十四届全国人大一次会议第0210号建议的答复摘要[EB/OL]. （2023-09-14）[2024-04-17]. http：//www.moa.gov. cn/govpublic/KJJYS/202309/t20230918_6436623.htm.

[170]新华社. 习近平对职业教育工作作出重要指示[EB/OL]. （2021-04-13）[2024-04-17]. https：//www.gov.cn/xinwen/2021-04-13/ content_5599267.htm.

[171]人民政协报. 让职业教育在乡村振兴中"大有可为"——全国政协"充分发挥职业教育在乡村振兴中的作用"调研综述[EB/ OL]. （2022-08-03）[2024-04-17]. http：//www.cppcc.gov.cn/ zxww/2022/08/03/ARTI1659496597138226.shtml.

[172]新华社. 中共中央办公厅　国务院办公厅印发《关于深化现代职业教育体系建设改革的意见》[EB/OL]. （2022-12-21）[2024-04-17]. https：//www.gov.cn/zhengce/2022-12/21/content_5732986.htm.

[173]新华社. 中央组织部从代中央管理党费中划拨3.18亿元用于支持开展党员教育培训等工作[EB/OL]. （2024-01-20）[2024-04-17]. https：//www.xuexi.cn/lgpage/detail/index.html?id=92755223608 3605793&amp；item_id=927552236083605793.

[174]央视财经. 全国工商联发布《中国民营企业社会责任报告（2023）》 [EB/OL]. （2024-01-02）[2024-04-17]. https：//www.xuexi.

cn/lgpage/detail/index.html?id=4514527398909633666& item_
id=4514527398909633666.

［175］农业农村部网. 对十三届全国人大五次会议第4200号建议的答复
［EB/OL］.（2022-06-22）［2024-04-17］. http：//www.moa.gov.
cn/govpublic/zcggs/202206/t20220622_6403117.htm.

［176］农业农村部网.《"十四五"农业农村人才队伍建设发展规划》［EB/
OL］.（2021-12-17）［2024-04-23］. https：//www.gov.cn/zhengce/
zhengceku/2022-01/27/content_5670819.htm?eqid=a2cdee6f000001910
0000002648ac3a6.

［177］陕西省人民政府网. 关于加快推进乡村人才振兴的实施意见［EB/
OL］.（2022-01-13）［2024-04-23］. http：//www.shaanxi.gov.cn/
xw/sxyw/202201/t20220113_2207273.html.

［178］安徽省人民政府网. 关于印发《关于加快推进乡村人才振兴的实施
意见》的通知［EB/OL］.（2021-11-08）［2024-04-23］. http：//
nync.ah.gov.cn/snzx/tzgg/55978991.html?ivk_sa=1024320u&wd=&eqid
=a83fe94500004ec9000000066461f822.

［179］国家统计局网. 中华人民共和国2022年国民经济和社会发展统计
公报［EB/OL］.（2023-02-28）［2024-04-23］. https：//www.stats.
gov.cn/sj/zxfb/202302/t20230228_1919011.html.

［180］中华人民共和国教育部网. 教育部等九部门关于印发《中西部欠发
达地区优秀教师定向培养计划》的通知［EB/OL］.（2021-07-26）
［2024-04-23］. http：//www.moe.gov.cn/srcsite/A10/s7011/202108/
t20210803_548644.html.

［181］中共江苏省委新闻网. 江苏印发《关于加快推进乡村人才振兴的实

施意见》[EB/OL].（2021-12-03）[2024-04-23]. http://jsnews. jschina.com.cn/swwj/202112/t20211203_2905167.shtml.

[182]中华人民共和国中央人民政府网.国家卫生健康委　国家中医药管理局　国家疾病预防控制局关于做好县域巡回医疗和派驻服务工作的指导意见[EB/OL].（2023-01-17）[2024-04-23]. https:// www.gov.cn/zhengce/zhengceku/2023-03/17/content_5747175.htm.

[183]农业农村部网.关于修订《"我的家乡我建设"活动实施方案》的通知[EB/OL].（2023-10-25）[2024-04-23]. https://www.moa. gov.cn/govpublic/XCZXJ/202310/t20231024_6438921.htm.

[184]中华人民共和国中央人民政府网.中共中央办公厅、国务院办公厅印发《关于分类推进人才评价机制改革的指导意见》[EB/OL].（2018-02-26）[2024-04-23]. https://www.gov.cn/gongbao/ content/2018/content_5271732.htm.

[185]中华人民共和国中央人民政府网.科技部等八部门印发《关于开展科技人才评价改革试点的工作方案》的通知[EB/OL].（2022-09-23）[2024-04-23]. https://www.gov.cn/zhengce/ zhengceku/2022-11/10/content_5725957.htm.

[186]中华人民共和国中央人民政府网.中共中央办公厅　国务院办公厅印发《关于加强和改进乡村治理的指导意见》[EB/OL].（2019-06-23）[2024-04-23]. https://www.gov.cn/zhengce/2019-06/23/ content_5402625.htm.

[187]新华社.中共中央办公厅印发《关于鼓励引导人才向艰苦边远地区和基层一线流动的意见》[EB/OL].（2019-06-19）[2024-04-23]. https://www.gov.cn/zhengce/2019-06/19/content_5401652.htm.

［188］湖南省人民政府网. 湖南印发《促进人才向基层流动实施方案》［EB/OL］.（2019-07-29）［2024-04-23］. http://www.hunan.gov.cn/hnyw/zwdt/201907/t20190729_5407064.html.

［189］天山网. 新疆出台18条具体措施鼓励人才向基层流动［EB/OL］.（2019-12-11）［2024-04-23］. http://news.ts.cn/system/2019/12/11/035998903.shtml.

［190］中华人民共和国中央人民政府网. 中共中央 国务院关于抓好"三农"领域重点工作确保如期实现全面小康的意见［EB/OL］.（2020-01-02）［2024-04-23］. https://www.gov.cn/gongbao/content/2020/content_5480477.htm?ivk_sa=1024320u.

［191］青海省人民政府网. 18条政策措施推进乡村振兴人才培育行动［EB/OL］.（2021-11-29）［2024-04-23］. http://www.qinghai.gov.cn/zwgk/system/2021/11/29/010397958.shtml.

［192］青海省人民政府新闻办公室. 青海省县域医共体人员实行"县管乡用"机制［EB/OL］.（2020-10-13）［2024-04-23］. http://www.qhio.gov.cn/system/2020/10/13/013263175.shtml.

［193］中共绍兴市委机构编制委员会办公室. 绍兴市抓实"三化"举措持续盘活用好县乡各类编制资源［EB/OL］.（2022-12-06）［2024-04-23］. http://jgbz.sx.gov.cn/art/2022/12/6/art_1478857_58899244.html.

［194］中华人民共和国人力资源和社会保障部网. 人力资源社会保障部 农业农村部关于深化农业技术人员职称制度改革的指导意见［EB/OL］.（2019-10-26）［2024-04-23］. http://www.mohrss.gov.cn/xxgk2020/fdzdgknr/zcfg/gfxwj/rcrs/201911/t20191107_340635.

html?keywords=.

[195]广东省人力资源和社会保障厅网.广东省人力资源和社会保障厅 广东省农业农村厅关于印发《广东省农业农村专业人才职称评价改革实施方案》的通知[EB/OL].（2021-02-23）[2024-04-23].https://hrss.gd.gov.cn/zcfg/zcfgk/content/post_3231712.html.

[196]农业农村部网.关于政协第十四届全国委员会第一次会议第02851号（社会管理类214号）提案答复的函[EB/OL].（2023-08-08）[2024-04-23].http://www.moa.gov.cn/govpublic/KJJYS/202308/t20230811_6434110.htm.

[197]宿迁市人民政府网.关于印发《宿迁市乡土人才职业技能等级认定实施办法》的通知[EB/OL].（2021-04-22）[2024-04-23].https://www.suqian.gov.cn/cnsq/xxgkjycy/202104/8e8f8c9503444157af775a5bc4a7414c.shtml.

[198]宁夏回族自治区人力资源和社会保障厅网.自治区人力资源和社会保障厅 自治区党委人才工作领导小组办公室 财政厅 总工会关于印发《宁夏回族自治区"塞上技能大师"和"自治区技术能手"评选奖励办法》的通知[EB/OL].（2023-03-20）[2024-04-23].http://hrss.nx.gov.cn/xxgk/zcj/zcfg/tfwj/202303/t20230320_4002352.html.

[199]光明网.高启杰，赵晓园.加强人才队伍建设，助力乡村振兴[EB/OL].（2021-04-18）[2024-04-23].https://m.gmw.cn/baijia/2021-04/18/34772220.html.

后 记

人才既是推进乡村全面振兴的活力源泉，也是加快实现农业农村现代化的创新引擎。只有构建全方位的人才支撑体系，才能充分释放人才引擎的强劲动力，为推进乡村全面振兴提供有力人才支撑。本书以推进乡村全面振兴人才支撑体系建设为主题，针对理论界和学术界亟待回答的重大理论问题和亟待解决的重大现实问题提出粗浅见解，作为引玉之砖，力图对一些重大理论和现实问题破题。

在本书撰写过程中，笔者虚心向相关领域的专家前辈请教，相互切磋理论观点，共同探讨现实问题，在学术争鸣和问题探讨中逐步升华认识、启迪智慧、拓宽视野。通过查阅大量文献、进行反复思索，深入调研获取丰富素材，对理论框架进行多次修正、对整体结构进行多次优化、对行文逻辑进行多次调整，才得以顺利完成本书的撰写。

本书整体研究大纲和框架体系由易文悝研究设计，绪论，第一、二、三、五、六章内容由易文悝主撰，第四章内容由何静主撰，第七章内容由赵玮玮主撰，最后由易文悝统稿定稿。本书由中共广西区委党校（广西行政学院）资助出版，研究编写过程中参考借鉴了许多学术同人的观点和有关部门的材料，在此一并表示感谢。

推进乡村全面振兴人才支撑体系建设涉及面广，是一个系统复杂的工程。受制于作者学识能力的限制，若有不当之处敬请读者们不吝赐教。

易文悝　何　静　赵玮玮
2024 年 4 月于广西南宁